# 乌东德水电站
# 对外交通工程技术与管理

王义锋等　著

中国三峡出版传媒

中国三峡出版社

**图书在版编目（CIP）数据**

乌东德水电站对外交通工程技术与管理 / 王义锋等
著 . —北京：中国三峡出版社，2021.6
ISBN 978-7-5206-0185-6

Ⅰ.①乌… Ⅱ.①王… Ⅲ.①金沙江—水力发电站
—交通工程—工程管理—研究 Ⅳ.①U491

中国版本图书馆 CIP 数据核字（2021）第 016604 号

责任编辑：于军琴

中国三峡出版社出版发行
（北京市通州区新华北街156号 101100）
电话：（010）57082645 57082577

http://media.ctg.com.cn

北京世纪恒宇印刷有限公司 新华书店经销
2021 年 6 月第 1 版 2021 年 6 月第 1 次印刷
开本：787 毫米 ×1092 毫米 1/16 印张：12.5
字数：320千字
ISBN 978-7-5206-0185-6 定价：88.00元

# 本书编委会

主　任：王义锋

副主任：荣玉玺　顾功开

委　员：巩　朝　魏　然　马中刚　柳菲菲　宛良朋　刘利文

　　　　王　坤　商国栋　蒋　树　潘洪月　吴方平

# 前　言

乌东德水电站是国家授权中国长江三峡集团有限公司（以下简称三峡集团）开发建设的金沙江下游河段四个巨型水电站中的最上游一级水电站。电站安装12台单机容量85万kW的水轮机组，总装机容量1020万kW，多年平均发电量389.1亿kW·h，是我国实施"西电东送"战略的骨干电源，也是国家"十三五"期间能源发展的重大支撑和标志性工程，对推动长江经济带发展、优化我国能源结构、促进美丽中国建设、提升流域防灾减灾能力、助力库区精准脱贫等具有重大而深远的战略意义。乌东德水电站综合效益显著，其开发任务以发电为主，兼顾防洪、航运和促进地方经济社会发展。

作为大型水电工程建设的重要基础设施，对外交通工程对水电站枢纽工程建设的工期、质量、安全、投资控制等起着重要作用。为保证乌东德水电站建设过程中大量物资供应和大件金结机电设备顺利进场，充分考虑金沙江梯级电站的联合作业，利用已有设施和地方现有交通条件，规划建设了左岸四川侧会东至河门口公路，右岸云南侧半角至新村公路和跨金沙江连接两条公路的洪门渡大桥。自2012年4月开始，经过为期5年的艰苦建设终于顺利通车，为水电站枢纽工程建设作出了应有的贡献。

乌东德水电站对外交通地理地质环境特殊、桥隧比例高，建设管理环境复杂。金沙江梯级电站地处高山峡谷地区，河谷侵蚀下切强烈，相对高差大，边坡陡峻，广泛分布崩塌堆积的松散物质，滑坡、泥石流灾害频发，区域内断裂构造发育，地震震级高，乌东德两岸大多为山原峡谷地貌，从金沙江河道附近开始，急剧下降至谷底，对外交通的线路布置要在短距离内实现大幅度坡降，从海拔2000m的高原下降到海拔1000m以下的金沙江河谷地带，有时沿一条支流顺势而下，有时利用金沙江的岸坡展线，末端基本是以极限坡降长距离下坡，进场下坡最长达30km。同时进出场通车需求呈现极度不平衡的现象，进场为重车和大车，出场大多为空车，这种特征给设计施工带来极大困难，给运行期带来极大安全风险。另对外交通地处西南地区，其社会经济基础薄弱，这就使得建设过程中需兼顾地方经济诉求，给征地拆迁和工程顺利推进带来诸多挑战。

本书共5章，第1章规划设计由王义锋、荣玉玺编写，第2章工程施工技术由柳菲菲、宛良朋编写，第3章建设管理由马中刚、魏然编写，第4章对外协调由巩朝编写，第5章环境保护由顾功开、刘利文和商国栋编写。全书由宛良朋、巩朝、蒋树、王坤、商国栋、潘洪月、吴方平等负责收集素材和通篇校核，王义锋审核。编委会成员全程参与了乌东德水电站对外交通工程规划和建设管理。本书还结合对外交通建设经验和教训，分析了西南地区水电工程对外交通建设特点和内外部环境影响，提出了对外交通规划设计原则、施工组织方法、工程招标条款设置、地方关系协调以及环保水保管理等重点、难点，同时总结归纳了对外交通建设与水电主体工程之间的差异性、招投标制度匹配性等问题，可为西南地区公路建设提供借鉴，供从事水电工程公路设计、施工、管理等方面的工程技术人员和管理人员参考和使用，具有较强的工程实践意义。

本书在编写过程中得到了有关单位和专家的大力支持，在此表示衷心感谢！由于时间仓促，书中难免有不妥之处，恳请读者批评指正。

王义锋

2021 年 1 月

# 目 录

# 第 1 章

# 规划设计

## ◼◼ 1.1 工程概况

　　金沙江为长江上游河段，流经青、藏、川、滇四省区，全长 3481km，流域面积 47.32 万 $km^2$，占长江流域面积的 26%。金沙江从河源至宜宾落差达 5142m，水能资源十分丰富，理论蕴藏量为 121 022.9MW，约占全国的 17.4%，其中经济可开发量 102 982.4MW，为长江流域的 45.1%，全国的 25.6%。金沙江下游河段（攀枝花市至宜宾市）全长 782km，落差 729m，规划分四级开发，从上至下依次为乌东德、白鹤滩、溪洛渡、向家坝，规划总装机容量 46 460MW，年发电量 1897 亿 kW·h。金沙江水电基地是我国十二个水电基地中最大的一个，也是实施"西电东送"的重要能源基地。

　　乌东德水电站位于云南省和四川省交界的金沙江下游，右岸位于云南省昆明市禄劝县，左岸位于四川省凉山州会东县。坝址上距观音岩水电站约 253km，下距白鹤滩水电站约 183km。工程开发任务以发电为主，兼顾防洪、航运和促进地方经济社会发展，总装机容量 10 200MW，多年平均发电量 389.1 亿 kW·h，装机规模位居国内第四位、世界第七位。乌东德水电站是我国在全面建成小康社会决胜阶段开工建设的首座千万千瓦级水电工程，是实施"西电东送"的国家重大工程，也是我国"十三五"期间的重大支撑和标志性工程，对促进国家能源结构调整和节能减排，进一步巩固中国水电在世界水电领域的领先地位，具有重大而深远的意义。在工程建设期间，平均每年可增加就业人数约 7 万人。建成并发电后，每年可增加地方财政收入约 13.5 亿元，并可促进地方社会经济可持续发展，促使移民脱贫致富。

　　工程采用堤坝式开发模式，水库正常蓄水位 975m，总库容 74.08 亿 $m^3$，防洪限制水位 952m，防洪库容 24.4 亿 $m^3$，死水位 945m，具有季调节性能。工程枢纽由挡水建筑物、泄水建筑物和引水发电系统等组成。挡水建筑物为混凝土双曲拱坝，最大坝高 270m。泄水建筑物由坝身表孔、中孔、泄洪洞、水垫塘、二道坝等组成。引水发电系统采用岸边引水式地下厂房，左右岸各布置 6 台 850MW 混流式水轮发电机组。

　　2015 年 12 月乌东德水电站经国家核准开工建设。按照总进度规划，2020 年 7 月首批机组投产发电，2021 年全部机组投产发电。按 2015 年 3 季度价格水平计算，工程静态投资

777.65 亿元，总投资 976.57 亿元。

乌东德水电站对外交通主要由左岸会东至河门口公路、右岸半角至新村公路和洪门渡大桥组成，形成"两路一桥"的总体布置形式。

左岸会东至河门口公路，位于四川省凉山州会东县境内，路线全长 43.078 km，其中桥梁 12 座，总长 2147m；隧道 6 条，总长 10 483.5m；桥隧比 29.23%。公路等级为三级，设计速度 30km/h，路基宽 8m，路面宽 7m。

右岸半角至新村公路，位于云南省昆明市禄劝县境内，路线全长 28.399km，其中桥梁 10 座，总长 1404m；隧道 7 条，总长 16 105.4m；桥隧比 61.65%。公路等级为三级，设计速度 40km/h，路基的明线段宽 10m，路面宽 7.5m。

洪门渡大桥位于乌东德水电站大坝上游约 6km 处，横跨金沙江，大桥全长 522m，设计桥型为 135m+240m+135m 连续刚构，设计速度 40km/h。

乌东德水电站对外连接道路建设，保证了工程建设过程中大量物资供应和大件金结机电设备运输，通过与现有地方道路的结合，极大改善了工程周边地区的交通运输条件，促进了地方社会经济发展。

## 1.1.1　对外交通任务

### 1. 主要外来物资

乌东德水电站属大型水电工程，有大量的重件、大件设备进场运输需求。

乌东德水电站主要项目包括大坝、地下电站、泄洪洞和导流洞等工程，主要工程量包括土石方开挖 3152.35 万 $m^3$，石方洞挖 1207.43 万 $m^3$，土石方填筑 482.88 万 $m^3$，混凝土 937.37 万 $m^3$，钢筋 41.04 万 t，帷幕灌浆 65.96 万 m，金属结构 8.05 万 t。

乌东德水电站施工期外来物资品种主要为水泥、粉煤灰、钢材及机电设备、木材、油料、火工材料等。根据各建筑物的设计规模和施工要求，估算施工期主要外来物资运输总量约 474.2 万 t。其中，水泥总需求量约 293.3 万 t，粉煤灰总需求量约 57.3 万 t，其他物资总运量约 123.9 万 t。高峰年运输量约 146.3 万 t。乌东德水电站施工期主要外来物资分年运输量见表 1-1。

表 1-1　乌东德水电站施工期主要外来物资分年运输量表　　　　（单位：t）

| 年份 | 2011 | 2012 | 2013 | 2014 | 2015 | 2016 | 2017 | 2018 | 2019 | 合计 |
|---|---|---|---|---|---|---|---|---|---|---|
| 水泥 | 1.1 | 12.2 | 48.7 | 13.1 | 20.4 | 60.3 | 93.9 | 34.2 | 9.4 | 293.3 |
| 粉煤灰 | — | 0.5 | 7.9 | 1.1 | 3.0 | 13.1 | 20.6 | 8.7 | 2.4 | 57.3 |
| 钢材 | 0.3 | 2.1 | 14.8 | 3.0 | 5.3 | 15.1 | 18.3 | 3.8 | 0.8 | 63.5 |
| 木材 | 0.0 | 0.2 | 0.6 | 0.2 | 0.3 | 0.8 | 1.2 | 0.4 | 0.1 | 3.8 |
| 火工材料 | 0.1 | 0.9 | 0.4 | 0.7 | 0.5 | 0.2 | 0.0 | 0.0 | 0.0 | 2.8 |
| 油料 | 0.8 | 4.9 | 1.6 | 3.0 | 3.1 | 2.1 | 1.1 | 0.8 | 0.1 | 17.5 |
| 其他 | 0.2 | 1.7 | 6.1 | 1.7 | 2.7 | 7.6 | 11.2 | 4.0 | 1.1 | 36.3 |
| 合计 | 2.5 | 22.5 | 80.1 | 22.8 | 35.3 | 99.2 | 146.3 | 51.9 | 13.9 | 474.5 |

## 2. 重大件设备

根据可行性研究阶段研究成果，机电设备重大件运输重量及运输尺寸见表 1-2。

**表 1-2 机电设备重大件运输重量及运输尺寸表**

| 方案 机组 参数 部件名称 | 14×728.6MW D=8.6m, n=93.8r/min | | 12×850MW D=8.9m, n=93.8r/min | | 10×1020MW D=9.8m, n=83.3r/min | |
|---|---|---|---|---|---|---|
| | 运输尺寸（m） | 单相最重（t） | 运输尺寸（m） | 单相最重（t） | 运输尺寸（m） | 单相最重（t） |
| 整体转轮 | $\phi 8.9 \times 4.5$ | 440 | $\phi 9.1 \times 4.6$ | 460 | $\phi 10.26 \times 4.9$ | 490 |
| 转轮上冠 | $8.3 \times 6.9 \times 3.5$ | 120 | $8.5 \times 7.0 \times 3.73$ | 130 | $9.5 \times 7.0 \times 4.2$ | 150 |
| 转轮下环 | $8.9 \times 4.5 \times 2.3$ | 40 | $9.1 \times 4.54 \times 2.5$ | 45 | $10.26 \times 5.13 \times 2.8$ | 54 |
| 水轮机轴 | $\phi 3.7 \times 6.5$ | 120 | $\phi 4.1 \times 6.50$ | 130 | $\phi 4.3 \times 7.0$ | 150 |
| 座环 | $7.4 \times 4.8 \times 4.2$ | 60 | $7.6 \times 5.0 \times 4.4$ | 70 | $9.0 \times 5.5 \times 4.89$ | 100 |
| 顶盖 | $8.9 \times 5.3 \times 2.7$ | 95 | $9.1 \times 5.5 \times 2.88$ | 100 | $10.25 \times 6.0 \times 3.25$ | 125 |
| 转子中心体 | $\phi 5.3 \times 3.0$ | 90 | $\phi 5.5 \times 3.1$ | 95 | $\phi 6.0 \times 3.2$ | 120 |
| 下机架中心体 | $\phi 7.2 \times 3.3$ | 120 | $\phi 7.3 \times 3.5$ | 130 | $\phi 7.5 \times 4.0$ | 150 |
| 上机架中心体 | $\phi 6.3 \times 1.7$ | 30 | $\phi 6.4 \times 1.8$ | 35 | $\phi 6.6 \times 2.0$ | 40 |
| 定子机座 | $10.3 \times 6.3 \times 3.1$ | 30 | $11 \times 6.5 \times 3.3$ | 35 | $12 \times 6.7 \times 3.5$ | 40 |
| 桥机大梁 | $30.8 \times 3.2 \times 3.6$ | 100 | $31.8 \times 3.2 \times 3.6$ | 105 | $34.8 \times 3.2 \times 3.6$ | 115 |
| 单相主变压器 | $5.35 \times 3.86 \times 3.88$ | 174 | $6.50 \times 3.88 \times 3.90$ | 190 | $7.45 \times 3.88 \times 4$ | 200 |

单机容量 728.6MW 方案最长件为桥机大梁，长约 30.8m；最宽件为下机架中心体，宽约 7.2m；最高件为座环，高约 4.2m；最重件为主变压器，单相重量约 174t。

单机容量 850MW 方案最长件为桥机大梁，长约 31.8m；最宽件为下机架中心体，宽约 7.3m；最高件为座环，高约 4.4m；最重件为主变压器，单相重量约 190t。

单机容量 1020MW 方案最长件为桥机大梁，长约 34.8m；最宽件为下机架中心体，宽约 7.5m；最高件为座环，高约 4.89m；最重件为主变压器，单相重量约 200t。

根据乌东德水电站运输条件、机电设备运输尺寸及制造加工工艺等，对水轮机转轮采取分件（分瓣）运输，机组其他大部件（转子中心体、上机架中心体和下机架中心体等）采取整体运输的方式来进行。

## 1.1.2 对外交通规划设计原则

大型水电站对外交通需要满足物资运输、重件运输、大件运输、人员出行和应急救援等要求。在电站运行期，还要满足枢纽运行维护要求。对外交通建设环境复杂，既有地质条件复杂、地形条件复杂的自然因素，又有电站建设与所在地区经济发展相协调的社会因素，道路沿线涉及地方居民土地、房屋等，能否妥善解决也是对外交通规划设计需要考虑的问题。因此，对外交通规划设计应遵循以下原则。

（1）最高原则为满足项目建设期需求

建设期和运行期的对外交通功能需求差异明显。建设期主要满足重大件运输需求，兼顾物资、人员、设备等进出场需要，既有大量的物资设备在短时间通过的要求，又有重大件对道路承载和转弯半径的特殊要求，因此重大件运输是道路标准设计的关键控制因素。运行期物资设备运量急剧下降，主要以满足人员出行需求为主。图 1-1 为对外交通工程交通量趋势示意图。

综上，水电站对外交通规划应以满足建设期需求为最高原则。

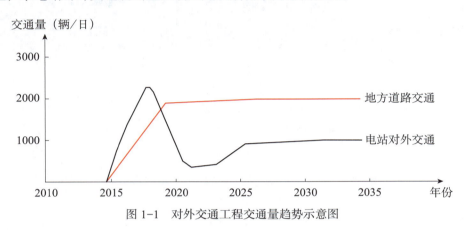

图 1-1　对外交通工程交通量趋势示意图

（2）兼顾地方发展和平衡协调原则

统筹兼顾地方路网规划，支持县域经济发展，方便当地群众生产生活。水电站的属性决定了其所处位置大多在深山峡谷区域，也是交通条件比较差的区域，项目所在地在建设者到达之前鲜见人类活动痕迹，新建对外交通是必然选择。在线路规划时应考虑若运行期工程需求减少，还可为地方经济建设和老百姓出行提供便利。

因此，水电站对外交通线路规划应与地方交通规划相结合，兼顾工程建设与地方发展的需求，提高水电站工程正外部性。

（3）技术先进原则

技术先进是工程建设永恒的主题，任何时候、任何工程都必须贯穿始终。水电站对外交通的技术主要体现为技术标准的分析确定，必须根据工程需求开展针对性研究。

在规划设计、建设施工和运行维护阶段应灵活运用创新思维开展工作，科学使用新材料、新工艺、新方法。

（4）投资节约原则

投资节约不是简单地节省工程量，而是结合全生命周期综合评估，科学开展优化设计。投资节约不应以减少功能或降低质量标准为代价，否则违背了科学精神。

（5）因地制宜、施工方便原则

结合场地实际条件、施工技术和管理水平，提出与环境适应、施工方便的设计方案，这是设计的基本原则。

（6）安全原则

安全原则包括施工期作业安全和运行期使用安全。

（7）保护环境原则

保护环境，保护耕地，减少水土流失，如渣场选址时应重点关注环境问题。

（8）梯级联动、互为依托原则

金沙江梯级水电站建设是逐步推进的，且工程环境有许多共性之处，相邻工程之间外部可用资源部分重叠，对外交通应适应整体规划，梯级联动，互为备用。

（9）尊重当地习俗原则

工程建设不可避免地涉及当地居民的利益，如施工占地（包含建筑物永久占地和施工场地临时占地）问题，除了按照国家政策进行征地补偿，还应高度重视当地的民风和习俗，认真对待。

# ◼◼ 1.2 规划设计

## 1.2.1 规划设计阶段的交通条件

金沙江下游河段四个梯级水电站位于青藏高原和云贵高原向四川盆地过渡的斜坡地带，总体上看，地势西高东低，在地质构造单元上属于扬子准地台范畴。在地质历史上，长期受西部地槽强烈活动的影响，区域构造基本特征以断裂构造为主，褶皱特征处于次要地位。

金沙江梯级水电站地处高山峡谷地区，河谷强烈侵蚀下切，相对高差大，边坡陡峻，广泛分布崩塌堆积的松散物质，地质条件复杂，滑坡、泥石流灾害频发，区域内断裂构造发育，地震震级高，线路布置要在短距离完成较大的坡降，要从 2000m 海拔的高原面下降到 1000m 海拔以下的金沙江河谷地带。

乌东德水电站对外交通建设前，已有禄劝经撒营盘至半角公路，是昆明市政府为支持乌东德水电站而新建的一条二级公路。线路全长约 97km，设计速度 40～60km/h，路基宽 10～12m，行车道宽 7m，桥梁与路基同宽，汽车荷载等级为公路 I 级。此外，会东至葫芦口为 S310 省道，已按二级公路改建。

乌东德水电站地处高山峡谷地区，对外交通规划阶段，两岸均无公路直达坝址，坝址附近仅有乡村小道，且具有山高、路窄、坡陡、弯急等特点，进场交通条件极差。

规划设计阶段，乌东德水电站对外交通现状见图 1-2 和图 1-3。

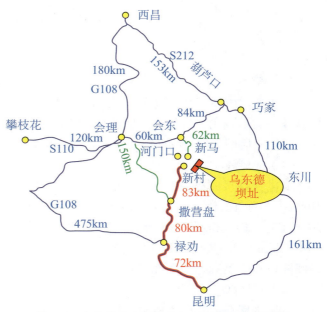

图 1-2 乌东德水电站对外交通现状（公路部分）

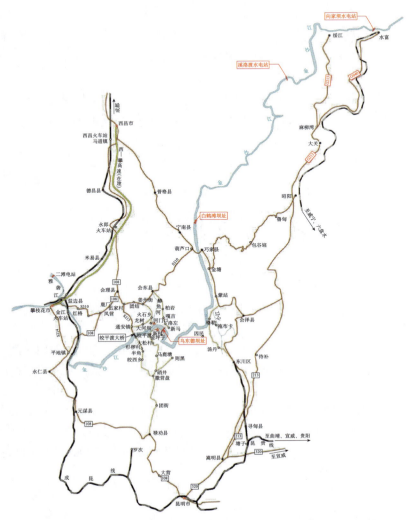

图 1-3　乌东德水电站对外交通现状（2005 年 11 月规划阶段，含铁路）

## 1. 铁路

乌东德水电站工区附近无铁路经过，但在电站东面有贵昆铁路和内昆铁路，西南面有成昆铁路，另有两条地方铁路（罗茨线和东川线）。贵昆铁路和成昆铁路基本构成以成都、重庆、贵阳、昆明为枢纽的西南铁路网骨架，在全国铁路网中具有重要的地位。

（1）成昆线

成昆铁路从成都经西昌、攀枝花至昆明，于 1970 年开始运营，属于电气化铁路，全长1085km。隧道、桥梁总长 442.7km，占全线总长的 40%，全线 122 个车站，其中有 41 个车站建在隧道内或桥梁上。全线隧道 427 座，总延长 345.7km，平均每 2.5km 就有一座隧道，其中 1km 以上的隧道有 13 座；桥梁 1009 座，总延长 97km，其中每 1.06km 就有一座桥梁。沿线隧道和桥梁满足二级超限限界要求。

（2）贵昆线

贵昆铁路东起贵州省省会贵阳市，西接云南省省会昆明市。在贵州境内经安顺、六枝、水城、盘县树舍转向南，由天生桥进入云南省，是连接滇黔两省的重要铁路干线。线路全长 644km，属于电气化铁路。全线隧道 187 座，总延长 80km；桥梁 301 座，总延长 20km。桥隧总延长 100km，占线路长度的 16%，满足铁路二级超限限界要求。2002 年，成都铁路大件货物运输有限责任公司采用 D2 型特种车辆为纳雍电厂运送自重 198t，运输尺寸为 8873mm×3500mm×3989mm（长×宽×高）的变压器于重庆装车，经川黔线，至贵昆线滥坝站。

（3）内昆线

内昆铁路北起四川省内江，南至云南省昆明，全长 872km，北段内江至安边 140km 于 1960 年通车；安边至水富 4km 于 1996 年建成；水富至梅花山段长 358km，为国家 I 级电气化干线铁路；梅花山至昆明 370km 于 1965 年建成，成为贵昆线西段。桥隧长度比例约 53.9%。

（4）罗茨线

罗茨专用线与成昆线上的勤丰营火车站接轨，主要为昆明钢铁公司的铁矿运输线，该线路于 1959 年设计并动工修建，线路全长 35km，线路等级较低，目前已不使用。沿线隧道不满足二级超限限界要求。

（5）东川线

东川支线从距昆明市约 80km 的贵昆线塘子站接线，主要为东川地区的铜矿对外运输线路，于 1960 年设计并动工修建，线路全长约 96km。为恢复东川老工业基地的活力，改善东川区人员往来及物资运输的条件，东川区政府与昆明市铁路局对东川支线铁路实施改造，2012 年 12 月恢复运营。

2. 公路

乌东德水电站工区附近已通车的公路共 7 条，其中，南岸昆明方向有 1 条，北岸攀枝花、西昌方向有 6 条（含两岸组合线路 2 条）。

南岸以昆明作为人员往来和外来物资集散地，从昆明西站经禄劝县城、撒营盘镇、大松树乡至新村，公路总里程约 237km。新村海拔约 1300m，距坝址水平距离约 5km，小型施工机械目前可直抵坝址右岸的卧嘎村。

北岸以攀枝花作为人员往来和外来物资集散地。第 1 条线路从攀枝花经会理、姜州至大河坝，公路总里程 201km，大河坝海拔 900m，距坝址水平距离约 7km，小型施工机械目前只能抵达大河坝，受鲹鱼河阻隔无法直达坝址左岸的施工场地；第 2 条线路从攀枝花经会理、会东至新马乡，公路总里程约 239km，新马乡海拔 1860m，距坝址水平距离约 2km，小型施工机械目前只能抵达新马乡；第 3 条线路从攀枝花经会理、通安镇、皎平渡、撒营盘、大松树至新村，公路总里程约 347km；第 4 条线路从攀枝花经攀田高速、永元高速、元武高速，在武定转 G108 国道至禄劝，再由禄劝、撒营盘、大松树至新村，公路总里程约 376km（其中，高速公路里程约 208km）。

北岸以西昌作为北岸人员往来和外来物资的又一处集散地。西昌至乌东德水电站工区有 2 条线路。1 条从西昌经会理、姜州至大河坝，公路总里程约 264km，另 1 条从西昌经普格、宁南、葫芦口、会东至新马乡，公路总里程约 292km。

（1）南岸（昆明—工区）

昆明经禄劝至乌东德水电站工区有 1 条线路。该线路为小型施工机械目前唯一能到达坝址右岸主要施工场地的公路，也是工程前期人员进场的主要交通通道。运输线路：昆明 ←70km→ 禄劝 ←80km→ 撒营盘 ←53km→ 大松树 ←27km→ 新村，路线全长230km。

1）昆明—禄劝段，为108国道，公路行车高程为1650～1950m。以昆明西站为起点，至禄劝县城沿途经过1座长约1.5km的大普吉隧道［隧道为半圆形，净尺寸9m×7.15m（宽×高）］、22座荷载等级为汽-20级的钢筋混凝土桥（桥长为15～90m），该线路于1999年投入使用。

2013年10月26日，昆武高速公路通车，昆明至禄劝可经此线路通行至武定县，然后转108国道至禄劝县。昆武高速途经小屯互通立交、普吉、李子坪、富民、武定县，路线全长63.6km。全线采用双向四车道高速公路标准建设，其中富民至昆明段约26.1km，设计时速为100km/h，路基宽26m；武定至富民段约37.5km，设计时速为80km/h，路基宽24.5m。全线设特大桥4座，大中桥69座，小桥4座，涵洞95道，互通式立交4处，隧道4座，桥隧比占全路线的41.95%。武定至禄劝间108国道长约8km。

2）禄劝—撒营盘段，为县道X027，长约80km，山岭重丘四级公路，公路行车高程为1650～2380m，沥青混凝土路面，沿途经过9座荷载等级为汽-20的石拱桥。该线路分段改建沥青路面后于2001年投入使用。

2011年10月，禄大公路建成通车。该公路起于禄劝县城旁董家营接昆禄公路K67+960处，经过屏山、茂山、团街、撒营盘4个乡镇，二级公路标准，线路全长约96.54km，设计速度40～60km/h，路基宽10～12m，行车道宽7m。全线有中小桥梁36座，桥梁与路基同宽，汽车荷载等级为公路-Ⅰ级。

3）撒营盘—大松树段，长约53km，山岭重丘四级公路，公路行车高程为2150～2930m，沥青混凝土路面，沿途经过3座桥梁。

4）大松树—新村段，长约27km，山岭重丘四级公路，公路行车高程为960～2150m。该段路挡水、排水工程设施较差，回头弯较多，但公路两侧边坡较缓，于1976年投入使用。规划阶段，新村至乌东德坝址仅有路况较差的机耕道，需新建至坝址的公路长约5km。

5）南岸与电站有关的外围公路，南岸有两条交通大动脉，东有国道主干线GZ40云南段，西有G108国道云南段。其中，与G108国道云南段走向基本一致的陆续兴建了高速公路。

①昆水公路。昆水公路是国道主干线GZ40云南境内的路段，起点为昆明市，终点为昭通市的水富县城，全长约542km，由二级公路和高速公路组成，其中：

水富—麻柳湾段，山区4车道高速公路，起于昭通市水富县城南伏龙口，止于昭通市大关县麻柳湾，全长约135km，路基宽22.5m，设计车速60km/h。该公路于2008年7月1日建成通车。

麻柳湾至昭通段，二级公路，北接水麻高速公路，南接昭待高速公路，全长93km。

昭通—待补段，全长约149km。起点至会泽段长约112km，按二级公路标准建设，远期扩建为高速公路，设计车速80km/h，路基宽12m；会泽—待补段，长约37km，为双向4车道高速公路，设计车速60km/h，路基宽22.5m。

待补—功山段，二级公路，起于会泽县待补乡，止于寻甸县功山镇，全长约63.4km，路基宽12m，设计车速60km/h。

功山—嵩明段，高速公路，起于寻甸县功山镇，止于崇明县，全长约56.6km，设计车速 80km，路基宽 24.5km。

崇明—昆明段，高速公路，全长约 45km，设计车速 100km/h，路基宽 24.5m。

②昆明—东川公路。昆明至东川段全长约 141km。

昆明市到东川可沿昆水（昆明至水富）公路经嵩明，至功山、龙潭，再沿龙东格公路至东川区。其中，由昆明市绕城高速小庄立交桥进入昆水公路至龙潭立交桥，全长 100km；龙潭至东川区里程约 41km。

嵩明至阿旺镇小龙潭之间原 213 国道仍可通行，其走向平行于嵩待高速公路，属四等公路，沥青路面，路况良好。

从龙潭立交桥到东川区沿龙东格公路通行，龙东格公路按二级公路标准建设，路基宽 8.5m，行车道宽 7m，车辆计算荷载为汽 –20，挂 –100，全长 96.5km。该公路于 2007 年 8 月建成通车。

③巧蒙公路。该公路于 2008 年 1 月全线贯通，途经巧家县白鹤滩镇、新华乡、金塘乡、蒙姑乡，于小江口至东川境内，与龙东格公路相连，全长 57.7km，山岭重丘二级，路基宽 7.5 ~ 12m。

④昭通—巧家公路。从昭通经鲁甸、铅厂，在荞麦地附近跨荞麦地河后往西可至巧家县城（新华镇），全长约 220km。其中 193km 为县乡道，鲁甸到巧家均为沥青混凝土路面。

⑤永元（永仁至元谋）高速公路。起于楚雄州永仁县，止于元谋县，全长 56.66km，全线双向 4 车道，路基宽 24.5m，设计车速 80km/h。该公路于 2005 年 4 月开工，2008 年 4 月建成通车。

⑥元武（元谋至武定）高速公路。起于元谋县能禹镇摩河村，止于武定县近城镇平田村，与即将建设的武昆（武定至昆明）高速公路连接，全长 91.69km，全线双向 4 车道，设计车速 80km/h。该公路于 2008 年 4 月建成通车。

（2）北岸（攀枝花—工区，西昌—工区）

北岸攀枝花至乌东德水电站工区公路线路共 3 条，西昌至乌东德水电站工区公路线路共 2 条。

1）攀枝花—会理—姜州—大河坝。该线路为攀枝花 $\xleftrightarrow{120km}$ 会理 $\xleftrightarrow{42km}$ 姜州 $\xleftrightarrow{42km}$ 大河坝，全长 204km。

①攀枝花—会理段，长约 120km，为 S310 省道，公路行车高程为 1000 ~ 2200m，公路沿途多在高山间穿行，急弯、陡坡较多，且多雾，行车条件较差。

②会理—姜州段，长约 42km，公路行车高程为 1700 ~ 1800m，为收费路段。

③姜州—大河坝段，长约 42km，机耕道，公路行车高程为 1800 ~ 2200m，线路控制点独树子垭口海拔高程约 2200m，距姜州约 10km 处为地质滑坡较发育地带，该线路于 1978 年建成通车。其中火石乡至河门口 10km 路段线路条件较差，急弯、陡坡较多，行车十分困难。该段线路上有桥梁 2 座，分别为 40 延米长的石拱桥和 70 延米长的砖体桥，荷载等级均为汽 –20 级，挂 –100。

2）攀枝花—会理—会东—新马。该线路为攀枝花 $\xleftrightarrow{120km}$ 会理 $\xleftrightarrow{60km}$ 会东 $\xleftrightarrow{62km}$ 新马，全长 242km。

①攀枝花—会理段，长约 120km，会理—会东段长约 60km。

②会东—新马段，长约 62km，途经嘎吉、洛左等地，公路行车高程为 1800～2350m，碎石路面，日平均车流量约 1200 辆，公路沿程最高控制点撑杆梁子高程约 2350m，新马乡高程约 1860m。

3）攀枝花市—皎平渡—撒营盘—大松树—新村。该线路为攀枝花 $\xleftarrow{120km}$ 会理 $\xleftarrow{48km}$ 通安镇 $\xleftarrow{24km}$ 皎平渡 $\xleftarrow{78km}$ 撒营盘 $\xleftarrow{53km}$ 大松树 $\xleftarrow{27km}$ 新村，全长 350km，该线路需经过皎平渡大桥。

①攀枝花市—会理段，长约 120km。

②会理—通安镇段，长约 48km，山岭重丘四级公路，公路行车高程为 1700～1800m，路基宽 6.5m，路面宽 4.5m，沥青碎石路面，荷载等级汽 -20，挂 -100。

③通安镇—皎平渡段，长约 24km，为 S213 省道，公路行车高程为 1000～1800m，该公路是进出四川、云南两省的交通干道之一，为收费路段。皎平渡的铁矿石储量丰富，每天都有载重卡车通过该路段至通安镇，由于公路年久失修和车辆超重碾压，路况条件较差，且公路回头弯较多，全线约有 24 个，同时在大沙坝等地有 7 处以上地质滑坡体。

④皎平渡—撒营盘段，长约 78km，山岭重丘四级公路，公路行车高程为 1000～2200m，公路沿途经过半角等地。其中，半角至撒营盘长约 30km 路段山势平缓，公路所经之处地势平坦。

⑤撒营盘—大松树段和大松树—新村段，路况及公路等级见南线线路简介。

4）西昌—葫芦口—会东—新马。该线路为西昌 $\xleftarrow{146km}$ 葫芦口 $\xleftarrow{84km}$ 会东 $\xleftarrow{62km}$ 新马，全长约 292km。

①西昌—葫芦口段，长约 153km，公路行车高程为 700～1500m，目前日平均车流量约 1840 辆，沿途经过岗瑶、普格、宁南等地，该线路分属西昌、普格、宁南三县管辖。公路沿途地形条件差，急弯、坡陡较多。

②葫芦口—会东段，全长约 84km，公路行车高程为 700～2512m，沿途经过红岩乡、马龙乡等地，线形条件较差。

③会东—新马，全长约 62km。

5）西昌—会理—姜州—大河坝。该线路为西昌 $\xleftarrow{180km}$ 会理 $\xleftarrow{42km}$ 姜州 $\xleftarrow{42km}$ 大河坝，全长 264km。

①西昌—会理段，全长约 180km，沿途经过德昌、永郎等地，该线路为 G108 国道。其中，西昌至德昌约 60km 地段为山岭重丘二级公路，线路等级较高，线形较好，为收费路段，其余路段为山岭重丘三级和四级公路，公路两侧滑坡较多，公路两侧排水设施较差。线路在鹿马寨附近需从弯子田铁路立交桥下穿过，桥下限高 4.3m；在西昌市附近从三座人行立交桥下穿过，桥下限高 4.0m。目前日平均车流量为 1200～2800 辆。

②会理—姜州段，全长约 42km。

③姜州—大河坝段，全长约 42km。

6）北岸与电站有关的外围公路。

①成雅（成都—雅安）高速公路，全长约 144km，设计时速 120km/h。其中，成都至青龙场约 36km 路段为双向 6 车道，其余路段为双向 4 车道。该公路于 1996 年 12 月开工建设，2000 年 1 月建成通车。

②雅安—西昌公路，现有公路全长约 407km，公路等级为山岭重丘三级，沥青混凝土路面。设计荷载为汽 -20，挂 -100，路面宽 7m。多为山路，坡多弯急，且坡度较大。其中雅安市至汉源县距离约 159km，其间要翻越泥巴山，多回头弯，转弯半径多为 12m，半径最小的为 9m，路面状况较差，多数桥梁的设计载荷为汽 -15 和汽 -13，且有多座汽 -10 的桥梁。泗平镇附近路段较窄，雨季经常出现山体滑坡。途中翻越海拔 2552m 的泥巴山，山上常年有雾，冬季积雪、路面冻冰，冬季和雨季影响运输安全。

2012 年 1 月通车的雅西（雅安—西昌）高速公路，北接成（都）雅（安）高速公路，南连泸沽黄联关高速公路，经过雅安市雨城区、荥经县、汉源县、石棉县和凉山州冕宁县等五个县区，全长约 244km，全线桥梁 270 座，隧道 26 条，桥隧总长度占整个高速公路的 54.5%。采用长约 10km 的泥巴山隧道和世界首创的拖乌山"双螺旋、小半径曲线隧道"（全程上坡，克服 12.35km、729m 高差变化影响）以避开断裂、季节性冰冻带。

③西攀（西昌—攀枝花）高速公路，全长约 162.8km，全线采用双向 4 车道。该线路起自西昌市黄联关，接泸沽至西昌的高速公路，经德昌、甸沙关、米易、盐边，止于攀枝花仁和区金江镇，与攀田高速公路相接。该公路于 2008 年 9 月底全线通车。

④攀田（攀枝花—田房）高速公路，全长约 59.5km，双向 4 车道，设计行车时速 80km/h。攀田高速公路起于攀枝花市金江镇，北接西攀高速公路，经总发、大田止于平地镇田房村（攀枝花与云南交界处），接云南省永元（永仁至元谋）高速公路。该公路于 2008 年底建成通车。

### 3. 水路

金沙江攀枝花至宜宾河段长 781km，河道平均比降为 0.94‰，枯水期水面宽 60～120m，水深一般大于 2m，总落差 729m，全河段共有险滩 280 个，其中特大滩 19 个，甲等滩 55 个，乙等滩 206 个。攀枝花至新市镇不通航河段集中了全部特大滩及大部分甲等滩，全长约 673km；新市镇至宜宾 108km 为通航河段，约占金沙江下游河段长度的 14%，其中，新市镇至水富河段为 V 级航道，长约 78km，中水期可通行 300～500t 机驳船，洪、枯水期不同程度碍航；水富至宜宾河段为 IV 级航道，长约 30km，可常年通行 300HP+2×300t 船队和 500t 机驳船，约有半年多时间可通行 480HP+2×350t 级船队。宜宾至重庆段长约 384km，航道条件较好，现为 III 级航道，可通行 1000t 级船队，重庆至长江口，已达到 I、II 级航道标准，航道畅通，航运发达。

目前，金沙江通航河段仅至溪洛渡水电站下游的新市镇。乌东德水电站下游白鹤滩水电站无通航建筑物，且乌东德水电站坝址上下游存在多处险滩和暗礁，其中坝址上游约 7km 处的鲹鱼河河口及下游约 10km 处的老君滩等处存在较大险滩，因此，乌东德水电站坝址上下游河段不具备水运条件。

### 4. 航空

乌东德水电站周边地区成都、昆明、攀枝花、西昌等大中型城市均有航空港。其中：成都、昆明为 4E 级机场，可起降各类大型客、货运输机，开设至全国各地大城市的航线；攀枝花、西昌为 4C 级机场，可起降 B737 型客机，开设至周边省会城市的短途运输航线。

### 1.2.2　重大件运输方案

机电设备运输通常有四种方案：全公路运输方案、铁路转公路运输方案、水运方案、水陆联运方案。由于乌东德水电站地处金沙江不通航河段，不具备直接水运条件，同时部分机电设备尺寸和重量均超出现有公路桥梁的荷载等级和多数收费站点的超限车道宽度，导致沿途桥梁加固、公路改建等工程量较大，全公路运输方案不宜采用。

（1）铁路运输

机电设备由成昆线或贵昆线运输至昆明西站货场装卸。根据货场现有起重设备，对重量小于50t的设备可利用货场50/30t门式起重机吊装，对于50t以上的机电设备可利用液压推进器平移至公路平板车中。

昆明西站的货场面积和铁路卸货线可满足乌东德水电站机电设备重大件的运输和装卸，需在车站铺设液压推进器滑轨（2条60m），安装液压推进器设备，以形成装卸平台、修建机电设备仓库。

（2）公路运输

运输线路为昆明西站经禄劝县、撒营盘、半角至坝址，从昆撒公路起点算，全长约210km。

（3）水陆联运方案

水富重大件码头位于金沙江下游右岸的云南省水富县的水富港内，是为解决溪洛渡大件运输而建设的大件码头。水富港占地面积约54.3km²，码头岸线总长750m，港区内分别设有客运码头、煤码头、云天化大件专用码头各1座，分别布置有500t级泊位各1个。水富重大件码头是在原云天化大件码头的基础上，根据溪洛渡水电站大件运输设备的运输特点进行改造、完善形成的，经改建后具备装卸最大单件重量为300t的起重能力。电站重大件由生产厂家专用码头运出，经海运至长江口，然后沿长江水道经重庆、泸州至宜宾，然后由宜宾运抵水富重大件码头，再吊运上岸经昆水公路运输至乌东德工地。长江口→重庆航道属三级以上航道，重庆→泸州→宜宾航道为二级航道，常年可通行500t级的货船；宜宾→水富航道为四级航道，常年可通行300HP+2×300t船队，在丰水期可通行480HP+2×350t船队。

从水富重大件码头上岸，有两条不同的公路运输线路。

线路1：从水富重大件码头经麻柳湾、昭阳、待补、崇明、昆明市、禄劝县、撒营盘、半角至乌东德工地，线路总长约753km。该线路路段主要由昆水公路和昆明至坝址对外公路组成，其中昆水公路已全部建成，由二级公路和高速公路组成。

线路2：从水富重大件码头经麻柳湾、昭阳区、鲁甸、包谷垴、金塘、巧家、会东至乌东德工地，线路总长589km。其中从水富至昭通路段为GZ40国道主干线，水麻高速公路已于2008年7月通车，全线达二级公路以上公路标准。昭通至巧家公路为昭通市交通规划的"二横"线，为二级公路。巧家至会东公路为三级公路，该路段按二级标准改建。

对电站重大件运输尺寸在铁路二级限界（见图1-4）允许范围内的机电设备经铁路运输至昆明中转公路运输。

对转子中心体、上机架中心体及下机架中心体等只能整体运输而不能分瓣运输的机组重大件，由于其整体运输尺寸超过铁路建筑物二级限界，故采用水陆联运方案，即将大件运输至水富重大件码头，然后中转公路运输，公路运输线路经水富、昭通、巧家、会东等地至乌东德工地。由于水富至巧家路段运输线路与白鹤滩水电站大件运输线路重合，为两电站共用路段，乌东德水电站可节省该路段工程投资。葫芦口至乌东德坝址路段中，会东至乌东德坝址路段为新建三级公路，作为乌东德水电站对外交通辅线，会东至葫芦口路段，地方政府按二级公路改建，乌东德不同单机容量方案大件均可从二级公路限界内通过。乌东德水电站重大件运输线路见图1-5。

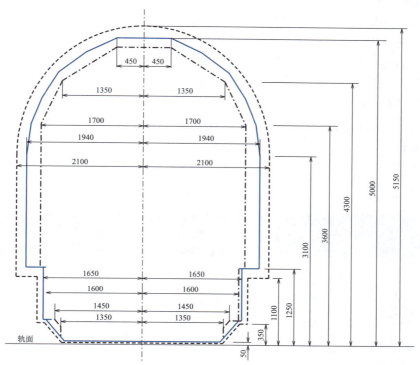

图 1-4　铁路二级超限限界运输图（单位：mm）

图 1-5　乌东德水电站重大件运输线路

## 1.2.3　对外交通线路规划方案及选择

对外交通公路等级参照交通运输部颁发的《公路工程技术标准》（JTG B01—2014）和国家能源局颁发的《水电工程对外交通专用公路设计规范》（NB/T 35012—2013），在分析其使用功能和预测交通量的基础上，结合国内在建和已建类似地区水电站对外交通公路等级、电站重大件运输情况等因素综合确定，对外交通公路技术等级为三级公路，设计行车速度40km/h。

电站对外交通规划线路分别以昆明市、攀枝花市和西昌市三地为起点，以坝址左岸的河门口和右岸的新村两地分别作为电站左岸和右岸的对外交通规划线路的终点，根据区域内地形、地质条件及外来物资供应，结合周边地方政府通路规划等因素，规划了多个公路线路方案，以进行初步对比选择。各线路主要技术指标见表1-3。

（1）昆明—坝址方案

利用昆明西站作为水电站大宗物资运输和重大件运输中转站，规划坝址连接昆明西站的对外交通运输公路。该线路方案共研究了3条不同的线路走向。

表1-3　各线路主要技术指标

| 编号 | 起点 | 中间站 | 终点 | 总里程（km） | 新建（km） | 改建（km） | 投资（万元） |
|---|---|---|---|---|---|---|---|
| 南Ⅰ线 | 昆明 | 半角、太平小河 | 洪门渡大桥 | 210 | 36 | — | 124 611.43 |
| 南Ⅱ线 | 昆明 | 半角、大松树 | 洪门渡大桥 | 227 | 26 | 27 | 107 334.81 |
| 南Ⅲ线 | 昆明 | 大松树 | 洪门渡大桥 | 218 | 7 | 67 | 122 890.58 |
| 北Ⅰ线 | 攀枝花 | 会理、姜州 | 洪门渡大桥 | 196 | 37 | — | 97 984.28 |
| 北Ⅱ线 | 攀枝花 | 会理、会东、鲹鱼河 | 洪门渡大桥 | 222 | 45 | — | 112 730.24 |
| 北Ⅲ线 | 西昌 | 会理、姜州 | 洪门渡大桥 | 259 | 37 | — | 98 726.28 |
| 北Ⅳ线 | 西昌 | 葫芦口、鲹鱼河 | 洪门渡大桥 | 275 | 45 | — | 112 678.31 |

（2）攀枝花—坝址方案

利用攀枝花市的桐子林火车站作为水电站大宗物资运输和重大件运输中转站，规划坝址连接桐子林火车站的对外交通运输公路。该线路方案共研究了2条不同的线路走向。

（3）西昌—坝址方案

利用西昌火车站（南站）作为水电站大宗物资运输和重大件运输中转站，规划坝址连接西昌火车站的对外交通运输公路。该线路方案共研究了2条不同的线路走向。

对上述7条线路方案，分别从建设条件、运行条件、线形条件、地形及地质条件、贯通时间、投资费用等方面综合考虑，并结合大宗物资来源、场内主要生产及生活场地布置等综合因素，推荐"南Ⅰ线"为对外交通的主线方案。

为便于电站超大件运输，乌东德水电站与四川省的S310省道的联系，提高电站对外交通运输的保证率，改善乌东德水电站与白鹤滩水电站间的行车条件，利于电站建设期和运行期的统一管理，现阶段考虑在坝址左岸修建电站对外交通辅助线路，公路等级采用三级公路。根据左岸地形条件，辅助线路选择从会东县城的会东酒厂附近接 S310 省道，沿鲹鱼河至河门口。

为连接两岸进场公路，避免电站施工期间场外施工车辆与坝区施工车辆的运输干扰，保障施工期人员往来和生活物资运输安全，有必要在河门口修建跨江大桥。同时，乌东德水电站两岸进场公路与洪门渡大桥形成川、滇两省新的交通通道，成为 G108 国道的一条重要复线，减轻 G108 国道的交通负担，有利于优化地方路网结构，为该地区国民经济持续稳定的发展提供很好的契机，并改善库区周边乡村交通条件，加强乡镇之间的联系，促进库区社会经济综合发展，改善移民安置环境。洪门渡大桥按三级公路标准修建，考虑大桥规模大，为适应未来路网升级和交通量的增加，避免后期重复建设，节约远期交通工程的投资，为未来公路提高设计速度留有适当空间，适当加宽大桥的行车道宽度，由规范规定的 7.5m 加宽至 9.0m，桥长 525m。

经过对电站周边交通状况和自然条件的调查分析，按照规划原则，最终确定乌东德水电站对外交通为"一主一副、两岸平衡、乌白联动"方案（见图 1-6）。主通道为昆明西站至坝址，全长 210km，其中新建 36km，可以满足重大件和物资运输要求，辅助通道为西昌经葫芦口至坝址，全长 275km，其中新建 45km，中间由洪门渡大桥相连。该方案的亮点是，葫芦口至会东的线路连接了乌东德和白鹤滩两座巨型水电站，可资源共享，互为备用，将两个电站的对外交通网络连为一体，并通过昭巧路，将溪洛渡、向家坝两座水电站的交通网络联系起来，使原来单个电站的对外交通方案得到大幅扩张，运行更加灵活，可靠性增强。乌东德水电站的重件增加了从葫芦口至坝址的选择，白鹤滩水电站则可以经过乌东德运输重件。

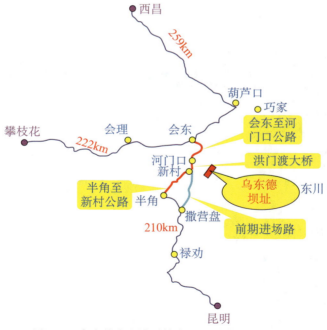

图 1-6　乌东德水电站对外交通"两路一桥"方案

## 1.2.4 　对外交通公路技术特征

乌东德水电站对外交通面临特殊的地理地质环境、桥隧比例高以及复杂的建设管理环境。对外交通地貌特征表现为两岸大多是高原面上丘陵起伏，从靠近金沙江河道开始，急剧下降至谷底，有时沿一条支流顺势而下，有时利用金沙江的岸坡展线，对外交通的末端基本是以极限坡降长距离下坡，最长下坡为 30km 左右。而且水电站对外交通进出场需求呈现极度不均衡的情况，进场为重车，出场为空车。这种特征给设计施工带来极大困难，运行期安全风险大。

乌东德水电站对外交通以地方既有公路为基础，主要新建左岸会东至河门口公路、右岸半角至新村公路以及跨江连接左右岸对外交通的洪门渡大桥，需要指出的是，左右岸对外交通公路分别通过乌东德场内左右岸连接线公路（长度分别为 1.9km 和 6.3km，标准为公路三级）接至洪门渡大桥左右岸桥头。

（1）会东至河门口公路

会东至河门口公路规划为乌东德水电站大件运输和对外物资辅助运输通道，隶属于四川省凉山州会东县，三级公路，设计行车速度 30km/h，路线自会东县垭口镇三岔口接 S310 省道，沿鲹鱼河左岸，途经小岔河、新洪村，从观音崖跨鲹鱼河至右岸，途经踩马水桥头、庹家大坪子、赖家坡、魏家村、柳树塘，在大梁子山附近跨鲹鱼河左岸，途经弯腰树、大黑山、老嘎木、腰崖、上喇叭沟、下喇叭沟至河门口，路线全长 44.078km，含 12 座大中桥（连续刚构桥 3 座）、6 条隧道（长隧道 4 条）及长约 32.25km 的明线路段。路线起点高程 1669.5m，终点高程 997m，平均纵坡 1.50%，最大纵坡 6.6%，设计路基宽 8.0m，路面宽 7.0m，主要技术指标见表 1-4。

表 1-4　会东至河门口公路主要技术指标

| 技术指标名称 | 单位 | 指标 |
| --- | --- | --- |
| 地形类型 | | 山岭重丘区 |
| 公路等级 | | 三级公路 |
| 设计速度 | km/h | 30 |
| 路线总长 | km | 44.078 |
| 路线增长系数 | — | 1.48 |
| 平均每千米交点个数 | 个 | 3.90 |
| 平曲线最小半径 | m | 65 |
| 直线最大长度 | m | 1259.00 |
| 最大纵坡 | % | 6.60 |
| 最短坡长 | m | 159.04 |
| 平均每千米纵坡变坡次数 | 次 | 1.95 |

续表

| 技术指标名称 | | 单位 | 指标 |
|---|---|---|---|
| 竖曲线最小半径 | 凸型 | m/ 个 | 1000.0/1 |
| | 凹型 | m/ 个 | 1000.0/2 |
| 路基宽度 | | m | 8.0 |
| 土石方数量（不含桥隧工程量） | 挖方 | 万 m³ | 167.28 |
| | 填方 | 万 m³ | 49.34 |
| 路面宽度（沥青混凝土） | | m | 7.0 |
| 桥涵设计荷载 | | — | 公路 - Ⅱ级，挂 -300 |
| 桥面宽度 | | m | 净 7 + 2×0.5 |
| 平面交叉 | | 处 | 4 |

（2）半角至新村公路

半角至新村公路规划为乌东德水电站的主要进场公路，隶属于云南省昆明市禄劝县，三级公路，设计行车速度 40km/h，路线自皎西乡半角村接地方二级公路，然后沿太平小河右岸途经店子村、金银坳、老鹰窝、打基沟、邝家凹子、顾家大凹子至龙头山西南侧，再经隧道穿龙头山，沿水塘村至新村集镇附近，再沿卧嘎村上游坡地展线至乌东德镇新村集镇附近，路线全长 28.399km，含 10 座大中桥、6 条隧道（长隧道 4 条）及长约 10.25km 的明线路段。路线起点高程 2219.7m，终点高程 1297.0m，平均纵坡 3.4%，最大纵坡约 7.0%，设计路基宽 10.5m，路面宽 7.5m，主要技术指标见表 1-5。

表 1-5　半角至新村公路主要技术指标

| 技术指标名称 | 单位 | 指标 |
|---|---|---|
| 地形类型 | | 山岭重丘区 |
| 公路等级 | | 三级公路 |
| 设计速度 | km/h | 40 |
| 路线总长 | km | 28.399 |
| 路线增长系数 | | 1.59 |
| 平均每千米交点个数 | 个 | 1.9 |
| 平曲线最小半径 | m | 31.88 |
| 直线最大长度 | m | 1777.91 |
| 最大纵坡 | % | 7.998 |
| 最短坡长 | m | 124.07 |

续表

| 技术指标名称 | | 单位 | 指标 |
|---|---|---|---|
| 平均每千米纵坡变坡次数 | | 次 | 1.48 |
| 竖曲线最小半径 | 凸型 | m/个 | 1400.0/1 |
| | 凹型 | m/个 | 1200.0/1 |
| 路基宽度 | | m | 10.5 |
| 土石方数量（不含桥隧工程量） | 挖方 | 万 m³ | 188.41 |
| | 填方 | 万 m³ | 54.97 |
| 路面宽度（沥青混凝土） | | m | 7.5 |
| 桥涵设计荷载 | | | 公路 – Ⅰ 级，挂 –300 |
| 桥面宽度 | | m | 净 7.5 ＋ 2×0.5 |

（3）洪门渡大桥

洪门渡大桥位于乌东德水电站大坝上游约 6km 处，横跨金沙江，不仅是为实现乌东德水电站顺利施工而修建的公路大桥，同时也是一条沟通川滇两省的新通道，极大地方便了公路沿线人民群众的生产和生活，加快地方脱贫致富，有利于两省经济发展。为满足乌东德洪门渡大桥的施工和运营管理要求，大桥结构的设计基准期为 100 年，设计安全等级为一级，按三级公路标准运营。大桥全长 522m，设计桥型为（135+240+135）m 连续刚构，桥面宽度 12m（9.0m+2×1.5m 人行道），汽车荷载采用公路 –Ⅱ 级，考虑重大件运输要求，设计验算荷载为特挂 –300 级。

# ■ 1.3　对外交通工程设计

对外交通工程开工后，中国长江三峡集团有限公司（以下简称三峡集团）的现场管理单位乌东德工程建设部（以下简称建设部）通过现场察勘，根据现场施工条件，综合考虑施工安全、施工干扰和道路永久运行等因素，以服务现场施工为出发点，在保证线路总体不变的条件下，对局部线路进行了调整，降低了施工难度，缩短了工期，施工期安全风险得到控制。

## 1.3.1　会东至河门口公路施工设计特点

会东至河门口公路主要分 9 段，各段施工设计特点如下：

1）起点至观音崖段（K0+000～K5+400），设计里程约 5.4km，路线沿鲹鱼河布线，其中 K0+000～K2+164 段，根据地方公路建设需要，路面宽度由 7m 加宽至 14m。该路段地形平坦，最小平曲线采用 R-120m，最大平曲线采用 R-370m，线形均衡性相对较好；该路段地面高差起伏小，最大纵坡 4.6%；竖曲线半径均采用较大值，平纵线形组合较好。该路段有大桥 2 座，长度分别为 108m 和 188m。

2）观音崖至踩马水桥头段（K5+400～K8+780），设计里程约 3.38km。该路段主要为现有地方公路改造路段，现有公路为四级公路，路基宽 4.5m～6m，局部裁弯取直并加宽路基路面。该路段有正在修建的大弯腰树水电站，路线需沿大坝右坝肩通过。

3）踩马水桥头至柳树塘段（K8+780～K20+200），设计里程约 11.42km。该路段地形相对平坦，最小平曲线采用 R-65m，最大平曲线采用 R-750m，线形均衡性相对较好；纵断面方面，最大纵坡 7.0%；竖曲线半径均采用较大值，平纵线形组合较好。

4）柳树塘至可河大坝段（K20+200～K27+200），设计里程约 7.0km。该路段山势陡峻、地形复杂，冲沟发育，最小平曲线采用 R-65m，最大平曲线采用 R-1000m，有多个连续弯道；纵断面方面，最大纵坡 6.8%。

5）可河大坝至老嘎木段（K27+200～K31+065），其中 K27+200～K31+000 段，设计里程 3.8km。该路段山势陡峻，最小平曲线采用 R-60m，最大平曲线采用 R-861m，有多个连续弯道；纵断面方面，最大纵坡 6.8%。该路段取消了 K29+034 处的官桥河中桥，改为涵洞跨沟，线路主要为明路基，包含 1 座中桥。

6）老嘎木至下腰崖段（K31+065～K37+531.387），取消老嘎木隧道和下腰崖隧道间长约 220m 的明路基，将老嘎木隧道出口和下腰崖隧道进口调整至 K33+218 附近施工支洞处，调整后老嘎木隧道长度为 2153m，增加长度 118m；取消上喇叭沟大桥（桥长 328m）、箐箕洼大桥（桥长 108m）和喇叭沟大桥（桥长 128m），下腰崖隧道出口调整至 K37+410 处，调整后的下腰崖隧道长度为 4192m，增加长度 1393m。为满足施工和运营通风需要，在 K33+185、K34+600 和 K36+098 处各设一条施工支洞（兼作通风和逃生支洞）。

7）灰泥坡段（K38+441.663～K41+432.343），取消石龙大沟中桥（桥长 88m）和石龙大沟大桥（桥长 130m），将灰泥坡隧道进口调整至 K38+540 处，调整后的灰泥坡隧道长度为 2440m（原设计长度 1801m），增加长度 639m。

8）灰泥坡至河门口段（K41+180～K43+078），设计里程 1.90km。该路段地形相对平坦，最小平曲线采用 R-65m，最大平曲线采用 R-500m，线形均衡性相对较好，最大纵坡 6.2%，竖曲线半径取值满足规范规定。对灰泥坡隧道出口段（K39+992.666～K42+015.053）线路调整，取消河门口中桥（桥长 88m）以及 K41+289 涵洞，将灰泥坡隧道出口调整至 K41+300 处，调整后的灰泥坡隧道长度为 2760m，增加长度 320m。

1. 路基防护工程

（1）路堤边坡加固与防护

一般采用植草、浆砌片石、浆砌片石骨架护坡等，并对坡脚进行浆砌石防护，对高路堤边坡路段设置挡土墙。

（2）路堑边坡加固与防护

路线所在区域地形陡峻，地层主要为泥岩、千枚岩、页岩、砂岩及白云岩等。路基以挖方通过山坡时，若放缓路堑边坡坡率进行削坡，则造成挖方边坡普遍较高，大量的挖方弃土易造成水土流失，甚至形成泥石流，堵塞河道，且边坡极易出现开裂、滑塌等灾害。因此对于石质路堑边坡高度大于30m的地段及顺层地段，一般将边坡坡率适当放陡，采用预应力锚索与长锚杆相结合的方法进行加固，坡面做挂网喷混凝土防护，使挖方弃土数量大幅度减少，同时有利于沿线自然环境的保护。具体措施如下：

1）当土质路堑边坡高度 $H \leqslant 3m$ 时，种草防护。

2）当土质路堑边坡高度 $3 < H \leqslant 8m$ 时，采用三维网植草。

3）当土质路堑边坡高 $H > 8m$ 时，于坡脚处设护脚，其上部设浆砌片石骨架护坡并植草。

4）泥岩、千枚岩、页岩、强风化的砂岩、白云岩等路堑边坡，设护面墙防护，当护面墙高度大于12m时，视岩石风化程度采用坡面喷混凝土防护等措施。

5）路堑边坡高度 $H \leqslant 20m$ 时，微风化的泥岩、千枚岩、页岩等，坡面喷混凝土防护，厚度10cm；强风化的泥岩、千枚岩、页岩、砂岩、白云岩等，坡面挂铁丝网喷混凝土防护，厚度10cm。

6）路堑边坡高度 $20m < H \leqslant 30m$ 时，微风化的泥岩、千枚岩、页岩、砂岩、白云岩等，坡面采用锚杆加固，喷混凝土防护，厚度10cm，锚杆间距2.5m，长度 $3 \sim 5m$；强风化的泥岩、千枚岩、页岩、砂岩、白云岩等，坡面采用锚杆加固，挂铁丝网喷混凝土防护，厚度10cm，锚杆间距2.5m，长度 $3 \sim 5m$。

7）路堑边坡高度 $H > 30m$ 时，边坡采用预应力锚索或长锚杆的方法加固，锚索间距 $4 \sim 6m$，坡面喷混凝土或挂铁丝网喷混凝土防护，厚度12cm。

（3）路基挡土墙工程

路堤挡土墙：对陡填地段，若路基放坡后倾压沟谷河道，无放坡条件时，为尽可能利用挖方弃土，设置路衡重式堤挡土墙收坡。

路肩挡土墙：对陡填地段，若路基无放坡条件，采用路堤挡土墙有困难，使路堤挡土墙高度增加较多时，设置衡重式路肩挡土墙收坡。

路堑挡土墙：路线以挖方通过陡坡地段，则采用仰斜式路堑挡土墙收坡。路堑挡土墙采用砌片石砌筑。

（4）冲刷防护

由于会东冶炼厂至观音崖路段是沿鲹鱼河布线的，局部路段可能存在冲刷防护的可能。冲刷防护应遵循以下原则：

1）当路堤边坡受冲刷而影响路基稳定地段，应设置冲刷防护工程，防护类型一般为直接防护，设计洪水频率采用1/25。

2）冲刷防护采用M10浆砌石挡土墙和M7.5干砌石护坡相结合的原则。干砌石护坡厚0.35m，下部设砂卵石垫层厚0.15m；挡土墙墙脚基础置于冲刷线以下不小于1.0m或基岩下不小于0.5m。

## 2. 隧道布置特性

会东至河门口公路全线有6条隧道，从小桩号至大桩号依次为赖家坡隧道、白泥塘隧道、老鹰崖隧道、老嘎木隧道、下腰崖隧道和灰泥坡隧道，各隧道布置特性见表1-6。

表 1-6　各隧道布置特性表

| 序号 | 隧道名称 | 隧道里程 | 起点高程（m） | 终点高程（m） | 长度（m） | 备注 |
|---|---|---|---|---|---|---|
| 1 | 赖家坡隧道 | K12+364～K12+576 | 1735.49 | 1733.37 | 212 | Ⅰ标段 |
| 2 | 白泥塘隧道 | K15+360～K15+535 | 1638.37 | 1641.23 | 175 | |
| 3 | 老鹰崖隧道 | K23+711～K24+745 | 1544.83 | 1539.66 | 1034 | |
| 4 | 老嘎木隧道 | K31+065～K33+218 | 1386.09 | 1335.28 | 2153 | Ⅱ标段 |
| 5 | 下腰崖隧道 | K33+218～K37+410 | 1335.28 | 1218.74 | 4192 | |
| 6 | 灰泥坡隧道 | K38+540～K41+300 | 1169.39 | 1087.97 | 2760 | |

3. 隧道地形地质条件

（1）赖家坡隧道

1）地形地貌。赖家坡隧道进口位于冲沟下游侧沟壁，沟壁陡峻，沟壁坡度 37°～60°，沟底高程 1723m，边坡顶部高程 1802m，出口位于赖家坡滑坡上游侧缘。洞身段地表总体呈单斜坡，斜坡总体走向呈 SE 向，地形自然坡度 28°～39°。

2）地层岩性。根据地质测绘，测区出露地层由新到老依次为新生界第四系崩坡积层（$Q^{col}$）、上元古界灯影组（$Z_{2d}$）、观音崖组（$Z_{2g}$）、中元古界黑山组（$Pt_{2hs}$），现将各地层分述如下：

①新生界第四系。

崩坡积层（$Q^{col+dl}$）：表层主要为白云岩块石、大块石夹碎屑，结构较松散，厚达 20～30m。

②上元古界。

灯影组（$Z_{2d}$）：中厚层 - 块状白云岩，夹白云质灰岩、灰岩、薄层硅质条带、条带状硅质岩。

观音崖组（$Z_{2g}$）：紫红色砂页岩。

③中元古界

黑山组（$Pt_{2hs}$）：灰绿色千枚岩、粉砂质板岩。与上覆观音崖组地层呈角度不整合接触。

3）地质构造。赖家坡隧道测区盖层和基底呈角度不整合接触。盖层岩层具轻微揉皱现象，岩层产状 305°～325°∠20°～35°；基底岩层陡倾，岩体破碎，岩层产状 230°∠79°。地表未见长大结构面发育。

4）水文地质条件。赖家坡隧道测区范围内斜坡总体走向呈 SE 向，倾向鲹鱼河，隧道进口附近有一个发育的冲沟，大气降水及地表径流主要通过冲沟向鲹鱼河排泄，地下水主要以裂隙水、溶隙水赋存，测区范围未见泉水出露。

5）工程地质条件评价。隧道围岩地层主要为黑山组（$Pt_{2hs}$）灰绿色千枚岩、粉砂质板岩、变质砂岩，观音崖组（$Z_{2g}$）紫红色砂页岩及少量灯影组（$Z_{2d}$）中至厚层白云岩和第四系崩坡积碎块石土。其中盖层观音崖组、灯影组岩层揉皱强烈，岩层产状变化大，岩层走向与隧道轴线呈小角度相交；基底黑山组岩层陡倾，岩体破碎，隧道为伴山隧道，岩体破碎，风化强烈，隧道上覆岩体整体较薄，厚 8～59m。隧道进口位于冲沟下游侧壁，沟壁坡度

$37°\sim60°$。边坡为白云岩，呈顺向坡结构，卸荷裂隙发育，局部危岩体应清除。隧道出口位于赖家坡滑坡上游侧缘，边坡岩体主要为第四系崩坡积碎块石土层，边坡应加强支护。

（2）白泥塘隧道

1）地形地貌。白泥塘隧道洞身段地表总体呈单斜坡，斜坡总体走向呈 NE 向，地形自然坡度 $13°\sim17°$。

2）地层岩性。根据地质测绘，测区出露地层由新到老依次为新生界第四系残坡积层（$Q^{dl+el}$），中元古界黑山组（$Pt_{2hs}$），现将各地层分述如下：

①新生界第四系。

残坡积层（$Q^{dl+el}$）：表层主要为千枚岩碎块石夹碎屑，结构较松散，该层厚度不大，一般厚 $2\sim6m$，局部厚达 8m。

②中元古界。

黑山组（$Pt_{2hs}$）：表层主要为灰绿色千枚岩、粉砂质板岩。与上覆观音崖组地层呈角度不整合接触。

3）地质构造。白泥塘隧道测区范围岩层呈单斜构造，岩层产状 $\vdash130°\angle68°\sim75°$，地表未见新近构造迹象及长大结构面发育。

4）水文地质条件。白泥塘隧道测区范围内斜坡总体走向呈 SE 向，倾向鲹鱼河，大气降水及地表径流大部沿地表向鲹鱼河排泄，地下水主要以裂隙水、溶隙水赋存，测区范围未见泉水出露。

5）工程地质条件评价。隧道穿越山脊，隧道围岩地层为黑山组（$Pt_{2hs}$）灰绿色千枚岩、粉砂质板岩、变质砂岩及少量残坡积碎石土。岩层陡倾，岩层走向与隧道轴线夹角 $59°\sim66°$。

隧道围岩风化强烈，岩体破碎，上覆岩体薄，最厚仅 38m。隧道进出口边坡为黑山组（$Pt_{2hs}$）千枚岩及第四系残坡积层碎石土，边坡自然坡度 $31°\sim35°$，边坡稳定条件差，应加强支护。

（3）老鹰崖隧道

1）地形地貌。老鹰崖隧道位于弯腰树至大转拐峡谷陡崖段，进口位于上老鹰崖沟的 SW 侧沟壁，沟壁自然坡度 $21°\sim23°$，沟底高程 1545m，边坡顶部高程 1613m；出口位于大地沟的 E 侧沟壁，沟底高程 1542m，沟壁自然坡度 $30°\sim32°$，坡顶高程 1582m。洞身段地表坡度较大，地表自然坡度 $38°\sim45°$。

2）地层岩性。根据地质测绘，测区出露地层由新到老依次为新生界第四系残坡积层（$Q^{el+dl}$）、中生界白垩系中统江底河组（$K_{2j}$）、下统马头山组（$K_{1m}$），现将各地层分述如下：

①新生界第四系。

残坡积层（$Q^{el+dl}$）：表层主要为碎块石土，结构较松散，厚 $10\sim20m$。

②中生界白垩系。

中统江底河组（$K_{2j}$）：粉砂岩、泥岩与砂质泥岩互层，夹长石石英砂岩、页岩，底部见砾岩或砂岩。

下统马头山组（$K_{1m}$）：上部为厚层长石石英砂岩夹沙砾岩、页岩及含铜页岩，中下部为厚层钙质砂岩夹泥岩、沙砾岩，底部为砾岩。

3）地质构造。老鹰崖隧道测区范围总体呈单斜构造，岩层产状 $310°\sim345°$ $\vdash NE\angle4°\sim10°$。

发育 F7 断层，断层产状 330°┝NE∠62°，破碎带宽 0.2～1m。

4）水文地质条件。测区内未见地表水流，进口处的上老鹰岩沟及出口处的大地沟，为暴雨季节地表水汇聚和排泄的主要通道，地下水主要以裂隙水形式赋存。

5）不良地质。隧道区发育的不良地质主要为老鹰崖滑坡。老鹰崖滑坡位于鲹鱼河左岸斜坡中部，滑坡体整体呈扇形，滑坡后缘高程 1681m，滑坡前缘位于大地沟北面，高程 1544m，整个滑体长 189m，滑体前沿宽度 228m，滑体面积 $2.6 \times 10^4 m^2$，滑体厚度 20～30m，滑坡体积约 $50 \times 10^4 m^3$，为大型滑坡。滑坡主滑方向 298°，滑面为岩土界面，滑坡倾角 20°～30°，滑床物质为（$K_{2j}$）砂质泥岩。该滑坡为大型滑坡，物质组成为土质滑坡，力学性质为推移式滑坡。隧道从滑坡滑床以下稳定基岩中通过，滑坡对隧道无影响。

6）工程地质条件评价。隧道穿越鲹鱼河岸坡陡崖，隧道围岩地层为白垩系江底河组（$K_{2j}$）粉砂岩、泥岩，岩层倾角 8°～10°。洞身段发育冲沟及 F7 断层。

隧道围岩岩性软弱，岩层平缓，岩石风化强烈，岩体破碎，上覆岩体厚 30～85m，最厚达 150m。隧道进出口边坡自然坡度 30°～45°，分布第四系残坡积层碎石土，厚 10～20m，结构松散，边坡开挖稳定条件较差，需加强支护。

（4）老嘎木隧道

1）地形地貌。老嘎木隧道进口位于鲹鱼河左岸的岸坡壁面上，洞口高程 1384.54m，地形坡度为 44°～66°，河床高程 1298m，坡顶高程 1750m。隧道出口位于上腰崖滑坡上游，出洞口高程 1339.45m，洞口附近地表坡度为 31°～37°，洞口上方高程 1357m 以上为马头山组厚层砂岩形成的高近 100m 的岩壁，壁面坡度为 61°。

2）地层岩性。根据地质测绘，测区出露地层由新到老依次为新生界第四系崩坡积层（$Q^{col+dl}$）、滑坡堆积层（$Q^{del}$）、白垩系中统江底河组（$K_{2j}$）、下统马头山组（$K_{1m}$）、中生界侏罗系上统官沟组（$J_{3g}$），现将各地层分述如下：

①新生界第四系（Q）。

崩坡积层（$Q^{col+dl}$）：碎块石夹碎屑土或碎石碎屑土层，结构松散，块石大小一般为 $0.5cm \times 0.8cm$，少量大的 $1m \times 1.5m$，碎石大小一般为 $0.1m \times 0.2m$，一般厚为 2～4m，局部厚达 18.8m。

滑坡堆积层（$Q^{del}$）：块石、碎石夹土，块石大小一般为 $0.5m \times 1.0m$，碎石大小一般为 $2m \times 3.5m$，上部结构松散，下部结构稍密，一般厚 30～60m。

②中生界。

白垩系中统江底河组（$K_{2j}$）：粉砂岩、泥岩与砂质泥岩互层，夹长石石英砂岩、页岩，底部见砾岩或砂岩。

白垩系下统马头山组（$K_{1m}$）：上部为厚层长石石英砂岩夹沙砾岩、页岩及含铜页岩，中下部为厚层钙质砂岩夹泥岩、沙砾岩，底部为砾岩。

中生界侏罗系上统官沟组（$J_{3g}$）：上部为杂色泥岩与钙质泥岩，呈不等厚互层，下部为泥岩夹少量中薄层状粉砂岩、泥灰岩。

3）地质构造。老嘎木隧道测区范围总体呈单斜构造，岩层产状 310°～345°┝NE∠10°～15°。

4）水文地质条件。测区内仅在鲹鱼河及田家河冲沟内有地表水流，地下水主要以裂隙水、孔隙水形式赋存。

5）工程地质条件评价。隧道穿越老嘎木陡崖，隧道围岩地层为马头山组（$K_{1m}$）中至厚层砂岩夹少量泥岩，岩层产状平缓，隧洞轴线与岩层走向夹角为 4°～35°，岩体卸荷严重，其强卸荷带深 30～50m。桩号 K32+210 处发育田家河沟，沟内常年有水，上覆岩体较薄，可能存在向洞内涌水问题。隧道上覆岩体厚 150～260m，岩层产状平缓，发育泥岩软弱夹层，隧道易产生塌顶问题。

隧道进出边坡地形坡陡，多呈陡崖，岩体卸荷风化强烈，卸荷张开裂隙及危岩体发育，边坡稳定条件差，对危岩体及潜在不稳定块体应予以清除，并加强边坡支护。

（5）下腰崖隧道

1）地形地貌。下腰崖隧道穿越的地层为马头山组厚层砂岩形成的陡崖及官沟组泥岩形成的斜坡，地表呈陡缓相间，进口位于上腰岩滑坡后缘的壁面上，洞口高程 1339m，洞口以上地形坡度 75°～80°，洞口以下自然坡度 24°～31°。隧道出口位于喇叭沟上游。地表坡度为 32°～38°。

2）地层岩性。根据地质测绘，测区出露地层由新到老依次为新生界第四系崩坡积层（$Q^{col+dl}$）、滑坡堆积层（$Q^{del}$）、中生界白垩系中统江底河组（$K_{2j}$）、下统马头山组（$K_{1m}$）、侏罗系上统官沟组（$J_{3g}$），现将各地层分述如下：

①新生界第四系（Q）。

崩坡积层（$Q^{col+dl}$）：碎块石夹碎屑土或碎石碎屑土层，结构松散，块石大小一般为 0.5m×0.8cm，少量大者 1m×1.5m，碎石大小一般为 0.1m×0.2m，一般厚 2～4m，局部厚达 13.50m。

滑坡堆积层（$Q^{del}$）：块石、碎石夹土，块石大小一般为 0.5m×1.0m，碎石大小一般为 2m×3.5m，上部结构松散，下部结构稍密，一般厚 20～30m。

②中生界。

白垩系中统江底河组（$K_{2j}$）：粉砂岩、泥岩与砂质泥岩互层，夹长石石英砂岩、页岩，底部见砾岩或砂岩。

白垩系下统马头山组（$K_{1m}$）：上部为厚层砂岩夹页岩、沙砾岩，中下部为厚层钙质砂岩夹泥岩、沙砾岩，底部为砾岩。

③侏罗系上统

官沟组（$J_{3g}$）：上部为杂色泥岩与钙质泥岩，呈不等厚互层，下部为泥岩夹少量中薄层状粉砂岩、泥灰岩。

3）地质构造。下腰崖隧道测区范围总体呈单斜构造，岩层产状 310°～345°├NE∠4°～10°，通过地表调查未发现有断层及长大结构面发育，岩体中主要见一组劈理面发育，走向 300°～320°，倾 SW，倾角 55°～65°，长度 2～4m，少量 5～7m，面微呈弧形，无充填，线密度 8～20cm/条。

4）水文地质条件。测区分布泥岩、粉砂质泥岩等隔水岩层，地下水主要以裂隙水形式赋存。桩号 K33+940～K35+120 段由于可河电站引水洞向外漏水严重，陡崖外侧地表出现多处泉水点，泉水流量 200～300L/min，

5）工程地质条件评价。隧道位于下腰崖滑坡后缘陡崖岩体中，距陡崖 80～100m，局部 40～60m，陡崖坡面卸荷裂隙发育，分布危岩体。隧道穿越地层为马头山组（$K_{1m}$）中至厚层砂岩夹泥岩及官沟组（$J_{3g}$）泥岩，岩层产状平缓，倾角 4°～10°。隧道内侧为可河电站引水隧洞，局部洞段相距较近，其中桩号 K33+940～K35+120 段在可河电站试运行期间，引

水洞向外漏水严重，地表出现多处泉水点，并直接导致陡崖外侧下腰崖滑坡失稳破坏，目前引水洞维修后，地表出水范围及流量较小，主要集中在 K34+120～K34+500 段，泉水流量 200～300L/min，隧道施工及运行过程中可能出现向洞内涌水现象。

隧道埋深 70～240m。隧道出口边坡地形坡度 18°～26°，分布新生界第四系碎石土夹块石层，结构松散，边坡稳定条件差，需加强支护。

（6）灰泥坡隧道

1）地形地貌。隧道整体为斜坡，地表坡角 30°～50°，主要发育石龙大沟、红崖大沟 2 条冲沟。其隧道进口位于石龙大沟 ES 侧沟壁，沟壁地形较陡，自然坡度 36°～47°，沟底高程 1100m，边坡顶部高程 1200m；出口位于某个大冲沟 NE 向沟壁，沟底高程 1109m，沟壁陡峭，自然坡度 30°，坡顶高程 1186m。

2）地层岩性。根据地质测绘，测区出露地层由新到老依次为崩坡积层（$Q^{col+dl}$）、滑坡堆积层（$Q^{del}$）、侏罗系上统官沟组（$J_{3g}$）及牛滚凼组（$J_{3n}$），现将各地层分述如下：

①新生界第四系（Q）。

崩坡积层（$Q^{col+dl}$）：碎块石夹碎屑土或碎石碎屑土层，结构松散，块石大小一般为 0.5cm×0.8cm，少量大者 1m×1.5m，碎石大小一般为 0.1m×0.2m，一般厚 7～10m。主要分布于灰泥坡滑坡的后缘。

滑坡堆积层（$Q^{del}$）：上部以碎石土为主，结构较松散；下部以块石、碎石为主，结构稍密，块石大小一般为 0.5m×1.0m，碎石大小一般为 2m×3.5m，一般厚 20～35m，局部厚达 40m。

②侏罗系上统。

官沟组（$J_{3g}$）：上部杂色泥岩与钙质泥岩呈不等厚互层，下部泥岩夹少量中薄层状粉砂岩、泥灰岩。

牛滚凼组（$J_{3n}$）：肉红色钙质泥岩夹少量粉 – 细粒砂岩。

3）地质构造。灰泥坡隧道测区范围总体呈单斜构造，岩层产状 300°～320°├NE∠10°～18°，岩体中劈理发育，通过地表调查未发现有断层及长大结构面发育，岩体中主要见一组劈理面发育，走向 355°～5°，倾 NW 或 NE，倾角 60°～65°，长度 1～4m，面微呈弧形，无充填，线密度 5～20cm/ 条。

4）水文地质条件。测区内仅在石龙大沟内有地表水流，地下水主要以裂隙水形式赋存。

5）工程地质条件评价。隧道穿越灰泥坡滑坡及红崖大沟滑坡，围岩地层为侏罗系官沟组（$J_{3g}$）、牛滚凼组（$J_{3n}$）泥岩、粉砂岩夹少量泥灰岩及新生界第四系松散堆积物等，岩层产状平缓。

隧道埋深 30～145m，其中新生界第四系松散堆积层厚 10～40m。隧道进口边坡位于石龙大沟沟壁，沟坡自然坡度 36°～47°，分布第四系碎石土夹块石层，厚约 40m，结构松散，边坡稳定条件差，需加强支护。隧道出口边坡位于一冲沟壁，地形坡度 30°，分布新生界第四系碎块石土层，厚 15～30m，结构松散，边坡稳定条件差，需加强支护。

4. 隧道建筑限界及衬砌内轮廓图

（1）建筑限界及衬砌内轮廓图

1）隧道主要技术标准：按三级公路设计，设计行车速度为 30km/h，单洞双向双车道断面。本线路除满足一般交通运行要求外，还承担乌东德水电站发电机大件的运输任务，隧道建筑限界除满足规范的要求外，还必须满足发电机大件的运输尺寸要求。原定乌东德水电站单体最大件为发电机的下机架，其运输尺寸为8.7m×7.4m×3.9m（长×宽×高），采用索埃勒PK150.6型6轴平板拖车（三峡工程重大件运输车辆）运输，货台高度（1.19±0.30）m。考虑上述因素，最后确定隧道的车道宽度为3.25m，左右侧的侧向宽度为0.25m，左右侧的人行道宽度为0.75m，考虑大件运输宽度、高度及运输期间安全管理等因素后，确定隧道建筑限界高度 $H$ 为5.2m，下部宽度为9m，长隧道建筑限界及衬砌内轮廓图见图1-7。

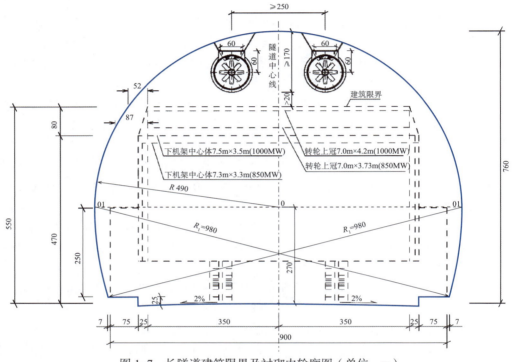

图1-7　长隧道建筑限界及衬砌内轮廓图（单位：m）

2）隧道内轮廓形状决定隧道开挖断面的面积，直接影响工程造价及施工工期。根据《公路隧道设计规范》（JTG D70—2004），设计隧道内轮廓时，除满足隧道建筑限界，还需考虑消防、通信信号、电力、通风、照明、监控、报警、运营管理等设备及管线所需要的空间，还应考虑结构安全、经济合理等因素。

3）在拟定隧道内轮廓时，为了减少围岩和隧道衬砌产生应力集中，衬砌断面尽量做到圆顺，不带拐角，在能满足隧道建筑限界的前提下，设置排水沟及电缆槽，并保证消防、通风、电力照明、监控、通信等设备、管线的需要和大跨断面的合理性。

（2）紧急停车带

根据规范，为了防灾或在运输高峰期保证行车畅通，便于事故车辆的检修，同时考虑公路全线安全运行需要，长隧道应在行车方向的右侧设置紧急停车带。隧道紧急停车带建筑限界及衬砌内轮廓图见图1-8。紧急停车带的设置原则如下：

1）隧道双侧交错设置紧急停车带，单侧间距一般不超过750m。

2）紧急停车带长度按停大型车2～3辆考虑，有效长度为30m，全长40m。

3）紧急停车带应设置在围岩岩性较好的洞段，尽量避免设置在Ⅳ级、Ⅴ级及更差的围岩区。

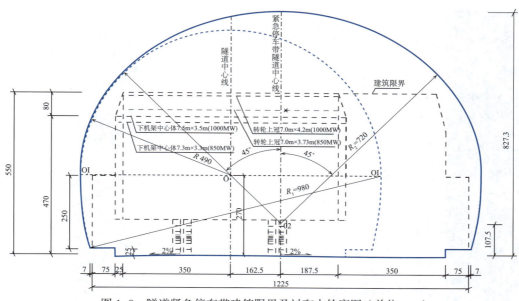

图 1-8　隧道紧急停车带建筑限界及衬砌内轮廓图（单位：m）

根据上述原则，老鹰岩隧道、老嘎木隧道、下腰崖隧道、灰泥坡隧道均需设置紧急停车带。

5. 隧道结构设计

（1）隧道衬砌结构

会东至河门口公路隧道围岩大部分为泥岩、泥质砂岩等软岩，属Ⅳ类、Ⅴ类岩石，岩石的物理力学指标相近，所以可分类采用相同的衬砌结构。

衬砌结构型式包括初期支护和二次衬砌两层结构。初期支护指在隧道开挖过程中，二次衬砌未施工前进行的支护结构。其目的是限制围岩的变形量，避免在二次衬砌结构上产生过大的围岩压力，维持隧道在二次衬砌施工前的临时稳定，初期支护一般采用喷锚型式，地质条件差的洞段可设置钢拱架、钢格栅、超前导管等加强支护措施。二次衬砌是指在初期支护完成后搭建永久性支护结构，其目的是承担围岩的残余变形量和压力，维持隧道的内轮廓断面尺寸和永久性稳定，辅助形成隧道的防排水结构，保证隧洞安全正常运行。二次衬砌一般采用混凝土或钢筋混凝土结构。

分类衬砌结构型式如下：

1）明洞段考虑沉降及与洞身段衔接因素，采用整体式钢筋混凝土衬砌结构，通过对明洞边墙挡土高度和上覆土层厚度分析，采用的衬砌厚度为 60cm。

2）洞身段采用复合式衬砌，隧道标准断面复合式衬砌支护参数见表 1-7，隧道紧急停车带断面复合式衬砌支护参数见表 1-8。

3）根据《公路工程抗震规范》（JTG B02—2013），隧道洞口浅埋和偏压地段为抗震设防段，衬砌采用带仰拱的钢筋混凝土曲墙式结构。

4）Ⅴ级围岩衬砌拱部采用 $\phi 42mm$（4）超前小导管预注浆加固，小导管长 3.5m，环向间距 30cm；Ⅳ级和Ⅴ级围岩洞口段衬砌拱部采用超前大管棚 $\phi 108mm$（6）支护。

**表 1-7　隧道标准断面复合式衬砌支护参数表**

| 围岩级别 | 施工支护 | | | | | | | | 二次衬砌 | | 防水材料 |
|---|---|---|---|---|---|---|---|---|---|---|---|
| | 喷C20混凝土厚（cm） | φ22锚杆 | | | φ6.5钢筋网 | | 格栅（或型钢）I18钢架 | 超前支护 | 预留变形量（cm） | 拱墙（cm） | 仰拱（cm） | |
| | | 长度（m） | 位置 | 间距（m） | 位置 | 间距（cm） | | | | | | |
| IV偏 | 28 | 3.0 | 拱、墙 | 0.8×0.8 | 拱、墙 | 20×20 | 1榀/0.5m | 注浆小导管 | 8 | 35 | 43 | 2mm厚BAC高分子复合自粘防水卷材 |
| IV | 20 | 3.0 | 拱、墙 | 1.0×1.0 | 拱、墙 | 25×25 | 1榀/0.5m | 注浆小导管 | 8 | 35 | 35 | |
| V | 28 | 4.0 | 拱、墙 | 0.8×0.8 | 拱、墙 | 20×20 | 1榀/0.5m | 超前大管棚或双层小导管 | 12 | 45 | 45 | |
| V浅 | 28 | 4.0 | 拱、墙 | 0.8×0.8 | 拱、墙 | 20×20 | 1榀/0.8m | 超前大管棚或双层小导管 | 12 | 45 | 45 | |
| V偏 | 28 | 4.0 | 拱、墙 | 0.8×0.8 | 拱、墙 | 20×20 | 1榀/0.5m | 超前大管棚或双层小导管 | 12 | 45 | 57 | |
| III | 12 | 3.0 | 拱、墙 | 1.2×1.2 | 顶拱 | 25×25 | — | — | 3 | 35 | 0 | |

注：IV偏、V偏为围岩偏压段，IV浅、V浅为围岩浅埋段。

**表 1-8　隧道紧急停车带断面复合式衬砌支护参数表**

| 围岩级别 | 施工支护 | | | | | | | | 二次衬砌 | | 防水材料 |
|---|---|---|---|---|---|---|---|---|---|---|---|
| | 喷C20混凝土厚（cm） | φ22锚杆 | | | φ6.5钢筋网 | | 格栅（或型钢）I18钢架 | 超前支护 | 预留变形量（cm） | 拱墙（cm） | 仰拱（cm） | |
| | | 长度（m） | 位置 | 间距（m） | 位置 | 间距（cm） | | | | | | |
| IV | 25 | 3.5 | 拱、墙 | 1.0×1.0 | 拱、墙 | 20×20 | 1榀/0.5m | 注浆小导管 | 10 | 50 | 50 | 2mm厚BAC高分子复合自粘防水卷材 |
| V | 28 | 4.5 | 拱、墙 | 0.8×0.8 | 拱、墙 | 20×20 | 1榀/0.5m | 超前大管棚或双层小导管 | 15 | 60 | 75 | |
| III | 15 | 3 | 拱、墙 | 1.0×1.0 | 顶拱 | 25×25 | — | — | 6 | 45 | — | |

（2）隧洞路面设计

路面按重交通等级进行设计。隧道路面横坡及进出口端采用 2.0% 人字坡。与明路路面一致，隧道采用 5cm 厚 AC-13C+7cm 厚 AC-20C 沥青路面，基层厚 25cm；路面表层为阻燃沥青。

（3）隧洞防排水设计

防排水设计遵循"以排为主，防、截、排、堵相结合，因地制宜、综合治理"的原则，形成完整的防排水体系，使隧道防水可靠，排水通畅，达到基本干燥要求，保证结构的正常使用和行车安全。

1）防水措施。二次衬砌采用防水混凝土，设计抗渗等级为 S6。

隧道洞内双侧设排水沟。结合复合式衬砌的结构要求，全隧道二次衬砌背后铺 2mm 厚 BAC 高分子复合自粘防水卷材，施工缝设 BW-II 型带注浆管的膨胀止水条，沉降缝设中埋式止水带。

明洞结构采用明挖法施工，使用外贴式防水板。

2）排水措施。隧道侧壁纵向排水盲管为 $\phi$100HDPE 单壁打孔波纹管。隧道横向排水管为 DN100 塑料排水管，DN100 横向排水管的纵向间距为 10m，对局部地下水丰富地段进行加密。纵向 $\phi$100mm 单壁打孔波纹排水管沿隧道两侧全隧贯通。隧道横向盲沟原则上每 20m 设一处，干燥无水段落较长时，间距可适当加长，在有水地段，其间距适当加密。集中小股水流处设无纺布盲沟，集中大股水流处设单壁打孔波纹管盲沟，单壁打孔波纹管数量根据水流大小确定，一般 1～3 根。盲沟自上而下铺设。盲沟沟身不得侵入二次衬砌，否则应凿槽埋设。纵、横向排水管用塑料三通连接，接头处外裹无纺布，横向排水管应尽量设在环向盲沟处，以便环向盲沟里的水能迅速流入纵向排水沟。隧道横向排水管的坡度为 5%。

隧道内设置双侧边沟，地下水通过横向泄水孔引入两侧边沟。

洞顶仰坡设截水沟一道，路基侧沟设不小于 0.2% 的反坡排水，保证洞外水无法流入洞内。

（4）隧洞建筑材料设计

隧洞主要建筑材料有：

1）洞门端墙、明洞段：采用 C25 钢筋混凝土。

2）主要钢筋及受力锚杆：采用 HRB335 钢筋，分布钢筋及钢筋网采用 HPB235 钢筋。

3）喷层：采用 C20 喷射混凝土。

4）拱部、边墙：采用 C25 混凝土（用于III级围岩复合衬砌段）、C25 钢筋混凝土（用于IV级偏压、V级围岩复合衬砌段）。

5）仰拱：采用 C25 混凝土、C25 钢筋混凝土（用于IV级偏压、V级围岩复合衬砌段）。

6）仰拱填充：采用 C10 片石混凝土。

7）找平层、基层：采用 C20 混凝土。

8）沟槽身及盖板：采用 C25 钢筋混凝土。

9）混凝土挡墙：采用 C25 混凝土。

10）明洞顶部漏空部分回填：采用碎石土（粒径 $d \leqslant 20$cm）。

11）洞门墙背排水沟：采用 M10 浆砌片石。

（5）抗震设计

根据《公路工程抗震规范》（JTG B02—2013），隧道洞口浅埋和偏压地段为抗震设防段，衬砌采用带仰拱的钢筋混凝土曲墙式结构。

（6）隧道内壁粉刷

为改善隧道内视觉条件、行车视线诱导效果及隧道消音问题，洞壁采用涂料喷塑饰面。隧道内空气湿度相对较大，选用的粉刷料应具有硬度高、漆膜丰富度好，耐磨、耐水、耐化学品腐蚀性能优良的材料。根据《水电工程设计防火规范》和《混凝土结构防火涂料》，隧道内壁表层须涂 2cm 厚的防火涂料。

（7）隧道监控量测

为了掌握围岩在开挖过程中的变形状态和支护结构的稳定状态，必须进行现场监控量测，通过对量测数据的分析与判断，确定围岩支护体系的稳定状态，便于进行预测，并据此确定相应的施工措施，确保结构的稳定性。量测项目为洞内外观察、净空水平收敛量测、拱顶下沉量测、地表下沉量测，地质及支护状态观察应随开挖与支护同步进行。量测断面间距为 30m。

6. 取、弃土设计

由于全线挖方量远大于填方量，路基填方均为利用方。路基填方、挡墙工程等应就近尽量利用弃方，沿河滩取沙砾时不得乱挖，弃方也不应随意堆弃，以免造成滑坡、河道堵塞等灾害，隧道路面及坡面排水等工程也尽可能利用弃料。

为避免造成环境破坏和人为地质灾害，弃渣场外侧采用浆砌石挡土墙防护，同时应做好排水设施，弃渣形成的坡面采用植草防护或砌石防护。

## 1.3.2　半角至新村公路施工设计特点

右岸半角至新村公路招标完成后，经过现场再优化、再设计，考虑施工难度和运行安全，以业主单位牵头，组织施工单位、设计单位、监理单位、咨询专家开展线路的优化方案研究会，半角至新村公路原设计线路见表1-9。

表 1-9　半角至新村公路原设计线路

| 里程 | 名称 | 长度（m） | 桥梁（m） |
|---|---|---|---|
| K0～K3+695 | 路基 | — | — |
| K3+695～K4+551 | 漂水涯隧洞 | — | — |
| K4+551～K5+495 | 路基＋金银坳桥＋漂水涯桥 | — | — |
| K5+495～K5+625 | 金银坳隧洞 | — | — |
| K5+625～K5+865 | 路基 | — | — |
| K5+865～K9+337 | 老鹰窝隧道 | — | — |
| K9+396.5～K10+427.5 | 窑缝沟隧道 | 1031 | 2×30 窑缝沟桥梁 |
| K10+499.5～K11+143.5 | 大母楚隧道 | 644 | 1×60 拱桥 |
| K11+213～K13+320.5 | 红梁子隧道 | 2013 | 3×20 箱梁桥 |

续表

| 里程 | 名称 | 长度（m） | 桥梁（m） |
|---|---|---|---|
| K13+630.5～K14+450.5 | 对门缝隧道 | 820 | 75+130+75 钢构桥 |
| K14+450.5～K18+813.5 | 路基＋桥梁 | — | 3×30，3×20 桥梁 |
| K18+813.5～K20+793.5 | 锅圈岩隧道 | | |
| K20+793.5～K21+085 | 桥梁 | | |
| K21+085～K21+883.5 | 老营盘 1 号隧洞 | — | 6×20+4×30 老营盘 1 号、2 号桥 |
| K22+082～K22+346.5 | 老营盘 2 号隧洞 | | |
| K22+406～K22+520 | 老营盘 3 号隧洞 | | 5×30，老营盘 3 号桥 |
| K22+729～K23+053 | 龙头山 1 号隧洞 | | 6×30 龙头山 1 号桥 |
| K23+285.5～K24+717 | 龙头山 2 号隧洞 | | 8×30 龙头山 2 号桥 |
| K24+830～K25+966 | 龙头山 3 号隧洞 | | 4×30 龙头山 3 号桥 |
| K25+966～K28+399 | 路基，桥梁 | | 6×20，4×30，5×30，6×30 箱梁桥 |

半角至新村公路招标完成后，长江勘测规划设计研究有限责任公司（以下简称长江设计公司）根据可研阶段、初步设计、招标设计成果，提供了施工图。在施工单位进入施工现场之后，开展线路详细勘察、测量定位、编写施工组织设计。经过业主、施工、监理和现场设计人员，尤其咨询专家现场两个多月的工作，综合考虑施工难度、施工便道修建难易程度、地方村民的干扰及关系协调、道路建成后的运行安全等，对整条线路的线形尤其桥梁的布置进行优化。经过精心组织，长江设计公司将线路施工设计进行了深化。

1）根据地形条件，取消了漂水涯和邝家 2 号桥，由路基＋排水设施替代。

2）取消大母楚桥、窑缝沟桥，将老鹰窝隧洞、窑缝沟隧洞、大母楚隧洞合并成一个长隧道（5.3km）。

3）原设计中老营盘至龙头山路段采用桥隧相接方式通过，路线出锅圈岩隧道（1980m）后，依次经过老营盘 1 号桥（126.5m）、老营盘 2 号桥（128m）、老营盘 1 号隧道（798.5m）、老营盘 3 号桥（158m）、老营盘 2 号隧道（264.5m）、老营盘 3 号隧道（114m）、龙头山 1 号桥（188m），再进入龙头山隧道（3151m），全长约 4.7km。根据现场实际施工情况，为规避滑坡体，对该线路进行调整，取消老营盘 1 号、2 号、3 号桥，原老营盘 1 号隧洞位置设置施工支洞，将锅圈岩隧道调整线路并加长，合并老营盘 1 号、2 号、3 号隧洞，在锅圈岩隧道出口、龙头山进口设置明线段和明洞。取消龙头山 1 号、2 号、3 号大桥，调整后的龙头山隧道为长隧道 3834m，中间设置一条施工支洞兼作通风逃生通道。

4）由于红梁子进口和老鹰窝出口的危岩体需要处理，施工难度大，为保证红梁子桥在建成之前实现全线通车，在老鹰窝隧道和红梁子隧道之间施工连接紧急通道，作为汛期车辆通行的主要方案。

1. 路基防护工程

（1）路堤边坡加固与防护

本项目采取的支挡加固措施如下：当陡坡地段填土厚度较薄时，在路肩处设置护肩进行支挡；当路堤坡脚受水流冲刷影响或无条件放坡时，在坡脚处设置护脚；当陡坡地段填土高度较大，且无放坡条件时，可设置路肩挡土墙或路堤挡土墙收坡。路肩挡土墙、护肩和护脚采用片石混凝土浇筑，其基础设置于稳定地层或岩基上。

路堤边坡防护考虑工程地质、水文地质、边坡高度、环境条件和施工条件等因素，综合确定防护措施如下：为避免水流冲刷路堤坡面，根据本项目所在地的气候特点，当路堤边坡填土高度 $H \leqslant 3m$ 时，坡面采用三维网植草防护；当路堤边坡填土高度 $H > 3m$ 时，坡面采用人字形骨架植草防护。

（2）路堑边坡加固与防护

由于公路沿线地形相对陡峻，且起伏较大，路基以挖方通过山坡时，若放缓路堑边坡坡率进行刷坡，则造成挖方边坡普遍较高，大量的挖方弃土易造成水土流失，甚至形成泥石流，堵塞河道，不利于水土保持，且边坡极易出现滑塌等灾害。针对本公路特点，采取的边坡加固与防护措施如下：

1）对土质、全强风化千枚岩、泥岩及页岩路堑边坡，当边坡高度 $H \leqslant 3m$ 时，采用三维网植草防护，$3m < H \leqslant 20m$ 时，采用拱形骨架植草防护。

2）胶结角砾岩、中风化–微新千枚岩、泥岩、页岩路堑边坡采用锚杆框架植生袋防护。

3）石英砾岩、强风化白云岩路堑边坡采用岩质植生袋防护。

4）对中风化–新鲜的白云岩路堑边坡，当边坡高度 $H \leqslant 12m$ 时，坡面不进行防护，当边坡高度 $12m < H \leqslant 30m$ 时，采取柔性主动防护网防护。

2. 隧道布置

半角至新村公路全线有 14 条公路隧道，从半角起点至新村终点方向依次有漂水崖隧道、金银坳隧道、老鹰窝隧道、窑缝沟隧道、大母楚隧道、红梁子隧道、对门峰隧道、锅圈岩隧道、老营盘 1 号隧道、老营盘 2 号隧道、老营盘 3 号隧道、龙头山 1 号隧道、龙头山 2 号隧道和龙头山 3 号隧道。各隧道布置特性见表 1-10。

表 1-10    各隧道布置特性表

| 序号 | 名称 | 起点桩号 | 终点桩号 | 长度（m） |
|---|---|---|---|---|
| 1 | 漂水崖隧道 | K3+695.0 | K4+551.0 | 856 |
| 2 | 金银坳隧道 | K5+495.0 | K5+625.0 | 130 |
| 3 | 老鹰窝隧道 | K5+865 | K9+337.0 | 3472 |
| 4 | 窑缝沟隧道 | K9+396.5 | K10+427.5 | 1031 |
| 5 | 大母楚隧道 | K10+499.5 | K11+143.5 | 644 |
| 6 | 红梁子隧道 | K11+213.0 | K13+320.5 | 2107.5 |
| 7 | 对门峰隧道 | K13+630.5 | K14+450.5 | 820 |
| 8 | 锅圈岩隧道 | K18+813.5 | K20+793.5 | 1980 |
| 9 | 老营盘 1 号隧道 | K20+085.0 | K21+883.5 | 798.5 |
| 10 | 老营盘 2 号隧道 | K22+082.0 | K22+346.5 | 264.5 |

续表

| 序号 | 名称 | 起点桩号 | 终点桩号 | 长度（m） |
|---|---|---|---|---|
| 11 | 老营盘 3 号隧道 | K22+406.0 | K22+520.0 | 114 |
| 12 | 龙头山 1 号隧道 | K22+729.0 | K23+053.0 | 324 |
| 13 | 龙头山 2 号隧道 | K23+285.5 | K24+717.0 | 1431.5 |
| 14 | 龙头山 3 号隧道 | K24+830.0 | K25+966.0 | 1136 |

3. 隧道地形地质条件

公路沿线出露地层有前震旦系、震旦系、寒武系、二叠系、三叠系、侏罗系、白垩系等。工程区出露地层由老及新为中元古界会理群（Pt$_2$）、上元古界震旦系（Z）、古生界寒武系（∈）、古生界二叠系（P）、中生界三叠系（T）、新生界第四系（Q）。

工程区出露的岩性众多且复杂，主要有页岩、砂岩、粉砂质页岩、粉砂岩、长石石英砂岩、千枚岩、炭质千枚岩、变质砂岩、石英岩等非可溶岩类和白云岩。岩性不同，岩石（体）的风化也表现出不同的形式。

线路所经地区的各种不良地质均有发育，主要有岩溶、滑坡、崩塌和岩堆、危岩体、落石等。

本工程区广泛分布白云岩、第四系淋滤胶结角砾岩等可溶岩，具有发育岩溶的条件，但区内气候比较干燥，使岩溶发育的规模受到了一定的限制，总体上工程区的岩溶呈弱发育。各类形式的岩溶在龙头山、窑缝沟、老营盘等工程区内均有发现，有水平溶洞、溶沟、溶槽、落水洞、岩溶管道等，但规模较小。下阶段应根据现场具体情况进行回填、压实等处理。

（1）漂水崖隧道

起点桩号 K3+695.0，终点桩号 K4+551.0，隧道全长 856m。

隧道进出口段为新生界第四系崩坡积碎、块石土，松散堆积，洞身段主要为筇竹寺组页岩夹粉砂岩。全洞围岩为Ⅳ$_1$级～Ⅴ$_2$级，其中Ⅳ$_1$级围岩洞长 524m，Ⅳ$_2$级围岩洞长 86m，Ⅴ$_1$级围岩洞长 133m，Ⅴ$_2$级围岩洞长 113m。隧道围岩岩层产状平缓，岩性软弱，稳定条件较差，在进口段存在偏压现象。隧洞进、出口岩体为新生界第四系崩积碎块石夹土层（Q$^{col}$），地表松散块石较多。建议边坡开挖坡比 1:1，并做好支护措施。在进口洞段，距洞口 70～80m 上部边坡陡崖发育危岩体，建议进行清除处理，并设置防护措施。

（2）金银坳隧道

起点桩号 K5+495.0，终点桩号 K5+625.0，隧道全长 130m。

洞室围岩为崩积碎块石夹土层（Q$^{col}$），结构松散，呈散体结构，成分及结构不均匀，洞室围岩稳定性极差，成洞困难，围岩级别为Ⅴ$_2$级。

隧道进出口位于金银坳崩塌堆积体中，开挖后将会形成土质高边坡，建议边坡开挖坡比 1:1，并做好支护措施。

（3）老鹰窝隧道

起点桩号 K5+865，终点桩号 K9+337.0，隧道全长 3472m。

隧道起点位于双德滑坡侧缘陡崖，终点位于窑缝沟沟壁，隧道穿越老鹰窝沟两侧突出山嘴。隧道段山势陡峻，冲沟深切割。全洞围岩为Ⅲ级～Ⅴ$_1$级，其中Ⅲ级围岩洞长 2728m，

$IV_1$ 级围岩洞长 561m，$IV_2$ 级围岩洞长 163m，$V_1$ 级围岩洞长 20m。

隧道进口边坡低矮，边坡整体稳定性较好，不宜进行大的挖方，洞顶设置挡墙及截排水设施。出口边坡为岩质边坡，地形陡峭，边坡岩体卸荷发育，稳定性较差，建议清除坡面不稳定块体，设置主动、被动防护网及截排水设施。

（4）窑缝沟隧道

起点桩号 K9+396.5，终点桩号 K10+427.5，隧道全长 1031m。

隧道围岩为白云岩，微裂隙发育，全洞围岩为III级、$IV_2$ 级，其中III级围岩洞长 943m，$IV_2$ 级围岩洞长 88m。

隧道进、出口均位于陡崖之中，岩体卸荷强烈，进出口边坡强卸荷带宽 10～30m，边坡稳定条件较差，建议进、出口边坡开挖坡比 1：0.3。

（5）大母楚隧道

起点桩号 K10+499.5，终点桩号 K11+143.5，隧道全长 644m。

隧道围岩为灯影组（$Z_{2d}$）厚层白云岩，微裂隙发育，全洞围岩为III级、$IV_2$ 级围岩，其中III级围岩洞长 575m，$IV_2$ 级围岩洞长 69m。

进出口边坡均地处陡崖，岩体卸荷强烈，边坡稳定条件较差，建议进出口边坡开挖坡比 1：0.3。

（6）红梁子隧道

起点桩号 K11+213.0，终点桩号 K13+320.5，隧道全长 2107.5m。

隧道围岩为灯影组（$Z_{2d}$）厚层白云岩，微裂隙、断层发育，全洞围岩为III级～$V_1$ 级，其中III级围岩洞长 693m，$IV_1$ 级围岩洞长 1284m，$IV_2$ 级围岩洞长 110.5m，$V_1$ 级围岩洞长 20m。

隧道进口为陡壁，边坡岩体卸荷强烈，强卸荷带宽度 30～50m，裂隙发育，岩体完整性及稳定性较差，隧道出口边坡为淋滤胶结角砾岩，易形成较稳定的洞口边坡，但可能受落石影响。

（7）对门峰隧道

起点桩号 K13+630.5，终点桩号 K14+450.5，隧道全长 820m。

隧道围岩主要为灯影组（$Z_{2d}$）厚层白云岩，微裂隙发育，全洞围岩为III级、$IV_2$ 级、$V_2$ 级围岩，其中III级围岩洞长 723m，$IV_2$ 级围岩洞长 78.5m、$V_2$ 级围岩洞长 18.5m。

隧道进口边坡为逆向坡，边坡岩体完整，稳定条件较好，建议边坡开挖坡比 1：0.3；隧洞出口岩体为新生界第四系崩积碎块石夹土层（$Q^{col}$），进口段侧向自然边坡坡度 40°，地表松散块石较多，建议边坡开挖坡比 1：1，并做好坡面保护。

（8）锅圈岩隧道

起点桩号 K18+813.5，终点桩号 K20+793.5，隧道全长 1980m。

隧道区地层岩性主要有第四系（$Q^{col}$）崩坡积大块石、碎块石、碎石土及淋滤胶结角砾岩，震旦系灯影组（$Z_{2d}$）白云岩，中元古界黑山组（$Pt_{2hs}$）炭质千枚岩、变质砂岩、绢云千枚岩等。全洞围岩为III级、$IV_2$ 级、$V_1$ 级围岩，其中III级围岩洞长 912m，$IV_2$ 级围岩洞长 825.5m、$V_1$ 级围岩洞长 242.5m。

K18+947～K19+968 为可溶岩，可能发育较大的溶洞，尤其是在靠近汤德冲沟一带，沿断层破碎带发育有岩溶管道系统，隧洞可能掘穿，产生大的涌水涌泥现象。

隧道进出口边坡均为岩质边坡，边坡整体上基本稳定，但出口边坡由于卸荷影响，边坡岩体较破碎，可能产生落石，建议边坡开挖坡比 1：0.75。

（9）老营盘 1 号隧道

起点桩号 K20+085.0，终点桩号 K21+883.5，隧道全长 798.5m。

隧道区地层主要有新生界第四系（$Q^{col}$）崩坡积大块石、碎块石、碎石土中元古界黑山组（$Pt_{2hs}$）大理岩、变质砂岩、绢云千枚岩等。全洞围岩为Ⅲ级、$Ⅳ_2$ 级、$Ⅴ_1$ 级围岩，其中Ⅲ级围岩洞长 315m，$Ⅳ_2$ 级围岩洞长 270m，$Ⅴ_1$ 级围岩洞长 213.5m。

隧道进口位于高陡自然边坡中，浅表部岩体卸荷强烈，强卸荷带宽 10～30m。在洞口会形成高 10～20m 的人工边坡，总体上隧道进口仰坡及两侧边坡基本稳定，不会产生整体性的失稳现象，但由于边坡岩体较破碎，可能产生部分落石，做好坡面保护是必要的。隧道出口位于平均坡度为 45° 的斜坡之中，浅表部岩体破碎，岩体呈碎石状、碎块状结构，局部呈散体结构，出洞口边坡稳定性差，不宜形成过高的人工边坡。

（10）老营盘 2 号隧道

起点桩号 K22+082.0，终点桩号 K22+346.5，隧道全长 264.5m。

隧道穿越中元古界黑山组变质砂岩、千枚岩及第四系淋滤胶结角砾岩等，岩体破碎，出口段发育岩溶地下水，存在涌水工程地质问题。全洞围岩为 $Ⅳ_2$ 级、$Ⅴ_1$ 级围岩，其中 $Ⅳ_2$ 级围岩洞长 159m，$Ⅴ_1$ 级围岩洞长 105.5m。

进口边坡岩体为中元古界黑山组变质砂岩，岩层产状倾 190°～210°，倾角 70°，为顺向坡，岩体风化卸荷严重，岩体较破碎，建议开挖坡比 1:0.75，并加强喷锚支护。隧道出口被崩积物覆盖，崩积物厚 7～12m，出口边坡坡度约 40°，建议边坡开挖坡比 1:1，并加强喷锚支护。

（11）老营盘 3 号隧道

起点桩号 K22+406.0，终点桩号 K22+520.0，隧道全长 114m。

隧道穿越中元古界黑山组变质砂岩、千枚岩等，岩体破碎，隧道埋深浅，最大埋深 22m。全洞围岩级别为 $Ⅴ_1$ 级，需要加强支护。

进出口边坡岩体为中元古界黑山组变质砂岩，岩体风化破碎严重，建议开挖坡比 1:0.75，并加强喷锚支护。

（12）龙头山 1 号隧道

起点桩号 K22+729.0，终点桩号 K23+053.0，隧道全长 324m。

全洞围岩为Ⅱ级、$Ⅳ_2$ 级围岩，其中Ⅱ级围岩长 262m，$Ⅳ_2$ 级围岩长 62m。

进口边坡岩体为力马河组石英岩，地表卸荷裂隙发育，完整性较差，边坡自然坡度为 34°，边坡稳定性较好，建议开挖坡比 1:0.3，并加强喷锚支护。出口边坡岩体为观音崖组砂岩，地表卸荷裂隙发育，完整性较差，边坡自然坡度为 38°，边坡稳定性较好，建议开挖坡比 1:0.5，并加强喷锚支护。

（13）龙头山 2 号隧道

起点桩号 K23+285.5，终点桩号 K24+717.0，隧道全长 1431.5m。

全洞围岩为Ⅱ级～$Ⅴ_1$ 级围岩，其中隧道Ⅱ级围岩长 153m，Ⅲ级围岩长 984m，$Ⅳ_1$ 级围岩长 207m，$Ⅳ_2$ 级围岩长 67.5m，$Ⅴ_1$ 级围岩长 20m。

进口边坡岩体为力马河组石英岩，岩体卸荷裂隙发育，完整性较差，地形坡度 60°，建议边坡开挖坡比 1:0.5，并加强边坡锚固。出口边坡岩体为灯影组白云岩，岩体卸荷裂隙发育，完整性较差，地形坡度 53°，建议边坡开挖坡比 1:0.5，并加强边坡锚固。

（14）龙头山 3 号隧道

起点桩号 K24+830.0，终点桩号 K25+966.0，隧道全长 1136m。

全洞围岩为Ⅲ级～Ⅴ₂级围岩，其中隧道Ⅲ级围岩长 617m，Ⅳ₁级围岩长 285m，Ⅳ₂级围岩长 71m，Ⅴ₁级围岩长 120m，Ⅴ₂级围岩长 43m。

进口边坡岩体为灯影组白云岩，边坡坡度 50°，卸荷裂隙发育，岩体完整性较差，强卸荷带宽 6～8m。在隧道进口边坡高程 1517～1570m 的陡崖上发育有Ⅱ号危岩体，体积约 1200 m³。洞口边坡上的危岩体对隧洞进口安全构成威胁，建议挖除处理。边坡岩体总体较稳定，建议开挖坡比 1∶0.3，并加强锚固处理。

出口边坡岩体为白果湾组的砂岩、页岩等，边坡坡度 17°，岩体软硬互层，岩体呈强风化状态，受裂隙切割影响，岩体完整性差。边坡岩体总体较稳定，建议开挖坡比 1∶1，并加强锚固处理。

工程沿线共发现 24 个危岩体，测区危岩体基本特征见表 1-11。

4. 隧道建筑限界及衬砌内轮廓图

（1）建筑限界及衬砌内轮廓图

1）隧道主要技术标准：按三级公路设计，单洞双向双车道断面。本线路主要承担电站重件和大宗物资运输，隧道建筑限界受电站重件运输尺寸控制，考虑运输货台的高度以及安全超高等因素，确定隧道路面宽度、建筑限界高度如下：

① 双车道路面宽度：0.25m（左侧向宽度）+3.5m×2（行车道宽）+0.25m（右侧向宽度）= 7.5m。

② 隧道建筑限界：宽度 = 0.75m（检修道宽）+7.5m（路面宽）+ 0.75m（检修道宽）=9.0m；高度 = 5.5m。

2）隧道内轮廓形状决定隧道开挖断面的面积，直接影响工程造价及施工工期。根据《公路隧道设计规范》（JTG D 70-2004），设计隧道内轮廓时，除满足隧道建筑限界，考虑消防、通信信号、电力、通风、照明、监控、报警、运营管理等设备及管线所需要的空间，还应考虑结构安全可靠、经济合理等因素。

3）在拟定隧道内轮廓时，为了减少围岩和隧道衬砌产生应力集中，衬砌断面尽量做到圆顺，不带拐角，在能满足隧道建筑限界的前提下，设置排水沟及电缆槽，并保证消防、通风、电力照明、监控、通信等设备、管线的需要和大跨断面的合理性。

4）隧道衬砌内净空根据隧道所处的围岩地质具体情况来确定形式，Ⅲ级围岩内净空采用曲墙无仰拱形式，Ⅳ级、Ⅴ级围岩内净空采用曲墙有仰拱形式。根据隧道的长度、要求不同，设计拟定了两种形式，长隧道建筑限界及内轮廓（悬挂风机）见图 1-9 所示，中短隧道建筑限界及内轮廓（不悬挂风机）见图 1-10。

（2）紧急停车带

为了防灾或在运输高峰期保证行车畅通，便于事故车辆的检修，同时考虑公路全线安全运行需要，在长隧道（老鹰窝隧道、红梁子隧道、锅圈岩隧道、龙头山隧道）内设置紧急停车带，长隧道紧急停车带建筑限界及内轮廓见图 1-11；在长度超过 750m 的中隧道（漂水崖隧道、对门峰隧道）内设置紧急停车带，中隧道紧急停车带建筑限界及内轮廓见图 1-12。

表 1-11　测区危岩体基本特征表

| 编号 | 位置 | 分布高程（m） | 体积（万 m³） | 特征简述 | 稳定状况 | 备注 |
|---|---|---|---|---|---|---|
| 1 | 铁房 | 2210~2223 | 0.52 | 前缘临空，底部沿层面滑动，座滑型 | 差 | 路线之上，建议清除 |
| 2 | 漂水崖 | 2250~2262 | 0.48 | 三面临空，后缘裂隙张开，倾倒型 | 差 | 路线之上，建议清除 |
| 3 | 老鹰窝 | 2098~2134 | 0.3 | 两面临空，后缘裂隙张开，倾倒型 | 差 | 线路之上 |
| 4 | 窑缝沟 | 2142~2206 | 0.3 | 呈柱状，后缘裂隙张开，无充填，倾倒型 | 差 | 路线之上，建议清除 |
| 5 | 红梁子 | 2054~2190 | 13 | 两面临空，后缘裂隙张开，无充填，倾倒型 | 差 | 线路已避开 |
| 6 | 红梁子 | 1938~2040 | 6 | 两面临空，底部有缓倾直外的裂隙，座滑型 | 差 | 线路已避开 |
| 7 | 红梁子 | 1920~2026 | 10 | 两面临空，后缘裂隙张开，危岩体呈倾倒型 | 差 | 线路已避开 |
| 8 | 邝家凹子 | 1536~1655 | 37 | 危岩体呈四面临空状，倾倒型 | 差 | 线路已避开 |
| 9 | 邝家凹子 | 1495~1573 | 5 | 淋滤胶结角砾岩，由走向 75°、340° 裂隙控制，座滑型 | 差 | 线路已避开 |
| 10 | 邝家凹子 | 1584~1966 | 130 | 山体下座在后缘形成了高 5~10m 的陡坎，呈"圈椅"状，座滑型 | 差 | 线路已避开 |
| 11 | 邝家大凹子 | 1750~1795 | 3.5 | 危岩体呈柱状，四面临空，底部沿层面滑动，倾倒型 | 差 | 线路已避开 |
| 12 | 龙头山 | 1392~1495 | 23 | 危岩体呈四面临空状，后缘裂隙张开，倾倒型 | 基本稳定 | 线路已避开 |
| 13 | 老深沟 | 1517~1570 | 0.12 | 平面似菱形，后缘沿卸荷裂隙张开，两侧及底部为裂隙切割，倾倒型 | 较差 | 应清除 |
| 14 | 老深沟 | 1302~1307 | 0.04 | 长方体状，三面临空，后缘沿卸荷缝张开，倾倒型 | 差 | 距桥位下游约 10m，建议清除 |
| 15 | 水塘村 | 1366~1494 | 0.14 | 三面临空，后缘裂隙张开无充填，倾倒型 | 差 | 建议清除 |
| 16 | 水塘村 | 1382~1398 | 0.2 | 两面临空，后缘裂隙张开无充填，倾倒型 | 差 | 线路已避开 |
| 17 | 龙头山 | 1498~1542 | 0.3 | 三面临空，后缘裂隙张开无充填，倾倒型 | 差 | 建议清除 |
| 18 | 邝家凹子 | 1750~1810 | 0.4 | 三面临空，后缘裂隙张开无充填，倾倒型 | 差 | 建议清除 |
| 19 | 红梁子 | 1920~1955 | 0.05 | 三面临空，后缘裂隙张开无充填，倾倒型 | 差 | 线路已避开 |
| 20 | 窑缝沟 | 1976~2050 | 0.3 | 三面临空，后缘裂隙张开无充填，倾倒型 | 差 | 线路已避开 |
| 21 | 漂水崖 | 2260~2275 | 0.1 | 三面临空，后缘裂隙张开无充填，倾倒型 | 差 | 建议清除 |
| 22 | 漂水崖 | 2283~2294 | 0.1 | 三面临空，后缘裂隙张开无充填，倾倒型 | 差 | 建议清除 |
| 23 | 漂水崖 | 2300~2318 | 0.1 | 三面临空，后缘裂隙张开无充填，倾倒型 | 差 | 建议清除 |
| 24 | 路基 K3+000 | 2202~2248 | 0.3 | 两面临空，后缘裂隙张开无充填，倾倒型 | 差 | 建议清除 |

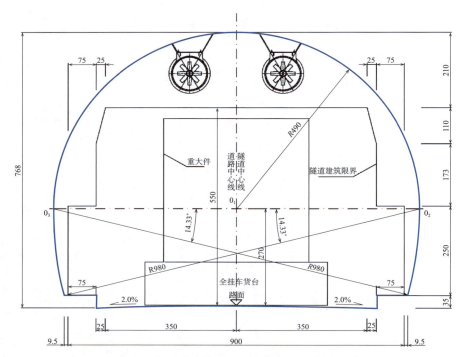

图 1-9　长隧道建筑限界及内轮廓图（单位：m）

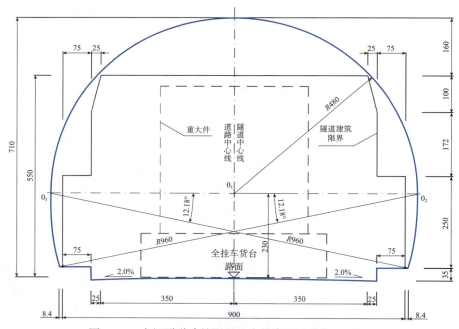

图 1-10　中短隧道建筑限界及内轮廓图（单位：m）

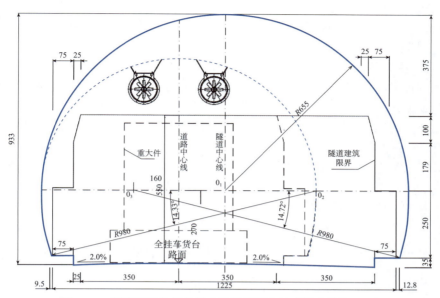

图 1-11　长隧道紧急停车带建筑限界及内轮廓图（单位：m）

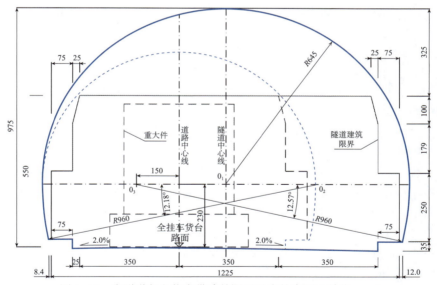

图 1-12　中隧道紧急停车带建筑限界及内轮廓图（单位：m）

1）隧道双侧交错设置紧急停车带，单侧间距 750m。

2）紧急停车带长度按停大型车 2～3 辆考虑，有效长度为 30m，全长 40m。

3）长度 $L<1000m$ 的隧道根据线路运行安全要求确定是否设置紧急停车带。

5. 隧道结构设计

（1）隧道衬砌结构

1）明洞段衬砌结构。明洞段考虑沉降及与洞身段衔接因素，采用整体式钢筋混凝土衬砌结构，通过对明洞边墙挡土高度和上覆土层厚度分析，采用的衬砌厚度为 60cm。

2）洞身段衬砌结构。洞身段衬砌均按新奥法原理设计，采用柔性初期支护体系结构的复合式衬砌，即以锚杆、喷射混凝土、格栅钢架、工字钢等为初期支护，模筑混凝土或钢筋混凝土为二次支护。并在两次衬砌之间敷设土工布加防水板及必要的排水管。

衬砌结构支护方案设计采用工程类比法，结合构造要求，根据围岩级别和洞室埋深条件拟定相应的支护类型，通过必要的理论分析计算（有限元法、荷载－结构法）进行校核，确定支护的衬砌模式。

初期支护：一般的Ⅳ级、Ⅴ级围岩段由工字钢拱架（或格栅钢架）、系统锚杆、钢筋网及喷射混凝土组成，并辅以不同类型的超前支护。Ⅲ级围岩则由系统锚杆、钢筋网及喷射混凝土组成。对于洞口Ⅴ级围岩软弱、压力较大的段落可根据实际情况设置临时仰拱以控制围岩变形。

超前支护：隧道设计采用的超前支护措施主要有超前大管棚、超前小导管、超前预注浆等。超前大管棚一般设于两端洞口，防止隧道洞口开挖塌方和仰坡变形；超前小导管适用于Ⅴ级或Ⅳ级较差围岩段，主要防止隧道开挖发生塌方；超前预注浆适用于岩体破碎松散、节理裂隙发育段落，通过注浆提高围岩物理力学指标，改善开挖条件和结构受力，防止突水、突泥现象发生。

二次衬砌：在浅埋软弱围岩段采用钢筋混凝土。

结构：在地质条件较好段，采用素混凝土。二次衬砌实施的合理时间应根据围岩地质情况和施工监测数据确定。

本项目隧道主洞复合式衬砌支护参数见表 1–12，隧道紧急停车带断面复合式衬砌支护参数见表 1–13。

（2）隧洞路面设计

隧道内采用沥青路面，结构采用 5cm 厚中粒式 AC-16C+ 黏层 $0.3 \sim 0.6L/m^2$+7cm 厚粗粒式 AC-25C+ 稀浆封层 + 透层 $0.7 \sim 1.5L/m^2$+ 玻纤格栅 +24cmC35 普通混凝土面板 + 15cmC15 混凝土基层。

由于沥青是易燃材料，考虑隧道运营期的安全，设计在沥青中掺加阻燃剂。

（3）隧洞防排水设计

1）为了截排地表水，使洞口工程不被坡面水冲蚀，在洞口仰坡及边坡顶外的合适位置设置截水沟，洞顶设置排水沟，将坡面水引入路基边沟或邻近箱涵。

2）在隧道两侧边墙脚的防水板和初支喷混凝土间设置一根 $\phi$100HDPE 单壁打孔波纹管（纵向盲沟），并每隔 20m 设置一道 DN50 塑料排水管。

3）衬砌背后一般地段每 20m 环向设一道 $\phi$50 弹簧软管（环向盲沟）；地下水发育段向盲沟方向设三道 $\phi$50 软式弹簧环。

4）Ⅱ级、Ⅲ级围岩未设仰拱段，衬砌背后排水通过 DN50 塑料排水管流入隧道路面两侧排水沟。

5）隧道内污水、消防污水通过路面横坡流入左右侧水沟，并接入隧道外污水网。洞内地下水通过 $\phi$50 横向泄水管引入中央排水管，并接入路基边沟。隧道环向、纵向中央排水管应外裹无纺布，以防止泥沙堵塞管道。

6）暗挖隧道洞身和明洞在拱部和边墙的初期支护和二次衬砌之间设厚度为 2mm 的BAC 高分子复合自粘防水卷材。

7）隧道顶拱、墙衬砌、仰拱采用不小于 P6 防水混凝土。

8）隧道变形缝处设置 $b$=300mm 中埋式橡胶止水带和 $b$=300mm 背贴式橡胶止水带，环向施工缝和纵向施工缝设置 20mm×30mm 的矩形带注浆管橡胶遇水膨胀止水条。

表1-12　隧道主洞复合式衬砌支护参数表

| 衬砌类型 | 初期支护 | | | | | | | | 二次衬砌 | |
|---|---|---|---|---|---|---|---|---|---|---|
| | 喷混凝土 | | | 锚杆 | | | 钢架 | | | |
| | 规格 | 厚度（cm） | φ6钢筋网（cm） | 规格（mm） | 长度（m） | 间距（cm） | 位置 | 间距（cm） | 规格 | 厚度（cm） |
| II级围岩复合衬砌 | C20喷混凝土 | 8 | — | φ22砂浆锚杆 | 2.5 | 120×120梅花状随机布置 | — | — | C30混凝土 | 30 |
| III级围岩复合衬砌 | C20喷混凝土 | 12 | 间距25×25 | φ22砂浆锚杆 | 2.5 | 120×120梅花状布置 | — | — | C30混凝土 | 35 |
| IV₁级围岩复合衬砌 | C20喷混凝土 | 22 | 间距25×25 | φ22砂浆锚杆 | 3.0 | 120×100梅花状布置 | 拱墙 | 120 | C30钢筋混凝土 | 35 |
| IV₂级围岩复合衬砌 | C20喷混凝土 | 22 | 间距25×25 | φ22砂浆锚杆 | 3.0 | 100×100梅花状布置 | 拱墙 | 75 | C30钢筋混凝土 | 40 |
| V₁级围岩复合衬砌 | C20喷混凝土 | 25 | 间距20×20 | φ22砂浆锚杆 | 3.5 | 100×100梅花状布置 | 拱墙、仰拱 | 50 | C30钢筋混凝土 | 45 |
| V₂级围岩复合衬砌 | C20喷混凝土 | 25 | 间距20×20 | φ22砂浆锚杆 | 4.0 | 100×100梅花状布置 | 拱墙、仰拱 | 50 | C30钢筋混凝土 | 50 |

表1-13　隧道紧急停车带断面复合式衬砌支护参数表

| 衬砌类型 | 初期支护 | | | | | | | | 二次衬砌 | |
|---|---|---|---|---|---|---|---|---|---|---|
| | 喷混凝土 | | | 锚杆 | | | 钢架 | | | |
| | 规格 | 厚度（cm） | φ6钢筋网（cm） | 规格（mm） | 长度（m） | 间距（cm） | 位置 | 间距（cm） | 规格 | 厚度（cm） |
| III级围岩紧急停车带 | C20喷混凝土 | 22 | 间距25×25 | φ22砂浆锚杆 | 3.5 | 120×100梅花状布置 | 拱墙 | 1.2 | C30混凝土 | 45 |
| IV₁级围岩紧急停车带 | C20喷混凝土 | 25 | 间距25×25 | φ22砂浆锚杆 | 4.0 | 100×100梅花状布置 | 拱墙 | 0.75 | C30钢筋混凝土 | 50 |
| IV₂级围岩紧急停车带 | C20喷混凝土 | 25 | 间距25×25 | φ22砂浆锚杆 | 4.0 | 100×100梅花状布置 | 拱墙、仰拱 | 50 | C30钢筋混凝土 | 50 |

（4）隧洞建筑材料设计

1）洞门端墙：M10 浆砌料石和 M10 浆砌块石；偏压挡墙采用 C25 钢筋混凝土。

2）主要钢筋及受力锚杆：采用 HRB335 钢筋，分布钢筋及钢筋网采用 HPB300 钢筋。

3）喷层：C20 喷射混凝土。

4）拱部、边墙：C30（钢筋）模筑混凝土。

5）仰拱：C30 混凝土。

6）仰拱填充：C15 混凝土。

7）沟槽身：C25 混凝土。

8）盖板：C25 钢筋混凝土。

9）路面：复合式路面结构形式。

10）路面基层或找平层：C20 混凝土。

11）弃渣挡墙：M7.5 浆砌片石。

（5）抗震设计

根据《公路工程抗震规范》（JTG B02—2013），隧道洞口浅埋和偏压地段为抗震设防段，衬砌采用带仰拱的钢筋混凝土曲墙式结构。

（6）隧道内壁粉刷

为改善隧道内视觉条件、行车视线诱导效果及隧道消音情况，洞壁采用涂料喷塑饰面。隧道内空气湿度相对较大，选用的刷料应具有硬度高、漆膜丰富度好，耐磨、耐水、耐化学品，腐蚀性能优良的材料。

（7）隧洞监控量测

现场监控量测是新奥法施工的重要组成部分。为了掌握围岩在开挖过程中的变形状态和支护结构的稳定状态，必须进行现场监控量测，通过对量测数据的分析与判断，确定围岩支护体系的稳定状态，以便进行预测并据此确定相应的施工措施，以确保结构的稳定性。量测项目有洞内外观察、洞内水平收敛量测、拱顶下沉量测、地表下沉、地质及支护状态观察。量测断面间距为 V 级围岩 10m、IV 级围岩 30m、III 级围岩 50m、II 级围岩 100m。

# 1.4　长隧洞消防设计

隧道交通工程消防系统设计主要遵循以下原则：

1）贯彻"预防为主、防消结合"的消防工作方针和确保重点、兼顾一般、便于管理、经济实用的原则。

2）消防设施配置要满足本工程消防"自救为主、外援为辅"的要求。

3）交通安全设施按远期设计年限预测交通量进行设计。

4）消防灭火设施设计年度取值不应低于隧道计划通车后第 10 年。

5）通道应根据隧道土建设计情况进行配置。

6）交通监控设施、紧急呼叫设施、火灾探测报警设施、中央控制管理系统的设计年度取值不应低于隧道计划通车后第 5 年。

7）消防设施应视技术发展和交通量增长情况等逐步补充完善。

8）满足工程防火、监测、报警、控制、灭火、排烟、救生等几方面的功能要求。

会东至河门口公路和半角至新村公路都是按三级公路标准设计，公路隧道为单洞双向两车道，路宽 7.5m，隧道路面为阻燃沥青混凝土路面，隧道使用材料为钢筋混凝土和岩石结构的非燃烧体，洞壁采用涂料喷塑饰面，隧道顶部 120° 范围采用深色防火涂料，其余拱墙部位采用浅色防火涂料，隧道建筑材料和内壁防火涂料的耐火极限均已达到一级、二级耐火等级。

对外交通通车种类为工程管理车辆、大型运输物资货运车辆、油料及炸药运输车辆。由于对外交通隧道群和特长隧道的存在，交通安全风险较大，经过调研和现场分析后，以隧道内消防为重点进行安全措施设计，如隧道双侧交错设置紧急停车带，单侧间距750m，紧急停车带长度按停大型车 2～3 辆考虑，有效长度为 30m，全长 40m。同时增加监控功能，从管理上增加应急救援力量，加强车辆安全管理。

隧道内交通事故救援、失火等问题的应急处理要求较高。消防项目应主要包括消防灭火器、水消防系统、外供电双电源保护、强制排烟系统等；监控系统包括应急电话、自动报警系统等。

## 1.4.1　会东至河门口公路消防设计

（1）公路隧道分级

公路隧道交通工程分级根据隧道长度和交通量两个因素划分为 A+、A、B、C、D 五级，会东至河门口公路共设有 6 条公路隧道，根据 6 条公路隧道各自长度和设计年度隧道平均日交通量确定隧道相应分级，会东至河门口路段隧道分级具体见表 1-14。

表 1-14　会东至河门口路段隧道分级表

| 隧道名称 | 隧道里程 | 隧道长度（m） | 隧道平均日交通量（pcu/d） | 分级 | 备注 |
|---|---|---|---|---|---|
| 赖家坡隧道 | K12+364～K12+576 | 212 | 762 | D | — |
| 白泥塘隧道 | K15+360～K15+535 | 175 | 762 | D | — |
| 老鹰崖隧道 | K23+711～K24+745 | 1034 | 762 | C | 因年平均日交通量不足 1000，还未达到最低使用标准，而长度仅为1034m，故本隧道为 C 级 |
| 老嘎木隧道 | K31+085～K33+218 | 2133 | 762 | A+ | 老嘎木与下腰崖两隧道合二为一后，长 6323m，分级为 A+ |
| 下腰崖隧道 | K33+218～K37+408 | 4190 | 762 | | |
| 灰泥坡隧道 | K38+540～K41+300 | 2760 | 762 | B | |

（2）防火分区

在洪门渡大桥通车前，会东至河门口公路规划交通量很小（隧道平均日交通量为762辆/

天），隧道内除照明设备小室及风机控制小室外，未设置其他附属构筑物、设备用房或工作用房，所以将公路隧道均设为一个防火分区，但对照明设备小室和风机控制小室等部位通过设置钢筋混凝土墙体和乙级防火门等进行防火分隔。

（3）消防设施方案

1）灭火器布置。赖家坡隧道、白泥塘隧道、老鹰崖隧道、老嘎木隧道（含下腰崖隧道）、灰泥坡隧道等的等级分别为 D 级、D 级、C 级、A+ 级、B 级，故赖家坡隧道、白泥塘隧道和老鹰崖隧道只设置灭火器灭火，赖家坡隧道、白泥塘隧道、老鹰崖隧道、老嘎木隧道（含下腰崖隧道）、灰泥坡隧道等隧道一侧墙壁上每隔 50m 设一个灭火器箱，每个灭火器箱配置 3 只 MF/ABC6 干粉灭火器，各隧道设置灭火器数量为 15 只、12 只、63 只、381 只、168 只。

老嘎木隧道（含下腰崖隧道）和灰泥坡隧道除设置灭火器外，还设置消火栓系统和固定式水成膜泡沫灭火装置。必要时，可协调附近城镇消防车或乌东德水电站消防车辅助上述 6 条隧道灭火。

2）消水栓系统和固定式水成膜泡沫灭火装置。经现场实地勘察，消火栓系统和固定式水成膜泡沫灭火装置的消防水源可由高位消防水池提供，利用重力流供水。高位消防水池设置在老嘎木隧道入口（K31+085）附近的山坡上，消防水池设置高程为 1455.90m，水池有效容积为 700m$^3$（2 座 350 m$^3$ 水池），高位消防水池补水水源为沙河沟集水池及泵房，并可由水车补水。

鉴于老嘎木和下腰崖隧道两侧墙壁中未预留室内消火栓及固定式水成膜泡沫灭火装置的小室，所以需将室内消火栓及固定式水成膜泡沫灭火装置明装在公路隧道一侧墙壁上，室内消火栓及固定式水成膜泡沫灭火装置间距约 45m，共设置室内消火栓及固定式水成膜泡沫灭火装置各 141 套。老嘎木和下腰崖隧道两端洞口外各设置 2 个室外消火栓和 2 个水泵接合器。

（4）安全出口和疏散通道

《公路隧道设计规范》（JTG D70/2—2014）中对疏散距离未做要求，所以对于长度不足 1500m 的短隧道，可将两端洞口作为安全出口；对于长度超过 1500m 的长隧道或超长隧道，为方便发生火灾时人员更快疏散至安全地带，除将两端洞口作为安全出口外，还将可利用的施工支洞作为疏散通道。

赖家坡隧道、白泥塘隧道和老鹰崖隧道 3 条隧道长度较短，根据有关消防设计规范，可将两端洞口作为安全出口，不增设其他安全出口、安全疏散通道或避难室等。

老嘎木隧道和下腰崖隧道较长，根据有关消防设计规范，共设有 5 个安全出口，即除隧道两端洞口作为疏散出口外，还将嘎腰支洞（K33+218.89）、下腰崖隧道 1 号施工支洞（K34+605）和 2 号施工支洞（K36+098）作为安全疏散出口。3 处施工支洞均布置在隧道右侧。嘎腰支洞不设防火门，可作为平时通风通道、发生火灾时安全出口或排烟道。下腰崖隧道 1 号施工支洞和 2 号施工支洞与隧道相通处设常闭式甲级防火门，并向疏散方向开启，作为安全出口。

灰泥坡隧道共设有 3 个安全出口，即两端洞口和隧道 K38+966.91 处施工支洞。该施工支洞与隧道相通处设常闭式甲级防火门，并向疏散方向开启。

（5）通风排烟系统

1）正常状况下的通风。3 个隧道的全部射流风机按半小时开、半小时关的方式运行。老嘎木隧道、下腰崖隧道分别向起点桩号 K31+085.00 端、终点桩号 K37+408.00 端洞口排风，洞外空气从桩号 K33+218.00 端施工支洞进风；灰泥坡隧道向起点桩号 K38+540.00 端洞口排风，洞外空气从终点桩号 K41+300.00 端洞口进风。

2）发生火灾时的排烟。发生火灾时射流风机运行工况由正常通风工况转为火灾工况，射流风机全部开启，连续运行排烟。当烟气温度达到 280℃时，火灾控制系统停止风机运行。排烟方向总原则为火灾点距隧道哪端洞口近，烟向哪端洞口排，三条隧道具体排烟方向如下。

老嘎木隧道：当火灾点距离射流风机布置处洞口端点坐标 K31+085.00 小于或等于 1200m 时，射流风机排烟方向为隧道起点 K31+085.00 洞口，与平时排风方向相同；当火灾点距离射流风机布置处洞口端点坐标 K31+085.00 大于 1200m 时，射流风机排烟方向为 K33+218.00 端施工支洞洞口，与平时排风方向相反。同时，下腰崖隧道射流风机开启 3 组 6 台，向施工支洞方向吹风，防止老嘎木隧道烟气进入下腰崖隧道。

下腰崖隧道：当火灾点距离射流风机布置处洞口端点坐标 K37+408.00 小于或等于 2100m 时，射流风机排烟方向为隧道终点 K37+408.00 洞口，与平时排风方向相同；当火灾点距离射流风机布置处洞口端点坐标 K37+408.00 大于 2100m 时，射流风机排烟方向为 K33+218.00 端施工支洞洞口，与平时排风方向相反。同时，老嘎木隧道射流风机开启 3 组 6 台，向施工支洞方向吹风，防止下腰崖隧道烟气进入老嘎木隧道。

灰泥坡隧道：当火灾点距离射流风机布置处洞口端点坐标 K38+540.00 小于或等于 1400m 时，射流风机排烟方向为隧道起点 K38+540.00 洞口，与平时排风方向相同；当火灾点距离射流风机布置处洞口端点坐标 K38+540.00 大于 1400m 时，射流风机排烟方向为隧道终点 K41+300.00 洞口，与平时排风方向相反。

## 1.4.2 半角至新村公路消防设计

半角至新村公路为三级公路，其中有隧道群和特长隧道，单洞双向通车，进场沿线一路下坡，洞内最大坡度达 3%，明线段最大坡度达 6%。相较于会东至河门口公路，长隧道施工和运行安全问题更突出，应对公路投运之后隧道内有可能出现的交通事故、消防（车辆起火、运载物资起火、机电设备起火）问题予以充分考虑。半角至新村公路的消防设计整体上与会东至河门口公路一致。这里主要对公路隧道分级、防火分区、安全出口和疏散通道、消防设施方案等方面进行阐述。

（1）公路隧道分级

半角至新村公路共设有 7 条公路隧道，根据 7 条公路隧道各自长度和设计年度隧道平均日交通量确定隧道相应分级，半角至新村公路隧道分级见表 1-15。

（2）防火分区

在洪门渡大桥通车前，半角至新村公路规划交通量很小（隧道平均日交通量为 1710 辆/天），隧道内除照明设备小室、风机控制小室及消防小室外，未设置其他附属构筑物、设备用房或工作用房，故将半角至新村公路每条公路隧道设为一个防火分区，但对照明设备小室、风机控制小室等通过设置钢筋混凝土墙体和乙级防火门等进行防火分隔。

表 1-15　半角至新村公路隧道分级表

| 隧道名称 | 隧道里程 | 隧道长度（m） | 隧道平均日交通量（pcu/d） | 分级 |
|---|---|---|---|---|
| 漂水崖隧道 | K3+695～K4+551 | 856 | 1710 | C |
| 金银坳隧道 | K5+495～K5+625 | 130 | 1710 | D |
| 老鹰窝隧道 | K5+865～K11+175 | 5310 | 1710 | A |
| 红梁子隧道 | K11+213～K13+320.5 | 2107.5 | 1710 | B |
| 对门峰隧道 | K13+630.5～K14+450.5 | 820 | 1710 | C |
| 锅圈岩隧道 | K18+857.5～K21+835 | 2977.5 | 1710 | B |
| 龙头山隧道 | K21+968～K25+880 | 3912 | 1710 | A |

（3）安全出口和疏散通道

漂水崖隧道、金银坳隧道和对门峰隧道等因长度均不足 1500m，所以只将两端洞口作为安全出口，不增设其他安全出口、安全疏散通道或避难室等。

老鹰窝隧道长 5310m，属于超长隧道，根据该隧道可利用施工支洞的实际情况，共设有 4 个安全出口，即两端洞口、隧道左侧 K7+790.54 处的 1 号施工支洞及隧道左侧 K9+755 处的 4 号施工支洞。

红梁子隧道长 2107.5m，属于长隧道，根据该隧道可利用施工支洞的实际情况，共设有 3 个安全出口，即两端洞口和隧道 K11+393.1822 处的施工支洞。该施工支洞与隧道相通处设常闭甲级防火门，并向疏散方向开启。

锅圈岩隧道长 2977.5m，属于长隧道，根据该隧道可利用施工支洞的实际情况，共设有 4 个安全出口，即两端洞口、隧道 K21+011 处的 1 号施工支洞及隧道 K21+310 处的 2 号施工支洞。

龙头山隧道长 3912m，属于超长隧道，根据该隧道可利用施工支洞的实际情况，共设有 3 个安全出口，即两端洞口和隧道 K24+449.459 处的施工支洞。

上述 4 条长隧道或超长隧道均有施工支洞作为疏散通道。在每个施工支洞两端用砖墙封堵，并在墙上分别布置防火门，开门方向为向外。同时在施工支洞外侧一端墙上分别设 1 台轴流风机（T35-11-No8，$G$=25280m³/h，$H$=352Pa，$N$=4kW），火灾发生时开启，对施工支洞内加压送风，维持洞内正压，便于人员逃生。

（4）消防设施方案

鉴于半角至新村公路为三级公路，7 条隧道消防设施配置有各自标准，具体见二级及二级以下公路隧道交通工程设施配置表 1-16。

表 1-16　二级及二级以下公路隧道交通工程设施配置表

| 设施名称 | | 各类设施分级 | | | | |
|---|---|---|---|---|---|---|
| | | A+ | A | B | C | D |
| 交通安全设施 | | 按规范第 4 章规定设置 | | | | |
| | 风机 | 按规范第 5 章规定设置 | | | | |
| 通风设施 | 能见度检测器 | ★ | ■ | ▲ | — | — |
| | CO 检测器 | ★ | ▲ | — | — | — |
| | NO₂ 检测器 | ■ | ■ | ▲ | — | — |
| | 风速风向检测器 | ■ | ▲ | — | — | — |

续表

| 设施名称 | | 各类设施分级 | | | | |
|---|---|---|---|---|---|---|
| | | A+ | A | B | C | D |
| 照明设施 | 灯具 | 按规范第 6 章规定设置 | | | | |
| | 亮度检测器 | ■ | ▲ | — | — | — |
| 交通监控设施 | 车辆检测器 | ■ | ■ | ▲ | — | — |
| | 视频事件检测器 | ■ | ■ | ■ | — | — |
| | 摄像机 | ★ | ★ | ■ | ▲ | — |
| | 可变信息标志 | ▲ | ▲ | ▲ | — | — |
| | 可变限速标志 | ▲ | ▲ | ▲ | — | — |
| | 交通信号灯 | ★ | ★ | ▲ | — | — |
| | 车道指示器 | ★ | ★ | ▲ | — | — |
| | 交通区域控制单元 | ■ | ■ | ▲ | — | — |
| 紧急呼叫设施 | 紧急电话 | ★ | ■ | ▲ | — | — |
| | 有线广播 | ■ | ▲ | ▲ | — | — |
| 火灾探测报警设施 | 火灾探测器 | ★ | ■ | ▲ | — | — |
| | 手动报警按钮 | ★ | ■ | ▲ | — | — |
| | 火灾声光警报器 | 按规范第 9 章规定设置 | | | | |
| 消防设施与通道 | 灭火器 | ● | ● | ● | ● | ● |
| | 消火栓 | ● | ● | ■ | — | — |
| | 固定式水成膜泡沫灭火装置 | ● | ● | ■ | — | — |
| | 通道 | 按规范第 10 章规定设置 | | | | |
| 中央控制管理设施 | 计算机设备 | ■ | ■ | ▲ | — | — |
| | 显示设备 | ■ | ■ | ▲ | — | — |
| | 控制台 | ■ | ■ | ▲ | — | — |
| 供配电设施 | | 根据以上用电设施配置情况设置 | | | | |
| 接地与防雷设施 | | 根据以上用电设施配置情况设置 | | | | |
| 线缆及相关设施 | | 根据以上用电设施配置情况设置 | | | | |

注：1."●"：必须设；"★"：应设；"■"：宜设；"▲"：可设；"—"：不作要求。

2. 单洞单向通行时，交通监控设施、火灾探测报警设施可降一级配置。

3. 采用机械通风的隧道，应按表中所列要求设置能见度检测器、CO 检测器、$NO_2$ 检测器、风速风向检测器；不采用机械通风的隧道则不作要求。

4. 长度小于 1000m 的二级及二级以下公路隧道，可不设消火栓系统及固定式水成膜泡沫灭火装置。

由表 1-16 可知，二级及二级以下公路中所有级别的隧道均应设置灭火器，二级及二级以下公路中 A+、A、B、C、D 级隧道对消火栓系统和固定式水成膜泡沫灭火装置的要求分别为必须设、必须设、宜设、不作要求、不作要求。因现阶段金银坳隧道等级为三级公路 D 级，漂水崖和对门峰 2 条隧道等级为三级公路 C 级，金银坳隧道等级为三级公路 D 级，这 3

条隧道只设置灭火器；红梁子、锅圈岩隧道等级为三级公路 B 级，老鹰窝和龙头山条隧道等级为三级公路 A 级，这 4 条隧道除设置灭火器外，还设置消火栓系统和固定式水成膜泡沫灭火装置。必要时，附近城镇消防车或乌东德水电站消防车可辅助上述 7 条隧道灭火。

### 1.4.3　监控设计

以会东至河门口公路为例，隧道监控设计方案如下。

1）在业主管理大楼设置公路监控管理中心，左右岸对外交通共用。

2）设置交通监控系统和视频监控系统。在老嘎木、下腰崖和灰泥坡隧道内设有摄像机、交通信号灯、车道指示器、可变信息标志等交通监控设施和风机区域监控设备，会东至河门口公路隧道监控布置见表 1-17。

3）紧急呼叫设施。在 3 条 B 级隧道设置应急电话和广播系统，并建立公网通信。

4）设置火灾自动报警系统。在 3 条 B 级隧道设置光纤感温探测系统和火灾自动报警系统，并实现风机联动。

表 1-17　会东至河门口公路隧道监控布置

| 隧道名称 | 隧道里程 | 隧道长度（m） | 分级 | 交通监控 | 风机监控 | 应急电话 | 火灾报警 |
| --- | --- | --- | --- | --- | --- | --- | --- |
| 赖家坡隧道 | K12+364～K12+576 | 212 | D | | | | |
| 白泥塘隧道 | K15+360～K15+535 | 175 | D | | | | |
| 老鹰崖隧道 | K23+711～K24+745 | 1034 | C | | | | |
| 老嘎木隧道 | K31+085～K33+218.89 | 2133 | A+ | √ | 6 组（进口） | √ | √ |
| 下腰崖隧道 | K33+218～K37+408 | 4190 | A+ | √ | 9 组（出口） | √ | √ |
| 灰泥坡隧道 | K38+540～K41+300 | 2760 | B | √ | 7 组（出口） | | √ |

（1）监控系统

隧道监控系统采用集中监控形式。隧道监控中心设在业主管理大楼里，设有数据通信服务器和监控工作站，通过光纤监控网络对老嘎木、下腰崖和灰泥坡隧道风机交通信号等实现远程监控，监视隧道交通和火灾信息并对交通信号和风机实现联动控制。

老嘎木、下腰崖和灰泥坡隧道现场控制系统由隧道主控制器、隧道本地控制器和现场控制网络组成。现场控制系统完成隧道通风监控、交通信号控制以及数据交换等功能。

通风模式设有自动、远控、现地手动三种方式；照明模式有光强控制、时段控制、远控、现地手动四种方式；交通监控有远方、现地手动两种方式。

公路监控管理中心的控制优先，当公路监控管理中心失去对现场的控制时，由现场监控设备实现对现场设备、通风、交通等的控制。

（2）火灾自动报警系统

会东至河门口公路在老嘎木、下腰崖和灰泥坡隧道设置隧道火灾自动报警系统，系统采用集中或分布式监控结构，在业主管理大楼内公路监控管理中心设置 1 个消防工作站，1 台集中火灾自动报警控制器；在老嘎木、下腰崖设置 3 台区域火灾自动报警控制器和 3 台分布式光纤感温火灾探测器；灰泥坡隧道设置 2 台区域火灾自动报警控制器和 1 台分布式光纤感温火灾探测器，消防控制中心通过光纤网络对上述 3 个隧道火灾报警信号进行集中监控报警，监视隧道温度和火灾信息并对交通信号和风机实现联动控制。

老嘎木、下腰崖和灰泥坡隧道现场区域火灾自动报警系统由区域火灾报警控制器、分布式光纤感温火灾探测器、手动报警按钮、声光报警器和现场网络设备、网络传输光缆、电源电缆、信号及控制电缆等设备组成。隧道通信由隧道紧急电话和公网通信相结合。

1）紧急电话系统。在老嘎木、下腰崖和灰泥坡 3 条隧道设置紧急电话系统。

①隧道紧急电话系统由中心主机和现场分机电话组成。在公路监控管理中心设置 1 套控制台主机和 1 台管理计算机，在 3 号、4 号、5 号变电站、隧道入口及隧道内每隔约 200m 处设置 1 台报警电话，共 50 部紧急电话机，其中包括 30 部隧道型紧急电话，布置在设备洞室，20 套立柱型紧急电话分机，布置在洞内及洞外。

②隧道型紧急电话采用二级监控结构，实现管理中心对现场电话的集中计算机监控和管理。传输网络采用 1+1 光纤无源并联结构，即采用波分复用的单纤双向技术将所有紧急电话级联串接在 1 根光纤上，另一根光纤作为线路冗余。传输光缆采用 G652 单模光缆。

③系统采用"监视"和"监控"两种监管模式，具有网管与远程维护、自动巡检、分机防雷等功能。

④紧急电话用户可直接与中心紧急电话控制台进行按键通话，全双工通话，并传送本机 km 标号等通信联系，通话时语音清晰，声音洪亮，无回授啸叫，允许 2 处以上紧急电话排队报警，具有录音及回放功能。

⑤隧道紧急电话供电方式采用就近取电方式，由隧道洞内附近的配电箱的 AC 220V 交流电源进行供电，由隧道变电所的直流电源引出的电源电缆对紧急电话分机供电。

⑥隧道内紧急电话分机应设置在设备预留洞内，洞内需设置照明设备。

2）公网通信。由于隧道对无线电信号的屏蔽作用，正常情况下隧道内的手机无法通信，应建立特殊通信通道，如与移动网络运营商协调，由运营商提供通信主设备，业主提供相应的配套电源设施。会东至河门口公路分别在老嘎木、下腰崖及灰泥坡等三条长隧道附近设置移动基站，并在隧道内布放漏泄电缆和信号放大器等设施，使手机信号分别覆盖这三条长隧道。当交通事故或意外情况发生时，司机可通过呼叫紧急电话与公路监控管理中心建立联系。

（3）消防应急照明和消防疏散照明

1）隧道内消防风机均采用双电源供电。根据隧道位置、长度、负荷容量、电源情况，采用从乌东德水电站左岸 35kV 变电站引接二回 10kV 架空线路互为备用供电。

2）消防应急照明及消防疏散照明均自带蓄电池。发生火灾时，应急照明灯保持点亮，消防疏散照明灯常亮。老鹰崖隧道和灰泥坡隧道除考虑设置基本照明外，在隧道的进出口段还设置入口段、过渡段以加强照明。

除基本照明外，隧道中均设置了应急照明和疏散照明。应急照明按常亮设计，疏散照明按长明设计。应急照明和疏散照明灯具均自带蓄电池，蓄电池维持时间不少于 90min。

正常照明灯具（基本照明灯具或加强照明灯具）及应急照明灯具沿隧道拱顶中线布设；疏散照明标志灯沿隧道单侧布置，安装高度均为中心距地 0.5m。

　　半角至新村公路的消防设计是在会东至河门口公路消防设计经验上所进行的设计。根据国家新的消防安全法，对一些强制条款进行了响应，首先根据会东至河门口公路的经验和消防管理部门的要求，将设计图纸报第三方消防专业设计单位审核，再由消防管理部门审查批准，为招标、施工提供了技术保障。

# 第 2 章
# 工程施工技术

## ■ 2.1 路基工程

### 2.1.1 施工前的准备工作

2012 年施工前应按照交通运输部发布的《公路路基施工技术规范》（JTG/T F10—2006）和合同条款要求，做好测量放线、现场调查和配套的防排水等工作。

测量放线应在开工前进行现场恢复和固定路线。其内容包括导线、中线的复测，水准点的复测与增设，横断面的测量与绘制等，并设置路基用地界桩和坡脚、路堑堑顶、截水沟、边沟、护坡道、取土坑、弃土堆等具体位置的桩，标明其轮廓，对控制性桩点进行现场浇桩并做好保护。当与设计图纸有偏差时，应及时核对测量点选取、选用比例尺等，查找偏差原因，根据管理需要可以考虑引入第三方单位进行复测，经过多方比对，确认最终的原始地面线等数据。

现场调查的目的是了解公路征地红线和施工影响范围内是否存在与工业、农业及居民生产生活相关的给排水沟渠、管道、电（光）缆等，是对红线内实物指标调查的工作补充，便于施工时提前采取措施予以迁改，减少施工影响。

为防止施工期间工程及红线外区域受到冲刷或造成淤积，应修建临时排水设施，使施工场地保持良好的排水状态。临时排水设施应考虑与永久性排水设施相结合，减少用地及重复施工。

### 2.1.2 场地清理

场地清理主要为公路及进出场范围内施工场地的清理、拆除和挖掘工作，以及必要的场地平整等作业。

施工前应根据测量放线的标示再次校对确定现场工作界线，保护所有规定保留和监理工程师指定保留的植物及构造物。用地范围内的树木、灌木丛等均应在施工前砍伐或移植。路基表面清理要严格遵循环保要求，收集表土，防止水土流失。

场地清理完成后，应全面进行填前碾压，使其密实度达到规定的要求。针对清表过程中可能出现的树坑、石坑等，应按照设计要求进行回填并保证压实度。清理、拆除及回填压实后，应重测地面高程，并做好测量记录和土石方调配量记录。

### 2.1.3　路基开挖

路基开挖内容主要为挖方路基施工和边沟、截水沟、排水沟等开挖有关作业。在按照设计要求进行开挖作业时应始终以边坡稳定为前提，当开挖过程中出现与设计明显差异的地质情况时，必须经过参建各方现场判定是否需要修正边坡开挖坡度，根据修正坡度及时调整开挖方案，并重新确定土石分界线和土石比。路基开挖施工工艺流程如图 2-1 所示。

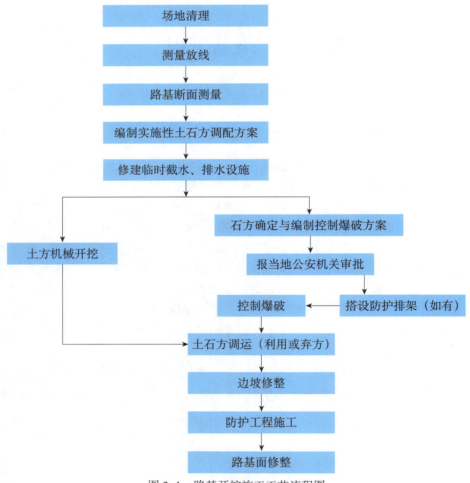

图 2-1　路基开挖施工工艺流程图

挖方材料可作为路基填料的土石，应分类开挖，分类使用。弃方必须运输至指定弃渣场，严格按照堆渣方案堆存。开挖作业前应制定严格的开挖和装运方案，严禁挖方材料就地随意丢弃，减小路基开挖对公路红线外的影响。

（1）土石方边坡开挖

土方开挖应自上而下逐层进行，预留保护层，人工控制挂线刷坡。在短而浅的地段，用全断面开挖，路堑较深时采用横向分台阶法进行开挖。对于傍山路堑采用纵向台阶法施工，对于平缓横坡地段较长较深的路堑采用纵向分段分层法开挖（见图 2-2）。

石方开挖应根据岩石的类别、风化程度、岩层产状、岩体断裂构造、施工机械配备、施工环境等情况确定开挖方案。近边坡部分宜采用光面爆破或预裂爆破（见图 2-3）。石方能用机械直接开挖的用机械开挖，对较坚硬路段采用纵向梯段法松动爆破开挖，路堑使用风钻打眼，毫秒微差松动爆破。开挖时预留边坡保护层，最后采用光面爆破刷坡。

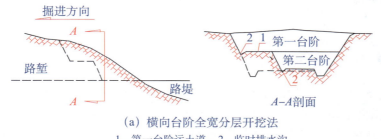

（a）横向台阶全宽分层开挖法

1—第一台阶运土道；2—临时排水沟

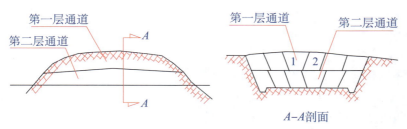

（b）分层通道纵挖法

图 2-2　土方开挖示意图

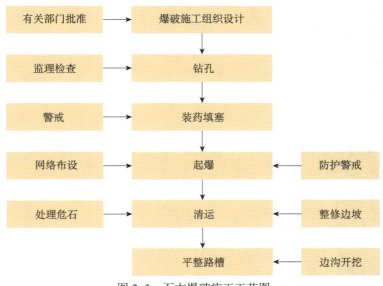

图 2-3　石方爆破施工工艺图

（2）边沟和截水沟开挖

开挖位置、断面尺寸和沟底纵坡应符合设计图纸的要求。当其需要铺砌时，应按图纸增加开挖深度和宽度。

超高路段的边沟沟底纵坡应与曲线段前后沟底平顺衔接。路堑与路堤连接处，边沟应缓顺引向路堤两侧的自然沟或排水沟。当无法保证纵坡平缓时，先保证衔接处的平顺，在其他纵坡段逐渐缓顺。

截水沟开挖应在边坡开挖完成时一并完成，截水沟浇筑施工不得迟于边坡支护。可根据实际开挖边坡以上山体汇水情况适当加高、加固部分位置的截水沟壁，以起到挡水的作用，并将截水沟在图纸或者实际合适的位置增加急流槽。

## 2.1.4　路基填筑

路基填筑主要包含填筑路基和结构物处的台背回填等作业。填筑控制要点是填筑材料、填筑工艺及压实度控制。根据路基的性质，比如土方、石方、高填方、半挖半填及结构物台背等，填筑时应控制的要点不尽相同，需针对性地考虑填筑工艺，路基填筑施工工艺流程见图 2-4。

### 1. 填筑材料

2012 年，填筑材料需按《公路土工试验规程》（JTG E40—2001）（现已废止）规定的方法进行颗粒分析、含水率、密实度、液限、塑限、承载比（CBR）试验和击实试验，高速公路、一级公路还应做有机质含量和易溶盐含量试验。需要指出的是，公路的等级和重要性越高，填筑材料更应优先选用或就近购买具有规定强度且能被压实到规定密度和能形成稳定填方的材料。

考虑区域和材料自身的差异性，用路堤填料铺筑长度不小于 100m（全幅路基）有代表性的试验路段进行填方试验。试验时应主要记录压实设备的类型、最佳组合方式；碾压遍数及碾压速度、工序；每层材料的松铺厚度、材料的含水率等。试验结束时，试验段若达到质量检验标准，可作为路基的一部分，否则，应予挖除，重新进行试验。

### 2. 工艺控制

填方路堤施工前，应对原地面进行清理及压实，并对压实后的填方工程断面图进行复测记录。

（1）填土路堤

平整时先两侧后中间，中间稍高，形成向两侧的横向排水坡。摊铺时从路基最低处开始分层平行摊铺，松铺层的厚度按路堤试验段确定的数据进行。上料摊铺平整后即开始碾压。机械碾压依照试验段确定的压实参数和压实机械型号，控制压实的遍数和速度；碾压时按先两侧后中间，先慢后快，先静压后振压的施工操作程序进行。对于大型机械无法良好碾压的部位，应选用小型碾压机械，由人工按照要求碾压到规定的压实度。

路基填筑按试验确定的参数碾压完毕后，试验人员及时按规定进行压实度检测试验。如压实度达不到设计要求，不得进行下道工序。技术人员要准确控制中、平，防止欠填或超

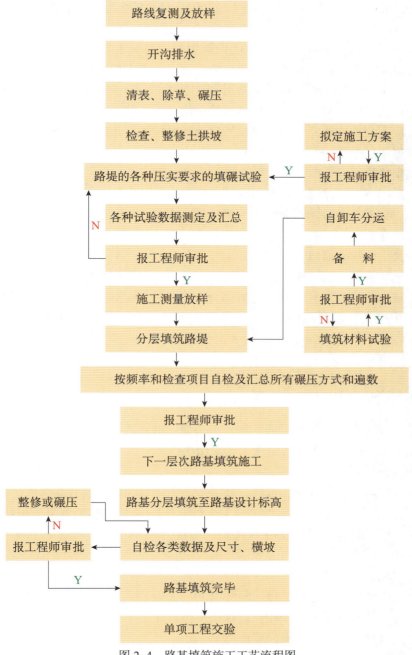

图 2-4  路基填筑施工工艺流程图

填，并将路基面标高控制在规范要求的范围内，每层碾压完毕都要进行复测。

（2）填石路堤

填石路堤要逐层水平填筑压实，每层松铺厚度应符合规定。填筑时，先低后高，先两侧后中间卸料，并用大型推土机摊铺，个别不平处可以人工配合用小石块或石屑找平。

采用重型振动压路机分层洒水压实。压实时继续用小石块或石屑填缝，直到压实顶面稳定、不再下沉（无轮迹）、石块紧密、表面平整为止。先两侧后中间分层碾压，横向行与行之间重叠 40～50cm，前后相邻区段重叠 1～1.5m。严格按试验段遍数碾压。

（3）高填方路堤

高填方路堤宜优先安排施工，填料优先采用强度高、水稳性好的材料，或采用轻质材料。对于填方材料较差、填方高度较大的位置，建议采用土工格栅等加固性材料增加填方路堤的稳定性。施工中应按图纸要求预留路堤高度与宽度，并进行动态监控。应分层进行填筑作业，不应分段或纵向分幅填筑。半挖半填的一侧高填方路基为斜坡时，应按图纸规定挖好横向台阶，并应在填方路堤完成后，对设计边坡外的松散弃土进行清理。高填方路堤必须进行沉降和位移观测。

（4）半填半挖段

纵（横）向半填半挖路堤与路基，应从最低高程处的台阶开始分层填筑、分层压实。纵向填挖结合段，应按图纸要求合理设置台阶。应严格处理横向、纵向、原地面等结合界面，确保路基的整体性。

（5）桥涵及结构物的回填

结构物（包括桥涵台背、锥坡、挡土墙墙背等）的回填是指结构物完成后，用符合要求的材料分层填筑结构物与路基之间的遗留部分。填筑时分层对称进行填筑，结构物附近采用小型压路机、手扶式振动压路机或打夯机夯实，墙背等压实机械无法施工部位可用混凝土填筑。

## 2.1.5 路基防护

路基防护工程主要包括拱形骨架护坡、挡土墙、植物防护、预应力锚索、锚喷混凝土支护、防护网支护等。路基防护工程施工工艺见图 2-5。

（1）挂网喷射混凝土防护

边坡分级开挖后，用锚杆加固坡体，喷混凝土封闭坡面防止岩石继续风化的边坡防护技术，一般适用于破碎岩体高边坡工程。施工流程为开挖坡体→初喷混凝土护面→锚杆钻孔→清孔下锚杆→注浆→喷射钢筋网→加锚杆预紧力→第二次喷混凝土→喷浆修饰坡面→该层结束，准备下层施工。

（2）片石混凝土挡土墙

片石混凝土浇筑要分层进行，每层厚度以 30～50cm 为宜，在仓内底部先铺一层混凝土，再抛入片石，注意片石与模板的间距，以保证拆模后片石不外露，掌握好力度，让片石自由落至混凝土中，以确保片石混凝土强度合格。

片石混凝土浇筑时要严格控制片石含量，按图纸选用合适的片石。做好泄水孔的预留及防淤堵处理，浇筑完成后检查泄水孔，对于淤堵的泄水孔要采取措施进行疏通。片石混凝土初凝后，覆盖草袋洒水养生。片石混凝土挡土墙施工工艺流程见图 2-6。

（3）柔性防护措施

根据防护区域的实际情况，经设计校核后选用合适规格型号的防护设备。施工前必须对坡面防护区域内的浮土及浮石进行清除或局部加固，自上而下地进行施工作业，并做好底部周边的安全警示和临时防护措施。

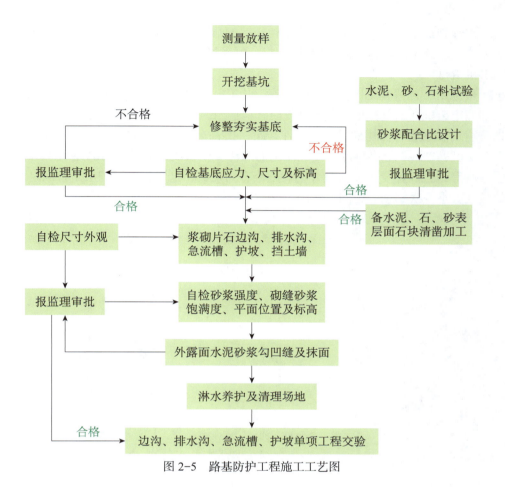

图 2-5　路基防护工程施工工艺图

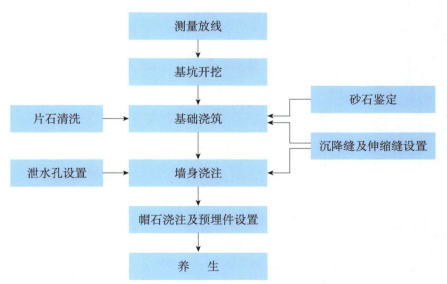

图 2-6　片石混凝土挡土墙施工工艺流程图

针对柔性防护措施与路基上挡墙等结构相接的情况，可以考虑在柔性防护的底部采用半开放的方式，以利于边坡风化落石能够及时从底部清理出来。

（4）抗滑桩

抗滑桩施工工艺流程见图 2-7，桩体施工开工前应做好"三通一平"的准备工作，测量放线，准确定出桩孔的开挖尺寸线。开挖时孔口应及时锁口，孔口以下每 30～60 cm 要进行护壁以防坍塌。钢筋的绑扎采用单根孔外预制、孔内安装成型的方法施工。模板的支立要一次到顶，中间留 2～3 个小窗以方便混凝土的灌注。模板支好后重新检查中线、标高、垂直度、平整度等是否满足要求，并检查钢筋是否有同模板相抵靠，净保护层是否满足要求。混凝土的灌注要求一次到顶，中间不留施工缝。

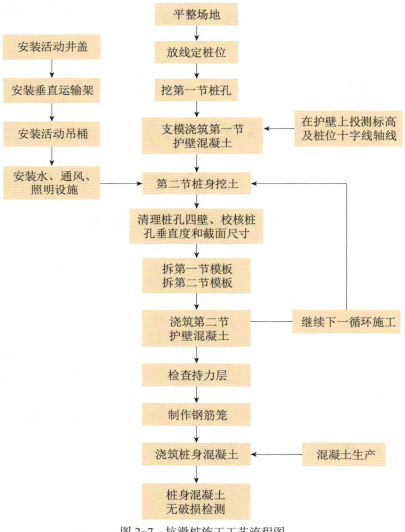

图 2-7　抗滑桩施工工艺流程图

挡土板采用仰式预制，预制好后，各挡土板按各种型号分类存放，并注明类型、尺寸、预制日期等标识，以防吊装时混淆。

桩身混凝土强度达到设计强度的 75% 以上，方可安装挡土板。安装前，要清除地基表层浮渣并夯实，达到一定的地基承载力（0.20 MPa 以上），然后再用 M7.5 浆砌片石找平各凹凸处。按规定的顺序进行安装，安装时槽口向外。

挡土板的背后回填压实，随挡土板逐块安装循环进行，填料及填筑方法均需满足路基施工规范中的有关要求。

## 2.2　路面工程

### 2.2.1　施工前的准备工作

路面工程主要施工作业为在已经施工完成并经监理人验收合格的路基上铺筑各种垫层、底基层、基层和面层。路面工程为公路运行的主要受力层，施工用材、压实度、铺筑工艺及平整度等需要进行严格的控制及检查。

1. 材料要求

施工用材主要包括碎石、砾石、砂、水、水泥及沥青等。砂石料的用材可以选用公路开挖施工作业时的材料进行二次加工加以利用，无法满足设计要求的应就近选用可用的料源。一般就近寻找水源取水，水质应洁净，不含有害物质。可疑水源的水应按照《公路工程水质分析操作规程》（JTJ 056—1984）（现已废止）的要求进行试验。

沥青应符合《公路沥青路面施工技术规范》（JTG F40—2004）的要求。每一批沥青材料都应有厂家的技术标准和试验分析证明书。

2. 材料的取样与试验

应将各种材料中具有代表性的样品，委托中心试验室或经监理人确认的试验室，按规定进行材料的标准试验或混合料配合比设计。试验结果提交监理人审批，未经批准的材料不得使用，未经批准的混凝土配合比设计不能用于施工。隧道内增加阻燃剂的沥青混凝土应委托第三方进行检测，出具合格的检测报告后方能使用。

3. 试验路段

在各结构层施工前均应铺筑长度为 100～200m 的试验路段。试验路段应确认压实方法、压实机械类型、工序、压实系数、碾压遍数和压实厚度等，作为今后施工现场控制的依据。

4. 拌和场地要求

基层拌和场、沥青拌和站场地等面积应满足施工要求，场地硬化宜采用水泥稳定土，下承层应做适当处理和补强，并设置纵横向排水沟和盲沟，以利场区排水。集料堆放地应设置遮雨棚，遮雨棚面积应满足工程需要。

### 5. 雨季施工

集中力量，分段铺筑，在雨季来临前做到碾压坚实，并采取覆盖措施，以防雨水冲刷。施工时应随时疏通边沟，保证排水良好。在垫层或基层施工之前，完工的路基顶面或垫层应始终保持合格的状态。在雨季，路基或垫层不允许车辆通行。

## 2.2.2　底基层和基层

### 1. 级配碎（砾）石底基层和基层

土质路基或者较破碎岩质路基段增设级配碎石底基层。级配碎（砾）石混合料应在料场集中拌和，拌和的混合料都应均匀，含水率适当，无粗细颗粒离析现象。混合料的质地坚韧、无杂质，颗粒级配符合要求。

根据监理人批准的试验路段的施工工艺、施工机械进行混合料的施工，级配碎（砾）石应在最佳含水率时遵循先轻后重的原则进行碾压，并碾压至要求的压实度，即按重型击实试验法确定的压实度。严禁压路机在已完成的或正在碾压的路段上掉头和紧急制动。

### 2. 水泥稳定碎石基层

水泥稳定碎石基层可采用摊铺机摊铺，基层分层施工（见图2-8）。根据试验确定集料的松铺系数，用摊铺机将混合料均匀地摊铺在规定的宽度。摊铺后及时压实，密实度要达到95%以上，应使表面无明显轮迹。碾压遍数、碾压速度、碾压机型、碾压方法和工艺以试验路段试验认定达标的参数和工艺方法为准。

路面的边缘应多压2～3遍。碾压过程中水泥碎石层的表面始终保持湿润，若表面水蒸发较快，应及时补洒少量水。碾压过程中，如有"弹簧"、松散、起皮等现象，及时翻开重新拌和，直至达到质量标准。

## 2.2.3　沥青面层施工

在已建成并验收合格的基层上洒布透层沥青，在沥青面层下或者桥面上洒布黏层沥青，然后铺筑沥青面层。

### 1. 透层和黏层

（1）材料要求

透层应根据基层类型按设计要求选择渗透性好的沥青作透层油，喷洒后通过钻孔或挖掘确认透层油渗透入基层的深度不小于5（无机结合料稳定集料基层）约10mm（无结合料基层），并能与基层联结成为一体。黏层的沥青材料宜采用快裂或中裂乳化沥青、改性乳化沥青，也可采用快凝、中凝液体石油沥青。透层油和黏层沥青材料使用之前均应按照《公路工程沥青及沥青混合料试验规程》（JTJ E20—2011）的方法进行试验，且满足规范的要求。透层和黏层材料的规格和用量应符合《公路沥青路面施工技术规范》（JTG F 40—2004）的要求。沥青标号应根据基层的种类、当地气候等条件确定。

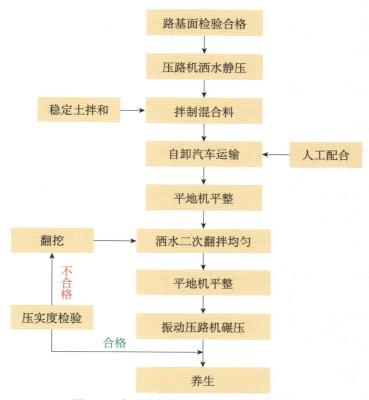

图 2-8　水泥稳定碎石基层施工工艺流程图

（2）施工要求

工作面应整洁无尘。施工时气温应不低于 10℃，风速适度，浓雾或下雨时不应施工。如气温较低，稠度较大的沥青材料可适当加热。

透层及黏层沥青喷洒应采用沥青洒布车均匀洒布，并按有关要求和方法检测洒布用量。透层及黏层的洒布方法、洒布要求及质量控制应按图纸要求及相关规范执行。在沥青洒布机喷不到的地方可采用手工洒布机。喷洒超量或漏洒或少洒的地方应予纠正。喷洒区附近的结构物和树木表面应加以保护，以免溅上沥青受到污染。

当出现泛油时，应补撒吸附沥青材料。如果透层沥青被尘土或泥土完全吸收，以致使覆盖的面层无法与透层黏结，应在摊铺沥青路面之前在透层上补洒一次黏层沥青。

喷洒后养护期间不应在已洒好透层沥青的路面上开放交通。如果在沥青材料充分渗入之前需要开放交通，应撒铺吸附材料，以覆盖尚未完全吸收的沥青。

2. 热拌沥青混合料面层

（1）材料要求

粗集料按照图纸要求合理选用周围可利用的材料，集料应洁净、干燥、表面粗糙，粒径应符合图纸要求。沥青与集料的黏附性不低于 4 级，否则应掺加外掺剂。外掺剂的精确比例由试验室确定。

细集料应洁净、干燥、无风化、无杂质或其他有害物质，并有适当的颗粒级配。细集料的质量技术要求应符合图纸及规范要求的规定。

填料必须采用石灰岩或岩浆岩中的强基性岩石等憎水性石料经磨细得到的矿粉，原石料中的泥土杂质应除净。矿粉应干燥、洁净，能自由地从矿粉仓流出。

使用的沥青材料应为道路石油沥青。每批进场沥青都应重新进行取样和试验，不同生产厂家、不同标号的沥青必须分开存放，不得混杂，并应有防水措施。沥青标号应按照公路等级、当地的气候条件、交通条件、路面类型及在结构层中的层位及受力特点、施工方法等，结合当地的使用经验和图纸要求确定。

（2）沥青混合料配合比

沥青混合料各层应满足所在层位的功能性要求，便于施工，不容易离析。拟用的沥青混合料级配、沥青结合料用量及沥青混合料稳定度、流值、空隙率、动稳定度、残留稳定度等各项技术指标应做出书面详细说明，以供配合比设计参考。应按目标配合比设计、生产配合比设计和生产配合比验证三阶段进行沥青混合料的配合比设计。如果改变料源，应在材料生产之前，对新的目标配合比设计报告报批。审批新的工地拌和料级配时应做试验。

（3）设备要求

拌和站必须配备足够试验设备的试验室，能及时提供试验资料。拌和机应能按用量（以质量计）间歇式分批配料，并装有温度检测系统及保温的成品储料仓和二级除尘设施。拌和场地的布置应保证热料运送距离合理，保证出料到位时的温度满足要求，并考虑进出方便，电、水供应好，且远离居民区。

运料设备应采用干净有金属底板的自卸槽斗车辆，车槽内不得沾有杂物。运输车辆应备有覆盖设备，车槽四角应密封坚固。

摊铺机械应是自动找平式的，安装可调的熨平板或整平组件。摊铺机应有振动夯锤或可调整振幅的振动熨平板的组合装置，夯锤与振动熨平板的频率和振幅应能各自单独调整。

压实机械应配有钢筒式压路机、轮胎式及振动压路机，能按合理的压实工艺进行组合压实。还应备有小型振动压路机具，以用于压路机不便压实的地方。

（4）沥青混合料的摊铺

通常应采用两台或两台以上摊铺机组成梯队联合摊铺，两台摊铺机前后的距离一般为 $10\sim20\mathrm{m}$，前后两台摊铺机轨道重叠 $30\sim60\mathrm{mm}$。摊铺时应调整好摊铺机熨平板的激振强度，使各块熨平板激振力一致。摊铺的初压实度不应小于 85%。对于铺面上出现的洞眼，应在碾压前用人工及时填入适量热沥青混合料，以达到平整要求。

在沥青混合料摊铺过程中，随时检查其宽度、厚度、平整度、路拱及温度，对不合格的应及时进行调整。对外形不规则、路面厚度不同、空间受到限制以及人工构造物接头等摊铺机无法工作的地方，可以采用人工铺筑混合料。

混合料摊铺后应立即进行压实作业，压实分初压、复压和终压（包括成型）三个阶段，每阶段的碾压速度应符合《公路沥青路面施工技术规范》（JTG F 40—2004）的要求。各面层平整度的质量缺陷应及时得到弥补，并应注意清除表面污染，保证表面清洁。按规定做好桥头搭板前后、面层施工接缝和桥梁接缝等位置衔接。

隧道内进行沥青混合料摊铺前应制定专项的洞内施工方案，针对摊铺温度、通风、照明、交通管制、人员作业安全等制定专项方案，实施阶段可以在洞口端选用 200m 左右的试验段进行操作预演。

**2.3　桥梁与涵洞工程**

## 2.3.1　桥梁工程

桥梁工程是公路建设的重点和难点，一旦桥梁出现问题直接导致整条公路中断。目前桥梁运行的主要问题多集中在上部结构的损坏或者梁体下挠过大，应在建设过程中严密把控施工环节和施工质量。

### 1. 施工前的准备工作

在前期调查的基础上，施工前需要对临时道路、混凝土拌和站、预制梁场、钢筋加工场、施工水电和生活营地等进行周密规划，尽快满足施工条件。

技术方面的准备工作主要包括桥梁的施工组织设计编制、配合比设计及原材料质量控制及测量控制等。

施工组织设计内容应包括（但不限于）施工布置、进度计划、资源配置、施工工艺及施工方法、质量保证体系与质量保证措施和安全保证体系与安全保证措施等。施工组织设计应组织专题会议进行审查并确定最终的实施方案。

桥梁用混凝土配合比设计、试验、审批过程控制应满足《公路桥涵施工技术规范》（JTG/T 3650—2020）及建设管理单位相关管理规定。

混凝土原材料及钢材等质量应满足《公路工程质量检验评定标准》（JTG F 80/1—2017）、《公路桥涵施工技术规范》（JTG/T 3650—2020），设计图纸要求及建设管理单位相关管理规定；施工单位自购的用于永久工程的混凝土外加剂、预应力钢绞线、预应力波纹管、锚具、机械连接套筒、防水材料、冷却水管、排水管等应满足设计及规范标准的要求，在选定前需报监理单位批准，并提供样品，检验合格后方能使用，同时对于每批次当场材料均执行报检制度，出厂合格证和检验报告齐全才能用于现场施工。

施工前应按照建设管理单位的管理文件、设计图纸及相关规范标准等要求进行施工测量，复核桥墩的轴线、位置等。

### 2. 施工阶段的控制要点

以连续刚构桥为例，桥梁施工作业流程由下至上分别为桩基施工→承台施工→墩柱施工→0 号块施工→标准段施工→合龙段施工→桥面铺装及附属设施施工。其中合龙段施工根据桥梁的中跨、边跨情况，有先边跨合龙后中跨合龙、先中跨合龙后边跨合龙两种，自下而上各分项工程施工控制要点如下。

（1）桩基施工

桩基施工主要由成孔、钢筋笼制安、混凝土浇筑三部分构成。由于成孔方式（人工挖孔桩和机械钻孔）的不同，成孔过程及混凝土浇筑过程的质量控制各有侧重。

人工挖孔桩开挖时，分节浇筑混凝土或钢筋混凝土护壁，分节高度（一般为0.4～1.0m）及厚度（一般为15～20cm）视土质情况和桩基大小而定，当穿过容易坍孔的土层时，必须设厚度不小于20cm的钢筋混凝土护壁，上下节用钢筋连接。混凝土护壁的强度等级宜与桩身相同；每安装一节护壁模板，用孔口桩位十字线对中，用尺杆检查孔壁尺寸、位置和垂直度。挖孔桩在挖至接近孔底设计高程或达到设计规定的嵌入微风化（中风化）岩层深度后，留50cm停止爆破，改用人工开挖，防止超挖及对基底的过度扰动。终孔时，对桩孔深度、孔径、孔形、垂直度等进行检测，并下孔查验孔壁、孔底地质情况，对孔底进行钻探或辅以物探勘察，以查明孔底以下有无影响桥基安全的溶洞、土洞。混凝土浇筑用导管（串筒）灌注，桩身较长（30m以上）的，不允许直接从导管自由坠落。导管应对准桩中心，离浇注面小于或等于2.0m。浇筑时在井下用插入式振捣器分层振捣密实，一次连续浇筑完毕。人工挖孔桩施工工艺流程见图2-9。

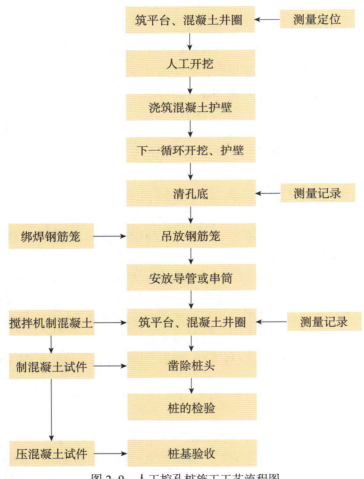

图2-9  人工挖孔桩施工工艺流程图

钻孔灌注桩在钻孔时，护筒内储存的泥浆必须高出地面或施工水位0.5m以上，以保护孔桩顶部土层不因钻孔杆反复上下升降以及机身振动而坍孔。在钻进过程中，每钻进2m或地层变化处，应检查钻渣样品，查明土类并记录，遇到地层不符时应及时处理，对照地层柱状图随时调整钻进技术参数，并经常量测孔深。

当接近终孔深度时，施工单位提交有关数据、施工记录，由监理组织承包人、设计、地勘会同检查所取出的渣样，判断并确认嵌岩深度和孔底标高，符合设计终孔要求后，方可进行清孔。钻孔桩采用水下混凝土灌注，首批灌注混凝土数量应满足导管初次埋深大于或等于1.0m 的需要，整个灌注时间内出料口应伸入先前灌注的混凝土内至少 2m，但不能大于 6m，随时量测孔内混凝土面的高程，核对混凝土灌入数量，及时调整导管出料口与混凝土灌注面的相对位置，提升导管时应保持轴线竖直和位置居中。混凝土应一次连续灌注完毕，严防断桩，灌注至桩顶后，应立即将表面已离析的混合物和水泥浮浆等清除干净，达到强度后，逐桩进行无损检测。钻孔灌注桩施工工艺流程见图 2-10。

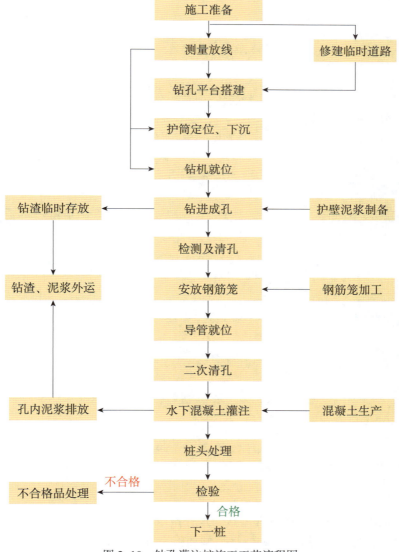

图 2-10　钻孔灌注桩施工工艺流程图

（2）承台施工

承台基坑开挖前应严格按照施工图纸测量定位放出开挖边线，开挖宜采用机械方式，采用浅眼松动爆破时尽量减少对边坡的扰动，根据坑内四周边坡地质情况采取必要的支护措施，确保施工安全。

承台钢筋由下而上逐层安装，严格按照施工图纸进行焊接和绑扎，多层水平钢筋网片采用架立筋支承，以保证钢筋骨架整体几何尺寸。承台顶层钢筋需留置入孔，方便操作。

承台外侧模板应采用组合钢模，模板成型后，应严格检查支撑情况、拼缝情况、清洁情况、尺寸及垂直度等，满足设计及规范要求。

当承台混凝土方量较大时，为防止混凝土出现温度裂缝，应制定专项的温控方案。在承台中提前安装冷却水管，进行通水试验，以确保良好的畅通性及密闭性。承台主要施工工艺流程见图 2-11。

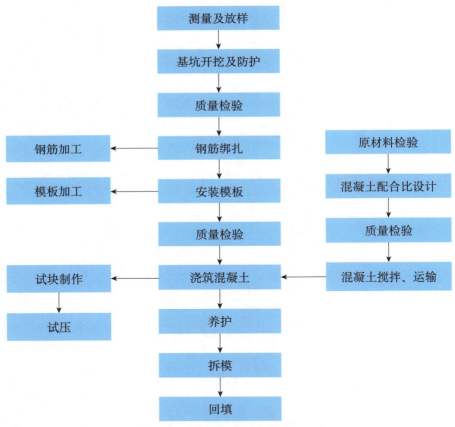

图 2-11 承台主要施工工艺流程图

（3）墩柱施工

墩柱施工主要在于控制结构各部形状、尺寸准确、板面平整、接缝少且严密、不漏浆。应结合各墩的结构特点，采取不同的模板类型和施工方法，重点保证施工过程中模板的安全稳定（见图 2-12）。

墩台身底部浇筑混凝土前，清凿桩顶或承台、基础顶面并冲洗干净，先铺 1～2cm 厚与混凝土设计强度相同的砂浆，然后分层（30～40cm 一层）浇筑、连续施工。空心薄壁墩实心段倒角部位混凝土应与墩底顶层混凝土（或相邻部分混凝土）同时浇筑，空（实）心段底面横桥向每侧墩壁应设一根施工用泄水管，以利于排除墩内积水。在墩身刚度变化较大处（如实心与空心截面变化处），应将不小于 2m 高度的空（实）心墩柱与实心截面一次浇筑完成。浇筑后续节段混凝土前都要对接触面凿毛、清洗干净，以保证新老混凝土间的结合强度。

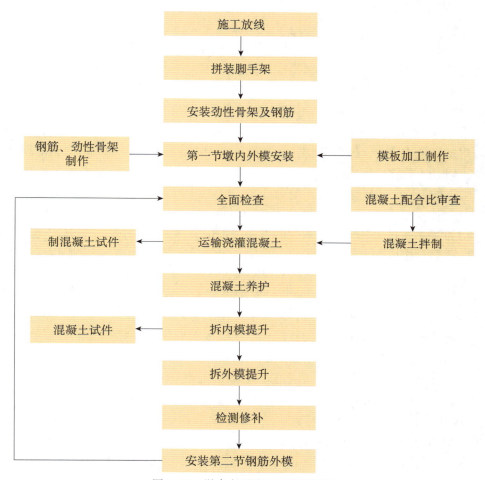

图 2-12　墩身主要施工工艺流程图

（4）0 号块施工

大跨度连续刚构桥的 0 号块体积大、受力复杂、管道集中、钢筋密集、混凝土数量较多，一般分两次施工，按设计要求分次浇筑高度。0 号块在墩身最后一节施工时，根据托架方案形成 0 号块件施工托架，在托架上铺分配梁和模板，对悬臂托架进行预压，以尽量消除托架的非弹性变形，并根据试压时托架的变形大小，确定模板的预抬高量，使 0 号块标高达到设计要求。

主梁施工前对墩身进行施工测量，作为安装主梁底模的依据。在墩身顶部四周，标识出设计文件中 0 号块件的底标高线，用来确定 0 号块件与墩身根部结合处的底模安装位置。施工控制要点如下。

1）模板的安装与拆除。0 号块主梁钢筋及预应力束管道安装完成并经检验合格后，进行模板安装。第一次混凝土浇筑用的模板均采用大块钢模，内模均采用组合钢模，局部尺寸不足部分采用木板。底板混凝土顶面需安装压模，以防止混凝土上溢。端模板根据其结构尺寸定制组合式模板，适用所有主梁块件。

模板拆除后，应及时清理模板内杂物，并进行维修整理。支架拆除时，严格按由上而下的顺序进行。底模及支架应于0号块完成张拉压浆且第二次混凝土达到设计强度时方可拆除。

2）钢筋的制作与安装。当0号块施工托架安装完毕，并完成底模安装且检验合格后，开始安装0号块主梁钢筋。在绑扎底板钢筋前，按照设计图纸的尺寸，在安装好的底模上划分出每根钢筋的具体位置，再进行钢筋的绑扎。绑扎时，其隔板的钢筋应与伸入0号块梁段的钢筋焊接，施工中若空间位置发生矛盾时，允许适当调整位置，但应保证混凝土保护层厚度。

3）预应力束加工及管道定位。预应力束采用塑料波纹管，安装时要严格检查波纹管加工质量，严格按照设计线形和位置进行安装。安装锚具时，垫板平面必须与钢束管道垂直，锚孔中心对准管道中心，压浆嘴和排气孔在施工过程中要防止割炬和焊渣对它的损害，防止浇筑混凝土时产生位移。预应力筋的各项技术性能必须符合国家现行标准规定和设计要求。

4）预应力束张拉及压浆。在实施张拉前，须对千斤顶、压力表和钢尺进行配套检验校正。当0号块主梁混凝土全部完成并达到设计强度的90%且混凝土弹性模量达到设计的90%时，方可采用张拉力和引伸量双控的方法进行预应力张拉。锚具、夹具和连接器应符合设计要求，检验合格后方可使用。张拉完成后，应尽早压浆，管道压浆宜采用真空辅助压浆工艺，压浆完成后，按设计要求浇筑封锚混凝土。

5）混凝土浇筑。第一次混凝土浇筑：先浇筑底板，然后浇筑腹板和横隔板。施工过程中注意观测支架挠度。同时进行顶板、翼缘扣管支架安装。

第二次混凝土施工浇筑的顺序为：腹板、横隔板水平分层、均衡浇筑；翼缘和顶板顺桥向由两端向跨中浇筑，横桥向上下游同步浇筑，由腹板向翼缘和顶板推移。在第二次混凝土浇筑前，按方案图纸预埋挂篮、预留管道。混凝土要连续浇注，混凝土水平分层，每层厚度不超过30cm。必须在下层混凝土未初凝前浇筑上层混凝土。

6）混凝土养护。混凝土浇筑完毕后，在混凝土表面铺设一层麻袋或土工布，定时进行洒水养护。洒水间隔时间以保持混凝土表面充分潮湿状态为宜。连续洒水养护7天，当气温较低时，混凝土表面要用热水养护，以防止其表面开裂，使混凝土能达到设计强度。0号块施工工艺流程见图2-13。

（5）标准段施工

挂篮安装完成后，悬臂节段浇筑前，必须对挂篮进行专项验收。挂篮完成预压后，方可进行钢筋加工与绑扎，并应按《公路工程质量检验评定标准》（JTG F 80/1—2017）、《公路桥涵施工技术规范》（JTG/T 3650—2020）等规范，进行钢筋原材及焊接试件的检验。钢筋绑扎完毕后由监理组织进行验收，并填写钢筋加工及安装现场质量检验报告单。

钢束管道位置用定位钢筋固定，管道位置与骨架钢筋相碰时，应保持管道位置不变，仅将钢筋稍加移动。锚具垫板及喇叭管尺寸应正确，喇叭管的中心线要与锚垫板严格垂直，喇叭管和波纹管的衔接要平顺，不得漏浆，并杜绝孔道堵塞。波纹管安装完毕后由监理组织进行验收，并填写预应力管道检查记录表。

悬臂浇筑前，应对前一个主梁节段的高程、桥梁轴线进行复核，轴线和挠度应控制在设计要求的范围内。对模板安装情况进行验收，合格后方可进行混凝土浇筑。

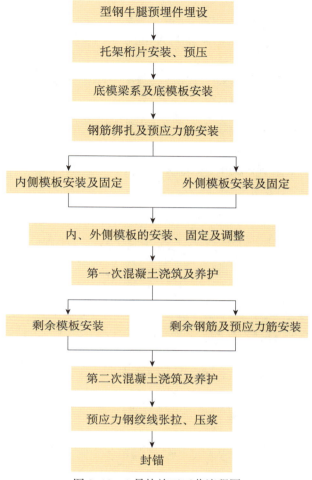

图 2-13　0 号块施工工艺流程图

　　浇筑时，应保证最大灌筑高度不超过 2m，并避免混凝土直接冲击波纹管。混凝土振捣时，严禁振捣棒碰撞波纹管和模板。浇筑后应及时养生，拆除侧模及底模后，应及时对箱梁混凝土外侧面喷涂混凝土养生剂。

　　预应力张拉须满足设计要求的混凝土张拉强度、弹性模量要求，在混凝土浇筑完成后 7 天以上进行。在张拉施工中，应严格控制张拉时间，每束（根）预应力筋张拉力从 0 到张拉施工完成的时间不宜少于 10min。在张拉过程中应做到四个同步：单束钢绞线两端张拉同步、多束钢绞线对称张拉同步、张拉过程同步、张拉停顿点同步。

　　张拉完毕之后应尽快进行压浆，压浆应符合施工图设计、相关施工技术规范及质量验收标准的要求。压浆前应用高压水冲洗管道，如果有积水则应用压缩空气吹干，洗孔吹孔时如果发现相互串通的孔道，应做好记录，以便安排同批压浆。压浆时每个孔道压浆至最大压力后应有一定的稳压时间，压浆应达到孔道另一端排气孔排出和规定稠度的水泥浆为止。

　　主梁施工过程中，梁体不得出现受力裂缝。若裂缝出现，应查明原因，经过处理后方可继续施工，并在下一阶段的施工过程中采取措施避免再次出现裂缝。拆模后应立即对接头部位凿毛处理，相邻接头位置应平整密实、颜色一致，棱角分明，确保接头质量。标准悬臂段施工工艺流程见图 2-14。

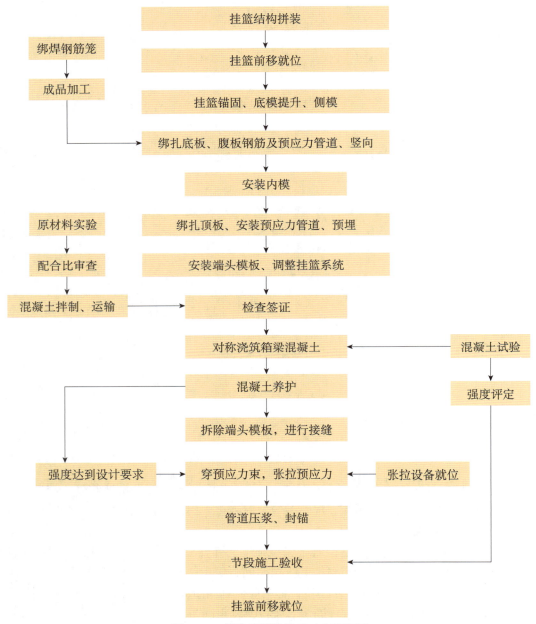

图 2-14　标准悬臂段施工工艺流程图

（6）边跨现浇段施工

边跨现浇段施工与标准悬臂段的施工作业流程类似，但增加了支架作业。根据边跨现浇段的地质地貌具体情况，选用安全合理的支架搭设方式，施工工艺中需重点控制以下方面。

1）现浇段钢筋型号多，钢筋较密，制作时应首先满足规范和设计对混凝土净保护层厚度的要求，若净保护层厚度与钢筋尺寸有冲突，必须调整钢筋的尺寸；箍筋要保证弯钩或角部刚好钩住主筋，对于尺寸连续变化的箍筋，施工时要认真计算每处箍筋的尺寸或放大样。设计有预留进入孔口的应严格控制钢筋布置，保证与纵向预埋管的距离，并加强模板的刚度。

2）预应力管道安装时，应对各束坐标进行详细检查校核，严格按图纸所给坐标定位，确保钢束曲线平滑，每根管道的对接必须牢固。

现浇段混凝土在浇筑时严格按照底板→悬出部分腹板→后部分腹板→顶板的顺序进行，振捣过程中严禁用振动棒推赶混凝土，否则会导致水泥浆大量向低处流失而影响质量；每层厚度要严格控制，不超过 50cm，并保证每层平面基本水平，高差不能过大。边跨现浇段施工工艺流程见图 2-15。

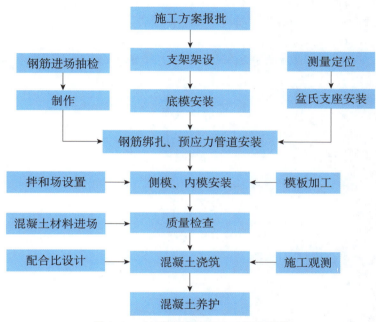

图 2-15　边跨现浇段施工工艺流程图

（7）合龙段施工

合龙段与标准段不同的是需要增加临时锁定，埋设刚性支撑，同时在合龙段浇筑过程中一定要遵循等荷载原则。合龙段的控制要点主要在于梁体的高程控制，箱梁的竖向挠度和横向偏移控制，混凝土浇筑的时间及温度的控制，箱梁混凝土的浇筑及张拉施工控制（合龙段及全桥张拉）。

在合龙段浇筑前要校核标准段施工阶段的梁体监控数据，增加动态配重（水箱）的方式，消除前期施工过程中出现的合龙两侧高差问题，并同步消减浇筑过程自重增加时梁体挠度变化。在合龙段浇筑过程中要动态持续观测梁体的挠度、偏移等情况，实时调整浇筑工艺以保证梁体的线形满足设计要求。对边跨、中跨合龙段的施工控制要点如下。

1）边跨合龙段。边跨合龙段是利用已成梁段和边跨现浇段预埋孔设吊架进行施工。吊架安装完成后，在"T"构悬臂端设计配重体做平衡重，重量相当于合龙段所浇混凝土重量的 1/2。

在悬浇最后悬臂梁段时和搭架现浇边跨现浇段时，要准确预埋临时锁定所需的各预埋钢板和钢筋。精确测量待合龙两端预埋板的实际距离，制作劲性骨架杆件，并将骨架加工成两片。安装骨架前对预埋钢板四周的混凝土进行凿除，使预埋板露出 1cm 厚，并按要求将其表面打磨平整光洁。将水平杆的一端牢固焊接在预埋板上，另一端对准相应的预埋板。按监控要求，确定是否施加预压力，若需施加，用千斤顶实现。

劲性骨架锁定后，进行模板定位，边跨合龙段设置了竖向横隔板，内模安装时，将内模移到位后，从中间将内模断开，让出横隔板及其倒角的位置，两端顶板模作合龙段顶板模使用，边跨合龙段横隔板模板组合钢模拼装。

混凝土浇筑按先底板，后腹板，再顶板的顺序进行，浇筑时间选择当天气温较低的时刻且气温变化不大的时刻，大致是午夜合龙锁定，凌晨开始浇筑混凝土，一般在 2h 内浇筑完成。浇筑时，同步等效减重，混凝土浇筑完毕，为防止温度变化产生裂纹，应及时进行保温、保湿养护。

待混凝土强度达到设计强度的 90% 以上，且混凝土弹性模量达到 90%，按设计顺序分批张拉纵向底板束和横、竖向预应力筋，施工工艺同悬浇梁段。边跨合龙段施工工艺流程见图 2-16。

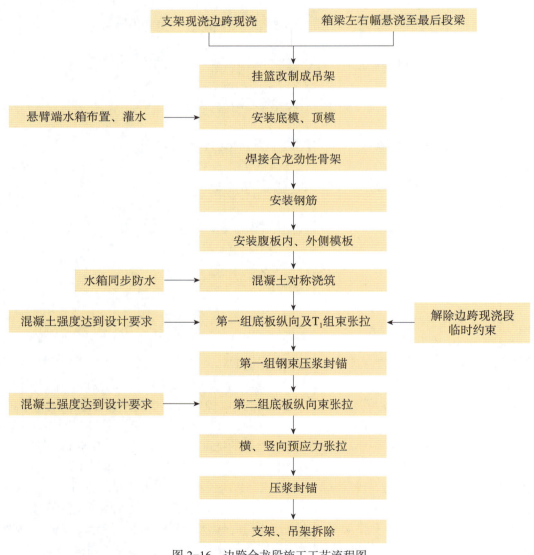

图 2-16　边跨合龙段施工工艺流程图

2）中跨合龙段。中跨合龙段配重、劲性骨架安装、模板及钢筋安装、混凝土浇筑、预应力施工的工序质量控制同边跨合龙段各工序质量控制相同，不同的是另增加两个工序质量控制：合龙段顶推、劲性骨架锁定。

合龙段顶推位置布置在顶板与腹板的交界位置，顶推预埋板与劲性骨架上弦杆的预埋板共享，上下游对称布置，反力架布置在梁端，千斤顶安装在反力架中部，活塞指向反力架。安装时，梁两端的反力架及中间千斤顶的中心线必须保持在同一条轴线上。顶推设备采用千斤顶，每一个顶推位置布置 1 台千斤顶。顶推前，按规定对千斤顶和压力表进行配套校核，并计算出每一个顶推等级油表的读数。顶推时，按设计吨位为一个等级进行顶推，每台千斤顶同步进行。中跨合龙顶推过程，应采用位移和顶推力双控，以控制墩顶水平位移为主，顶推力以监控单位提供的数据为准。

劲性骨架的制作和安装分两步进行。第一步，按照 2m 长度进行放样和制作，安装时，一端与预埋板焊接固定，另一端作调节端。第二步，顶推到设计要求后，在另一端采用不同厚度的钢板制作的钢板楔集中锁定，各钢板间采用四周 V 形坡口焊接连接，焊缝厚度为1cm。顶推到位后，在悬臂端加紧钢板楔，将顶推千斤顶同时缓慢地回油，让顶推力全部传递到劲性骨架上，锁定时，将钢板楔的两端分别焊接在预埋板和劲性骨架上，同时保证劲性骨架上下左右对称锁定，劲性骨架封焊环境温度按最佳锁定温度控制。劲性骨架锁定后，拆出千斤顶和反力架。中跨合龙段施工工艺流程见图 2-17。

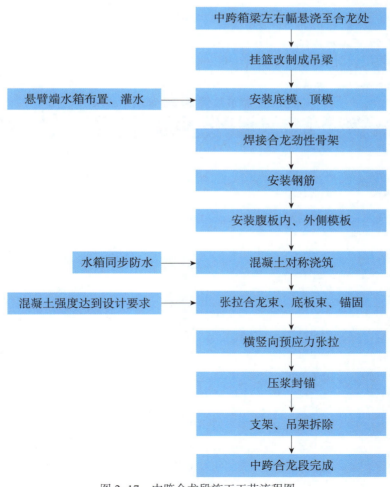

图 2-17　中跨合龙段施工工艺流程图

（8）桥面系施工

桥面铺装前应凿毛并清洗干净，使桥面层与梁体结合良好，按常规方法施工，满足设计及规范要求。混凝土防撞栏杆采用定型钢模现浇，人行道栏杆进行标准化制作，现场安装，钢筋制作、绑扎、泄水孔安装、伸缩缝按设计要求处理。其控制要点为桥面厚度、平整度、纵横坡度、混凝土强度及栏杆的外观线形质量等。

## 2.3.2　钢波纹管涵

公路涵洞中，涵洞不均匀沉降是其破坏的主要形式之一。从材料、结构和功能的本质关系上分析，采用柔性、高强度的钢波纹管涵洞，不仅具有适应地基与基础变形的能力，还可以解决因地基基础不均匀沉降导致的涵洞破坏问题，而且钢波纹管涵洞由于轴向波纹的存在使其具有优良的受力特征，可以更大程度上避免应力集中，更好地发挥钢结构的优势。

钢波纹管涵工程实际造价比同类跨径的桥、涵洞低，主要为拼装施工，施工工期短，现场安装不需使用大型设备，安装方便，并有利于改善软土、膨胀土、湿陷性黄土等特殊地基结构的不均匀沉降问题，提高了公路服务性能，减少了工后养护成本，便于在山区复杂地形施工。

1. 适用土层厚度及对应规格

钢波纹管涵填土高度对照见表 2-1。

表 2-1　钢波纹管涵填土高度对照表

| 序号 | 型号 | 内径（m） | 壁厚（mm） | 填土高度（m） |
|---|---|---|---|---|
| 1 | $\phi$0.5-3.0 | 0.5 | 3.0 | 0.5～14 |
| 2 | $\phi$0.75-3.0 | 0.75 | 3.0 | 0.5～13 |
| 3 | $\phi$1.0-3.0 | 1.0 | 3.0 | 0.6～10 |
| 4 | $\phi$1.0-3.5 | 1.0 | 3.5 | 10～17 |
| 5 | $\phi$1.25-3.0 | 1.25 | 3.0 | 0.6～9 |
| 6 | $\phi$1.25-3.5 | 1.25 | 3.5 | 9～16 |
| 7 | $\phi$1.5-3.0 | 1.5 | 3.0 | 0.6～8 |
| 8 | $\phi$1.5-3.5 | 1.5 | 3.5 | 8～13.5 |
| 9 | $\phi$1.5-4.0 | 1.5 | 4.0 | 13.5～20 |
| 10 | $\phi$1.5-4.5 | 1.5 | 4.5 | 20～30 |
| 11 | $\phi$2.0-3.0 | 2.0 | 3.0 | 0.6～8 |
| 12 | $\phi$2.0-3.5 | 2.0 | 3.5 | 8～13.5 |
| 13 | $\phi$2.0-4.0 | 2.0 | 4.0 | 13.5～19 |
| 14 | $\phi$2.0-4.5 | 2.0 | 4.5 | 19～27 |
| 15 | $\phi$2.0-5.0 | 2.0 | 5.0 | 27～34 |

续表

| 序号 | 型号 | 内径（m） | 壁厚（mm） | 填土高度（m） |
|:---:|:---:|:---:|:---:|:---:|
| 16 | $\phi2.5$-3.5 | 2.5 | 3.5 | 0.6～8 |
| 17 | $\phi2.5$-4.0 | 2.5 | 4.0 | 8～13.5 |
| 18 | $\phi2.5$-4.5 | 2.5 | 4.5 | 13.5～19 |
| 19 | $\phi2.5$-5.0 | 2.5 | 5.0 | 19～27 |
| 20 | $\phi2.5$-5.5 | 2.5 | 5.5 | 27～34 |

注：最小填土高度指从路面顶部至管顶的垂直高度，一般管径小于 2.5m 时，最小填土高度不能小于
　　0.6m；管径大于 3.0m 时，最小填土高度不能小于 0.25 倍的管径。

涵洞两侧及顶部一定范围内（一般为 0.5～1 倍的管直径）回填材料要求与路基材料相同，顶部一定范围以外可采用路基填筑材料。

2. 基础及台背回填施工技术要求

（1）基础及回填设计

钢波纹管一般对基础要求很低，地基承载力达到 200kPa 即可，宜根据地形特征确定基础的断面形式和回填高度，一般波纹管的涵底纵坡宜控制在 5%～17%，根据地形条件酌情处理。为减少水流对管底的冲刷，管底纵坡一般不宜大于 14°。当涵底纵坡大于 5° 时，其基础底部顶每隔 3～5m 应设置防滑隔墙。

存在特殊纵坡时也可使用，但需要考虑防滑措施；遇有填挖方特殊的路段，如半填半挖地形时，可考虑预留拱度。埋设于一般土质地基上的波纹管，经过一段时间后，常会产生一定的下沉，而且往往是管道中部大于两端。因此，铺设于路堤下的波纹管的管身要设置预留拱度，波纹管管身预留拱度设置见图 2-18。

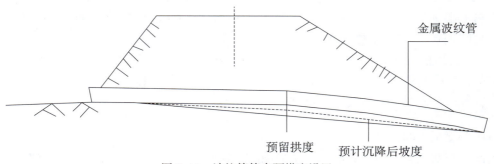

图 2-18　波纹管管身预拱度设置

（2）基础材料要求

由于波纹管涵洞为金属结构，其适应变形能力较强，但对基础材料要求相对不高，一般不需采用混凝土基础，采取天然基础或沙砾换填即可。

如需基础换填，材料最好采用有一定级配的天然沙砾，同时满足施工的压实要求、填料最小强度要求、最大粒径要求和地基基础的抗冻要求。在某些地区，沙砾材料稀少或沙砾级配较差时，也可换填碎石、砾石或河（山）砂及碎石土，但应满足压实要求、填料最小强度

要求、最大粒径要求和抗冻要求。

（3）各种土质地基的处理方法

承载能力不太高的普通土质地基，需设一定厚度的基础。但是，若将涵管地基槽原状土经严格夯实（其夯实度到重型击实密实度的90%以上）以后，也可直接将波纹管置于地基上。

除设计要求有规定外，波纹管不能直接置于岩石或混凝土基床等刚性支承体上，因刚性支承不但会降低管壁本身所具有的良好柔性，而且还会降低涵管的承载能力，所以对岩石地基应挖掉一部分软岩，换填上一层优质土，并夯实。

当涵管处于软土地基上时，需对其进行处理，根据软基厚度，小于5m深时，采用清淤抛石处理方法；大于5m深时，采用CFG基桩加固方法。然后，在其上填一层大于50cm厚的优质沙砾垫层，并夯实紧密。

当涵管处于喀斯特地形时，采用特殊处理，增加地基整体性，使其沉降一致，一般换填100cm沙砾或碎石，分层密实，地基表面向下50cm及100cm位置设两道双向土工格栅，长度与涵洞通长，宽度一般为2×3+孔径。

涵管在回填土上施工时，两侧回填应对称施工，分层回填，采用沙砾或与路基填料相同的材料。两侧近处用机械夯实，管底下方粗砂用"水密法"振荡器振实。涵管上方当回填土厚度超过30cm时，采用压路机静压，填土厚度超过60cm时，采用压路机振压，压实度不小于95%。

### 3. 防腐、防水技术要求

钢波纹管表面采用热浸镀锌防腐，镀锌层的平均厚度大于或等于63μm，波纹管运至施工现场后，可通过增涂沥青进行二次防腐，沥青涂层的厚度为0.2～0.5mm。

2m管径以下的钢波纹管涵管节间防水可采用镶石棉垫，用手锤、凿子把两法兰之间凿开大约1cm的缝隙，用螺钉旋具把石棉垫镶在两法兰之间，有时管子顶部两法兰间距较大，石棉垫镶嵌困难，用绑丝把石棉垫绑在螺栓上固定，然后工人对称锁紧螺栓，直至从外观看两法兰之间只有2～3mm的缝隙。

2m管径以上的钢波纹管涵管节间采用法兰间密封材料，可采用6mm×6mm方形耐久性能较好的橡胶密封圈，也可采用8mm×8mm方形石棉盘根密封条。

### 4. 设计要求

（1）斜交洞口的处理

当涵洞与路线斜交时，其洞口建筑采用的各种形式与正交时基本相同。根据洞身的构造不同，有两种处理方法。

1）斜交斜做［见图2-19（a）（b）］。为求外形美观及适应水流条件，可使涵洞洞身端部与路线平行，此种做法称为斜交斜做。对于盖板涵和箱涵，运用斜交斜做法比较普遍。在这种情况下，除洞口建筑外，还须对涵身的两端另行设计预制，以适应斜边的需要。

2）斜交正做［见图2-19（c）（d）］。在管涵中，为解决两端圆管施工困难的问题，可采用斜交正做法处理洞口。即涵身部分与正交时完全相同，而洞口的端墙高度予以调整，一般将端墙设计成斜坡形或阶梯形。为使水流顺畅，宜配合路堤边坡对洞口建筑另行设计。

当斜交涵管采用平头式洞口时，其突出路基之外的三角台，则以铺砌护道边坡的方法予以加固，见图 2-19（e）。

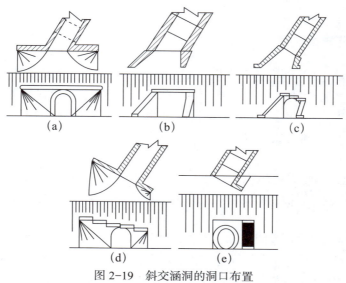

图 2-19　斜交涵洞的洞口布置
（a）（b）斜交斜做；（c）（d）斜交正做；（e）铺砌护道

（2）钢波纹管涵管径选取

选取钢波纹管涵管径时，较常规钢筋混凝土盖板涵的截面汇水面积稍大即可，一般为钢波纹管涵直径内接于盖板涵截面积。

5. 金属波纹涵管防泥流石冲刷处理

金属波纹涵管在没有乱石冲刷的情况下，其镀锌层即可防止锈蚀。如山区道路季节性降雨冲刷严重，可考虑在管内壁一定高度范围内包裹一层细石混凝土，形成满足抗流石冲刷的涵洞，确保流石对涵管管壁的冲击不造成破坏。

# ■ 2.4　隧道工程

公路工程中的隧道工程穿越山脉，缩短了线路长度，减少了公路对原有地质地貌的影响，降低了公路运行期受降雪、降雨、落石等带来的风险。水电站多分布在崇山峻岭、水源充足的地区，所以水电站的专用交通公路的隧道往往占比较大，而作为水电站物资、重大件运输的专用交通公路，此类隧道常是整个公路工程的关键性工程。整个隧道工程的实施性施工组织设计工作尤为重要，直接影响隧道所需物资运输、加工及供电、供水保障等工作。同时施工过程中的临时支护、永久支护措施能否保质保量地完成，直接影响施工安全，是工永久安全运行的必要条件。本节主要内容为施工组织设计重点，施工过程中的各工序关键控制点，以及乌东德水电站对外交通工程施工阶段出现的因地质原因造成的坍塌处理方案。

## 2.4.1　施工前的准备工作

施工前应对图纸、资料等进行现场核对，并作补充调查，主要调查核对隧道所处的位置、地形、地貌、工程地质和水文地质、钻探图表，以及隧道进出口位置和其他相关工程的情况；调查核实水、电、交通运输及通信设施可利用的情况，当地生产、生活、劳力可以供应的情况；调查收集当地气象、水文资料。这些实地调查可直接作为施工组织设计的边界条件。

根据补充调查，编制总体施工组织设计，结合项目的具体情况、工期要求、施工队伍、机械设备、施工中现场监控量测等因素，正确选定施工方案，制定施工顺序，编制实施性施工组织设计。

实施性施工组织设计应根据图纸，对施工方法、施工工艺、工序安排、劳力组织、机械设备、材料供应、场地布置、监控量测、进度安排、供水、排水、供电、通风、通信和装渣运输方案，以及采用的有关安全、质量、技术措施等规章制度，充分预测可能出现的问题，制定合理计划并提出组织措施和对策。实施性施工组织设计应通过专项审查确定，并结合公路运行所需的供电需求、消防、监控等设计要求，提前预留与施工相关的土建设施。

施工组织设计方案的确认，应按《公路勘测规范》（JTG C10—2007）洞外控制测量的有关规定进行一切必要的测量和计算工作，并应将施测采用的方法和精度报批。

对交付使用的隧道轴线桩、平面控制三角网基点桩及标高控制的水准基桩等，进行详细的测量检查和核对。隧道洞口应设立中线桩及两个以上后视点桩和两个水准点，并进行联测，核对其是否达到精度要求。

施工前，应仔细核对路线平纵面及隧道平纵面和控制点坐标、高程等关键数据，并弄清测量线（或设计线）、隧道中线、车道中线及设计高程点的相互关系，确保施工放线准确无误。

## 2.4.2　洞脸工程

在洞口土石方开挖前应完成洞脸的排水系统，包括边坡和仰坡外的截水沟、排水沟和洞口排水沟等，与下游出水口妥善衔接。在边坡、仰坡以外的上方，如有坑洼积水时，应按图纸进行处理，不得用土石方填筑，以免水土流失堵塞排水沟渠，影响洞口安全。

开挖前要按照图纸要求，对洞口施工放样线再次校对，清除浮石、危石，确保洞口施工安全，坡面凹凸不平处应予以整修平顺。松软地层开挖边坡、仰坡时，宜随挖随支护，加强防护，随时监测、检查山坡稳定情况。

根据洞口情况，选择合理的进洞方式。常规情况下，II级和III级围岩可采用浅孔小台阶爆破直接进洞，IV级围岩可借助超前锚杆辅助进洞，V级及以上围岩可借助大管棚辅助进洞。

根据管棚常规施工过程，可以按以下几个步骤进行，制作导向架（套拱）→钻孔→安装钢花管→注浆及封口。

（1）制作导向架（套拱）

导向架自身要有足够的强度和刚度，可用型钢或钢筋混凝土制作而成。用钢筋混凝土套拱作为导向架，套拱置于明洞之上。施工时首先在洞外明暗洞的交界处架立工字钢，用钢筋焊接成一个整体。在钢支撑上安装导向钢管，与管棚位置、方向一致，然后浇筑钢筋混凝土包裹钢支撑和导向管。套拱完成后，喷射混凝土，封闭周围仰坡面，作为注浆时的止浆墙。套拱施工工艺流程见图 2-20，乌东德水电站右岸对外交通的老鹰窝隧道导向管安装及导向架浇筑见图 2-21 所示。

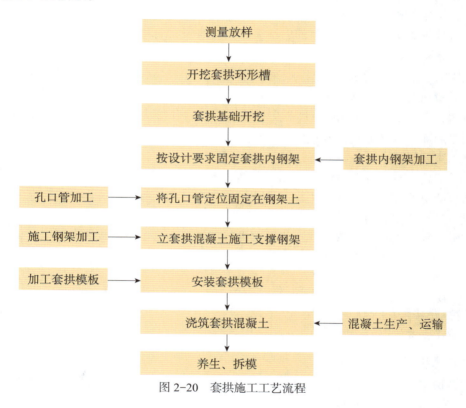

图 2-20　套拱施工工艺流程

图 2-21　老鹰窝隧道导向管安装及导向架浇筑

（2）钻孔

钻孔应在套拱混凝土强度达到75%之后进行。钻孔型号根据钻孔深度来选择。钻机顺序由高孔位向低孔位进行，并间隔错开，以防止因孔距过小，造成前一个成型孔在未顶管时就出现塌孔现象。在钻到一定深度时，要用测斜仪检查孔的倾角是否正确，以便及时纠正，深度达到要求后，应边退钻边清孔。

在钻孔过程中，如果出现卡钻、塌孔现象，可能是隧道地质发生了变化，此时应及时退钻，然后采用往孔内压注浆液的方法，待浆液凝固后，再行开钻；如果出现掉钻头、钻杆断裂的现象，可用打捞器取出。钻孔也可为超前地质预报提供一定的依据，因此每一个孔在开钻时必须有详细记录，包括开钻时间、结束时间及遇到的问题等。

（3）安装钢花管

管棚钢管一般采用的是无缝钢管，每一节钢管应做成尖锥状，起导向和减小摩擦阻力的作用。在钻孔成型后，顶管工作进行得越早越好。顶管由钻机顶进，钢管节段间用丝扣连接，顶进时，节长为3m和5m的管节交替使用，以错开接头位置。管棚顶到位后，钢管与导向管间隙用速凝水泥或其他材料堵塞严密，以防注浆冒出。

（4）注浆及封口

注浆前应进行现场注浆试验，根据实际情况调整注浆参数，取得管棚最佳注浆参数。管棚封堵塞设有进浆孔和排气孔，当排气孔流出浆液后，关闭排气孔，继续灌注浆，达到设计注浆量或注浆压力时，方可停止注浆。施工过程中，为了防止注浆过程中发生串浆，每钻完一个孔，随即就安设该孔的钢管并注浆，再进行下一孔的施工。注浆结束后用C30水泥砂浆充实无缝钢管，以增强管棚强度。

## 2.4.3　隧道开挖施工

### 1. 超前地质预报

隧道及地下工程超前地质预报分为短期、中期、长期三类。短期超前地质预报为开挖作业30m范围内的地质预报；中期超前地质预报为开挖作业面起30～100m范围；长期超前地质预报为开挖作业面起100m以上范围。超前地质预报的主要方法有地质调查法、物探法、超前钻探法、超前导坑法等。根据现场实际地质情况及施工管理需要选用合适的方法。

隧道开挖过程中，应加强隧道超前地质预报工作，对未开挖段地质情况进行预报，为隧道支护措施的调整提供依据。对于地质情况较差的或围岩级别发生变化时，要重新进行探测预报，预报结果作为开挖支护参数调整的参考。并将开挖掌子面实际揭露情况与原预报结果进行比对，出现严重不符的情况时，应对已开挖地段采取缩短格栅钢架间距、增加锁脚锚杆数量等措施加强支护，对掌子面进行10cm素喷混凝土进行封闭，停止掘进。将现场情况及时向监理单位、业主单位和设计单位汇报，并附以详细的现场影像资料，由四方现场会审后确定是否对其加强支护。变更措施未确定前，不得继续向前开挖施工。

### 2. 开挖方法及爆破

（1）开挖方法

隧道洞身开挖遵循"管超前、短进尺、弱爆破、强支护、紧衬砌"的施工原则，采用钻爆法进行松动爆破，人工配合机械清理出渣，自卸车汽车外运。常规情况下，隧道Ⅱ级、Ⅲ级围岩采用全断面法开挖，Ⅳ级、Ⅴ级围岩采用台阶法开挖。

1）全断面法

全断面法适用于双线隧道Ⅰ、Ⅱ级围岩、单线隧道的Ⅰ级～Ⅲ级围岩。采用全断面法开挖隧道时，应控制一次同时起爆的炸药量，减少爆破震动对围岩的影响，同时循环进尺宜控制在 3.0～4.0m。隧道开挖爆破后应先采用机械找顶，然后采用人工找顶。全断面开挖流程如图 2-22 所示。

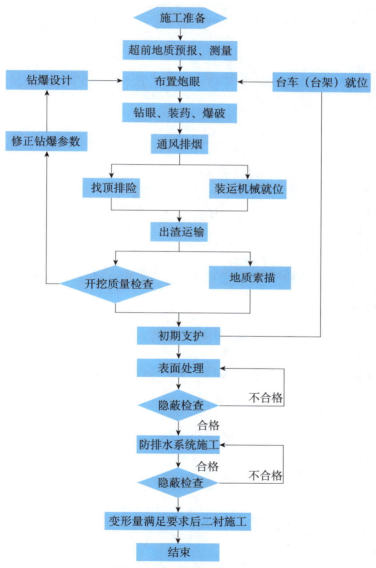

图 2-22　全断面开挖流程图

2）台阶法

台阶法是先开挖上半断面，待开挖至一定长度后，上下半断面同时进行的施工方法。台阶法适用于Ⅳ级和Ⅴ级围岩的隧道施工。台阶法是目前最常见的隧道施工方法之一，台阶法开挖示意图见图 2-23，台阶法开挖流程见图 3-24。

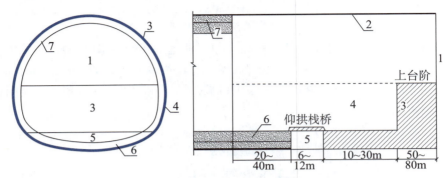

图 2-23　台阶法开挖示意图

1—上部开挖；2—上部初期支护；3—下部开挖；4—下部初期支护；

5—底部开挖（捡底）；6—仰拱及混凝土填充；7—二次衬砌

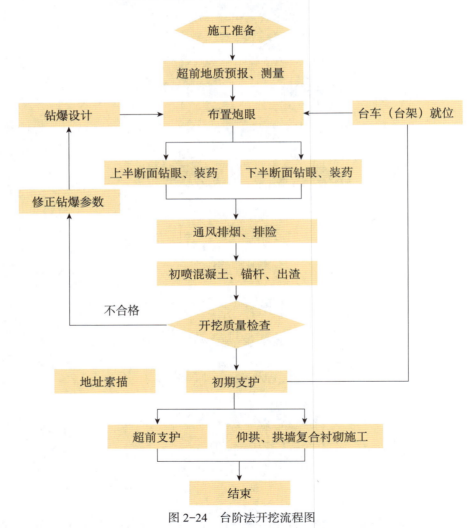

图 2-24　台阶法开挖流程图

乌东德水电站对外交通隧道Ⅳ级和Ⅴ级围岩施工均采用上下两部长台阶法，台阶长度 50～80m。台阶法开挖每循环开挖进尺不宜超过 3m。

（2）爆破及出渣

1）爆破。隧道开挖前应进行钻爆设计。钻爆设计应在综合研究地质条件、开挖断面、开挖方法、掘进循环进尺、钻眼机具、爆破器材等基础上进行，其主要内容有炮孔布置图（包括掏槽方式、钻孔深度及斜度）、装药结构图（包括装药量及炮孔堵塞方式）、钻爆参数表、起爆方法和顺序，必要时应绘制爆破图，主要技术经济指标及必要的说明。对于地质条件较差或地质缺陷较多的隧道，可针对不同围岩级别进行爆破试验以确定最优的爆破方式，并在施工过程中根据实际爆破效果对设计参数进行调整。

爆破作业采用电雷管起爆，掏槽眼、辅助眼、周边眼采用毫秒级时差顺序起爆，炸药起爆顺序为掏槽眼→辅助眼→周边眼。

开挖过程中应严格控制超欠挖。拱脚、墙脚以上 1m 范围内断面严禁欠挖。当存在超挖时，超挖部分应采用同级别混凝土回填密实。当岩石完整、岩石抗压强度大于 30MPa，并确认不影响衬砌结构稳定和强度时，允许岩石个别凸出部分（每 1m$^2$ 内不宜大于 0.1 m$^3$）欠挖。开挖后宜采用激光断面仪直接测量开挖面积。

2）出渣。隧道爆破、通风、散烟完成后，经隧道专业排险人员对隧道内爆破面进行排险（振动裂隙、盲炮排查），接通隧道照明，对隧道掌子面进行初喷后，方可进行装渣作业。

装渣与卸渣应有专人指挥，作业场地照明应满足作业人员安全操作要求。装渣机械与出渣车数量应结合隧道长度，合理调度，尽量缩短出渣时间。

### 2.4.4　初期支护与辅助工程措施

隧道支护分为超前支护和系统支护两种形式。超前支护或超前小导管支护一般适用于隧道拱顶易掉块的Ⅳ级、Ⅴ级围岩，如半角至新村公路Ⅳ$_2$级，Ⅳ$_2$级加强围岩采用超前锚杆，Ⅴ级以上围岩采用超前小导管对隧道进行预加固；系统支护用于隧道永久支撑结构，是隧道支护的主要受力结构。

1. 超前支护

（1）超前小导管

超前小导管预注浆一般适用于均匀土、小粒径碎石土、全风化岩层（均采用直接打入）以及节理发育岩层（钻孔后插入）的Ⅳ级、Ⅴ级围岩地段。超前小导管应严格按照设计图纸要求施工作业，钢管安装时孔位误差不得大于 5cm，角度误差不得大于 2°。注浆小导管和钢架联合支护时，宜从钢架腹部穿过，尾端与钢架焊接。小导管注浆前，应对开挖面及 5m 范围内的坑道喷射厚为 50～100mm 混凝土或用模筑混凝土封闭。注浆应按照由下至上的顺序施工，浆液先稀后浓，注浆量先大后小。

监理对注浆小导管施工时应做到每次均有旁站记录，记录内容为施作里程、小导管根数、长度、最大单根注浆量、最小单根注浆量、总注浆量、注浆控制压力，同时留下影像资料。

超前小导管施工工艺流程见图 2-25。

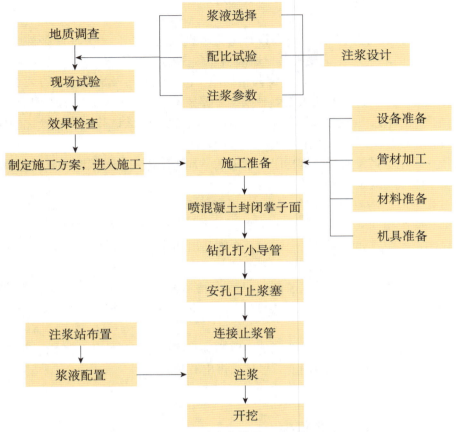

图 2-25　超前小导管施工工艺流程

（2）超前锚杆

超前锚杆是沿开挖轮廓线，以较大的外插角，向开挖面前方安装锚杆，形成对前方围岩的预锚固（预支护），在提前形成的围岩锚固圈的保护下进行开挖、装渣、出渣和衬砌等作业。根据设计图纸要求的位置，对开挖面中线、标高校对，画出开挖轮廓线，标识出锚杆孔位。

进行钻孔作业时，应在上台阶位置处设置施工台架作为钻孔作业施工平台。开孔孔径大于锚杆直径 15mm，钻孔深度不应小于设计锚杆体有效深度，但超长值不宜大于 10cm。钻孔完成后，利用高压风将孔内的砂石、积水吹出。

砂浆锚杆采用先注浆后插杆的施工方式，锚杆埋入深度不应小于设计长度的 95%。锚杆插入至设计深度时，孔口应有砂浆流出，若无砂浆流出，应将锚杆体拔出重新注浆。超前锚杆施工工艺流程见图 2-26。

2. 系统支护

系统支护措施应紧随开挖面施作，确保施工安全，并控制围岩变形、减少围岩暴露时间。不同级别的围岩，应按照设计图纸采用不同结构形式的施工支护。施作锚杆、喷射混凝

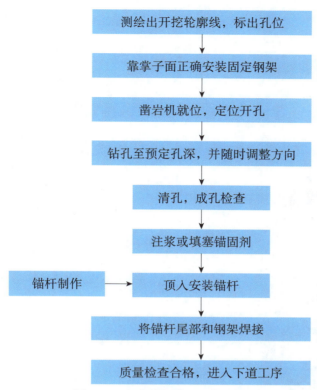

图 2-26　超前锚杆施工工艺流程

土支护时，应有监理人在现场监督，保证每循环每工序都有记录备查。

（1）喷射混凝土支护

喷射混凝土支护应有喷射混凝土的专项施工方案，包括喷射方式、机具设备、操作方法、混合料配合比及外加剂等。

喷射混凝土必须采用湿喷工艺。喷射混凝土前，应清除作业面松动岩石，确保工作面安全，并埋设专标或利用锚杆外露长度以控制喷射混凝土的厚度。

隧道开挖后应及时初喷 5cm，复喷混凝土应在格栅钢架或工字钢架安装完成，进行锚杆、挂网施工后实施，复喷至设计厚度，以尽快形成钢架、喷锚网支护体系，以抑制围岩变位。Ⅱ级、Ⅲ级围岩挂网复喷作业距离掌子面不得大于 60m，Ⅳ级及以上围岩必须紧跟掌子面作业。喷射作业分段、分片依次进行，喷射顺序自下而上进行，每次作业区段纵向长度不超过 6m。

复喷射混凝土要求一次喷射厚度拱顶不得大于 10cm，边墙不得大于 15cm，后一层应在前一层终凝后进行，两次喷射时间间隔超过 1h 且表面已蒙上粉尘时，应采用高压水对受喷面进行冲洗。

钢架与壁面之间间隙应充填密实，并覆盖钢架，保证黏结良好。拱脚基础喷射混凝土密实，严禁悬空。喷射混凝土施工工艺流程见图 2-27。

（2）砂浆锚杆

不同围岩级别的锚杆支护形式不同，应按设计图纸要求进行施工。锚杆施工流程主要为开孔—钻孔—清孔—注浆—安装锚杆，详细的锚杆施工工艺流程见图 2-28。Ⅱ级、Ⅲ级围

图 2-27　喷射混凝土施工工艺流程

岩系统锚杆施工应在初喷完成后适时进行，Ⅳ级、Ⅴ级围岩系统锚杆应在拱架和挂网完成后及时进行。系统锚杆施工应预留足够长度，以便锚杆施工检测。

钻孔前应在施工作业台架上固定，保证锚杆钻孔位与岩面垂直，要求与设计孔位偏差±50mm。钻孔深度不小于锚杆杆体有效长度，但钻孔深度超长值不宜超过 100mm。系统锚杆钻孔方向与开挖面垂直，当岩层层面或主要结构面明显时，应尽可能与其成较大交角，但与开挖面的垂直偏差不应大于 20°。

砂浆锚杆采用先注浆后插杆的方式，锚杆埋入深度不应小于设计长度的 95%。锚杆插入至设计深度时，空口应有砂浆流出，若无砂浆流出，应将锚杆体拔出重新注浆。

现场监理工程师应准备锚杆验收专用记录本，详细注明锚杆施工桩号、围岩等级、锚杆

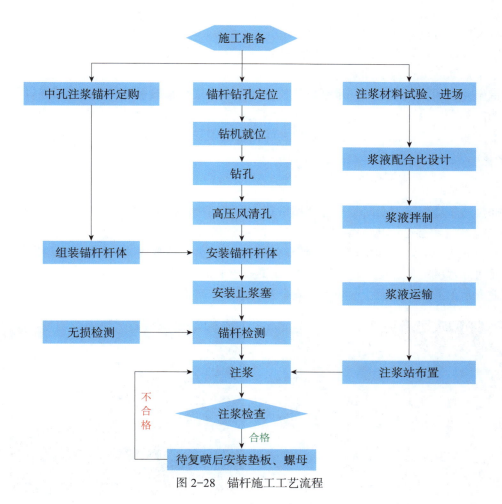

图 2-28 锚杆施工工艺流程

设计数量和长度、实做数量和长度等。每期锚杆计量必须符合现场监理工程师签认的锚杆验收记录复印件。现场监理工程师对锚杆注浆过程进行旁站。

（3）钢筋网片

Ⅱ级、Ⅲ级围岩钢筋网片应在初喷混凝土、系统锚杆安装之后进行，钢筋网片固定在系统锚杆上。

钢筋网片加工时，应在洞外钢筋加工棚内，将钢筋加工成长度约 1.0m 网片，施工时运至工作面进行焊接安装。钢筋网片应随混凝土初喷面起伏铺设，钢筋网片的混凝土保护层不应小于 20mm，钢筋网片固定牢固，喷射混凝土不时发生抖动。

（4）钢架安装

钢架支护主要有格栅钢架和型钢钢架两种支护形式，具体根据不同的围岩情况对照设计图纸执行。

钢架应分段制作，每段长度按照设计尺寸确定。型钢钢架宜采用冷弯法制作成型，格栅钢架应按 1:1 胎膜控制尺寸，所有钢筋节点必须采用焊接。

钢架安装顺序为成品钢架选单元→测量放样→装运→钢架就位→复核→定位→连接→检查。钢架安装前应检查开挖断面轮廓、中线、高程，满足设计要求后对拱架安装位置进行定位。对欠挖部分进行处理后即可进行钢架安装。

钢架分节段安装，节段之间按照设计要求连接。相邻两榀钢架支架采用纵向连接钢筋固定，连接钢筋间距符合设计要求。

钢架立起后，根据中线，水平将其校正到正确位置。钢架每节段采用锁脚锚杆固定，每榀钢架之间采用纵向连接钢筋固定。安装钢架时应垂直于隧道中线，竖向不倾斜、平面不错位、不扭曲。下台阶施工时，上下台阶之间钢架连接与上台阶各节段钢架连接类似，并尽快封闭成环。

### 3. 仰拱及仰拱填充

仰拱施工应紧随下台阶掌子面开挖进行，仰拱衬砌距离下台阶掌子面不宜超过 30m，仰拱施工现场见图 2-29。仰拱一次性开挖长度不宜超过 10m，宜全断面一次开挖成型，初支混凝土填充完成后可采用钢栈桥确保道路通行。针对仰拱开挖时出现渗水或者洞身开挖支护后有较大渗水的区域，应考虑在仰拱中增加纵横向预埋盲管作为地下水流动的通道，以防止后期地下水上涌渗出路面，影响行车安全及隧道整体结构稳定。

图 2-29　仰拱施工现场

### 4. 监控量测

隧道工程设计时依靠工程地质调查和试验提供的依据和信息划分围岩等级后进行开挖支护参数的确认，但由于岩体地质情况千差万别，使得工程地质调查和试验取得的数据很难完整地反映岩体的真实性。所以在按照图纸进行现场施工后必须对围岩与支护体的变形和围岩压力、钢架内力、喷射混凝土内力等应力进行监测，校对原设计是否存在重大偏差，并及时根据监测情况做出设计调整或者补充加强支护等。通过量测分析，当量测数据趋于稳定时，最终确定适宜的二次支护时间；在软弱围岩的地层中，利用量测数据，分析仰拱沉降情况，数据显示沉降减小并趋于平稳时，为最佳的仰拱施作时间。

隧道监控量测项目见表 2-2。

表 2-2　隧道监控量测项目

| 监测内容 | 方法及工具 | 布置 |
| --- | --- | --- |
| 地质和支护状况观察 | 地质罗盘 | 按Ⅳ级 /20m、Ⅲ级 /30m 的距离设置断面 |

续表

| 监测内容 | 方法及工具 | 布置 |
|---|---|---|
| 地表沉降量测 | 全站仪 | 在洞口地段的地表测试范围内每 10m 进行埋设 |
| 净空收敛量测 | 全站仪 / 收敛仪 | 按照围岩级别 5m、10m、30m 一个断面 |
| 拱顶下沉量测 | 全站仪 | 按照围岩级别 5m、10m、30m 一个断面 |

（1）地质和支护状况观察

对开挖后没有支护围岩的岩质的种类和分布状态，近界面位置的状态，岩性特征（岩石的颜色、成分、结构、构造），地层时代归属及产状等进行地质素描，并采用照相或摄像的方式留下影像资料。

（2）周边位移监测

隧道周边收敛量测是量测隧道内壁两点连接方向的相对位移。周边位移是隧道围岩应力状态变化的最直观反映，量测周边位移可为判断隧道空间的稳定性提供可靠的信息。根据变位速度判断隧道围岩的稳定程度，为二次衬砌提供合理的支护时机；按隧道围岩级别设置监控测断面，III 级围岩 30m 一个断面，IV 级围岩 10m 一个断面，V 级围岩 5m 一个断面，每个断面分别在侧墙设置测点，利用全站仪，通过三维坐标法测读和计算隧道周边某两点相应位置的变化。

用台阶法施工时，在周边位移监测测点的每个断面布置两条侧线，左右侧拱墙距路面 1.5m 处各布置一个测点，起拱线上 1.5m 处各布置一个测点（见图 2-30）。

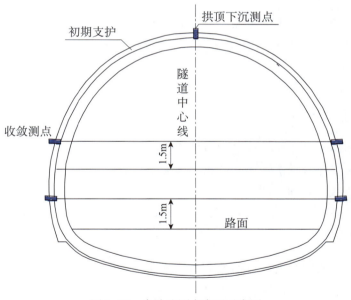

图 2-30　台阶法测点布置示意图

（3）拱顶下沉监测

拱顶下沉及仰拱隆起量测是指对隧道拱顶的实际位移值进行量测，通过拱顶及仰拱位移量测，了解支护结构的可靠性，判断隧道拱顶围岩的稳定性。

按隧道围岩级别设置监控测断面，III 级围岩 30m 一个断面，IV 级围岩 10m 一个断面，

Ⅴ级围岩 5m 一个断面，在拱顶布设固定测点，使用全站仪免棱镜法进行观测，首先测读后视水准点高程读数，然后测读拱顶下沉点高程读数，最后计算拱顶下沉点标高，并与上次测读标高进行对比，计算本次下沉量。

（4）隧道地表下沉监测

在隧道浅埋地段的地表测试范围内，每 10m 埋设沉降观测点，用精密水准仪监测观测点的绝对下沉，并计算出当天的沉降量。通过地表下沉监测，了解地面的变化状态，判断隧道拱顶的稳定性。

在施工过程中可能产生的地表塌陷之处设置观测点，并在预计下沉断面以外 4 倍洞径处设水准基点，作为各观测点高程测量的基准，从而计算出各观测点的下沉量。隧道洞口段地表沉降监测点布置见图 2-31。

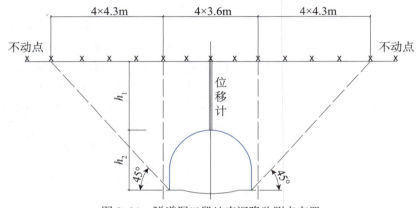

图 2-31　隧道洞口段地表沉降监测点布置

## 2.4.5　衬砌施工

隧道二次衬砌施工时间根据现场监控量测结果确定，沉降基本稳定后方可进行二次衬砌施工。二次衬砌施工应紧随掌子面开挖和仰拱施作，考虑变形收敛时间及后续监测时间持续约 1 个月，结合各级围岩每月进尺，Ⅲ级围岩二次衬砌距掌子面距离不宜超过 200m，Ⅳ级及以上围岩二次衬砌距掌子面距离不宜超过 150m。二次衬砌施工流程见图 2-32。

1. 二衬台车

二次衬砌施工应采用全液压自动行走的整体衬砌台车，台车的结构、尺寸应稳定，各种伸缩构件、液压系统、电气控制系统运行良好，有闭锁装置，确保定位准确。台车拼装完成后，必须在轨道上行走 3～5 次，再次紧固螺栓，并对连接部位加强焊接以提高整体性。

为保证隧道二衬整体质量，二衬台车下挂设可收放的矮边墙钢模板，将矮边墙与二衬同时浇筑。

施工过程中若出现二衬错台，应暂停二衬施工，查找原因。每施工 500～600m，台车应全面校验一次。

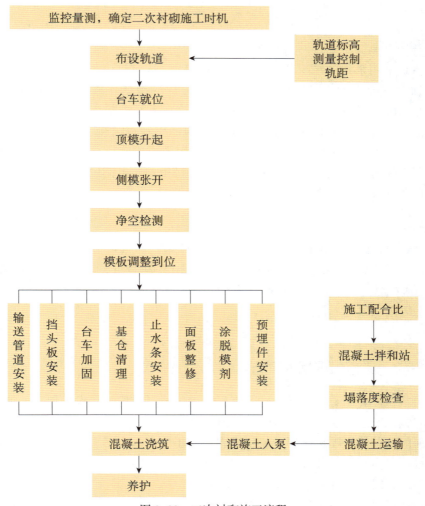

图 2-32　二次衬砌施工流程

### 2. 二衬钢筋

二衬设置有钢筋，应集中加工、统一配送。安装钢筋时，横向钢筋与纵向钢筋的每个节点必须进行绑扎；受力主筋的搭接方式应采用焊接方式，焊接长度及焊缝应满足规范要求；相邻主筋搭接位置错开，错开距离不小于 1m。

### 3. 台车就位

台车模板就位前，应仔细检查防水板、排水盲管、衬砌钢筋、预埋件等隐蔽项目是否定位准确，是否有淤堵或者挤压变形的情况，对于纵横向盲管连接的三通位置应重点检查连接性和密封性，并做好记录。

台车就位后应仔细检查中线、高程、断面尺寸等并做好记录。隧道曲线部位应考虑内外弧长差引起的左右侧搭接长度的变化，使弧线圆顺，减少接缝错台。

定位后检查台车各节点连接是否牢固，有无错位移动情况，模板是否翘曲或扭动，位置是否准确，保证衬砌净空。为避免浇筑边墙混凝土时台车上浮，须在台车顶部架设木支撑或千斤顶，同时检查工作窗状况是否良好。

**4. 混凝土施工**

混凝土浇筑采用泵送浇筑工艺，配合机械振捣密实。混凝土由下至上分层、左右交替、分两次向拱顶对称灌注。每层灌注高度、次序、方向应根据拌和能力、运输距离、灌注速度、洞内气温和振捣等因素确定。两侧混凝土灌注面高差宜控制在 50cm 以内。

混凝土输送管道端部应设置软管，管口到浇筑面垂距控制在 1.2m 以内，避免因高差过大而造成混凝土离析。混凝土浇筑应连续，避免停歇造成冷缝。

拱部混凝土浇筑时，应在拱顶预留注浆孔，每模板台车范围内的预留孔不少于 4 个。拱顶注浆填充宜在混凝土强度达到 100% 后进行。

**5. 缺陷处理**

拆模后，若出现缺陷，不得擅自修补，经监理工程师批准后方可处理。

1）气泡：按衬砌表面颜色对比实验确定的水泥比例掺拌后，进行局部填补抹平。

2）环接缝处理：对不整齐处进行局部修凿或砂轮机打磨后，用高标号水泥砂浆修饰、抹平，使施工缝圆顺整齐。

## 2.4.6 水平岩层隧道内坍塌处理方案

水平岩层在自然界中分布广泛，在水平岩层中进行隧道施工易发生塌顶、掉块等诸多工程问题，影响施工安全，而断层、破碎带和地下水的存在进一步削弱了围岩的稳定性。

会东至河门口公路老嘎木—下腰崖隧道岩层属于典型的水平岩层，同时隧道顶部与地方可河电站引水洞纵向平行、地表长流水的河流横向交叉，因此施工阶段出现了几次较为典型的因岩层水平、夹层交互及富水等问题引起的坍塌。

松散堆积体浅层隧道较难形成拱顶效应，隧道再受偏压作用，结构容易破坏，出现冒顶甚至大范围塌方。

以下以左岸老嘎木—下腰崖隧道三次坍塌、右岸锅圈岩隧道冒顶坍塌作为典型案例，对地质情况、处理方案等进行介绍。

**1. 老嘎木隧道 K31+670 ～ K31+710 段坍塌**

（1）基本情况

2013 年 11 月 28 日 11：40，老嘎木隧道进口端一辆挖掘机进洞出渣时，行驶至 K31+670 时，隧道右侧突然发生大面积塌方（见图 2-33），历时约 1min，其后有小部分块石掉落，14：30 初步稳定，经现场监理工程师和施工单位查看，塌方里程为 K31+670 ～ K31+710，塌方体经测量为 490m³。

塌方高度：从隧道找平层底部到拱顶（中线右侧 1～3m 处），最大塌方高度 8.4m。

塌方深度：原设计施工轮廓线往外侧塌方后形成空腔，深度为 4～8m，最大深度 8.25m。

围岩情况：中至厚层砂岩，产状平缓，水平及顺洞向裂隙发育，塌方后顶部形成水平光滑面，有多层 20～30cm 泥岩夹层。

塌方段按设计图纸Ⅲ级围岩进行支护施工，初期支护参数：喷混凝土厚 12cm、顶拱部 120° 范围内 $\phi6.5$ 钢筋网（间距 25cm×25cm）、全断面系统锚杆 $\phi22$（$L=3.0$m@1.2m×1.2m），本段施工时间为 2013 年 7 月 3 日至 7 月 12 日。

图 2-33　老嘎木隧道 K31+670 ~ K31+710 段坍塌

（2）地质预报情况及坍塌原因

K31+670 ~ K31+710 段围岩为中至厚层砂岩夹少量薄层泥岩，岩层产状平缓，岩体卸荷风化较弱，多新鲜完整，呈厚层状至块状结构，局部受裂隙及层面切割影响，施工可能引起围岩掉块、塌顶等稳定问题。

K31+685 ~ K31+735 段超前地质预报结论：拱顶部位节理裂隙发育，节理间距较小，延伸较长，节理面平直光滑，围岩较破碎；下部围岩较完整，应注意掉块和塌顶，须采取措施防止左右拱塌方超挖。

根据掌子面实际开挖情况，结合山体裸露岩层情况，综合判定为Ⅲ级围岩，且该段前后段落内掌子面并未发现明显的卸荷裂隙。该塌方段按Ⅲ级支护后变形观测稳定，未发生异常。塌方后经现场查勘可确定塌方段围岩为中至厚层砂岩，产状平缓，水平及顺洞向裂隙发育，顶部可见水平光滑面，有多层 20~30cm 泥岩夹层，由顺右壁隐藏内裂隙及层面夹层切割块体产生塌方。

从山体岩层走向、超前地质预报及开挖掌子面情况无法判定该段隐藏有如此规模的内裂隙，且塌方段高度 8.4m、深度 4~8m，最深达 8.25m，原支护形式无法穿透该块体进行加固，故本次塌方为地质缺陷引起的。

（3）处理方案

对塌方段进行半边钢拱架支护，并喷射混凝土，初期支护完成后立即进行二衬混凝土施工，同时预留注浆管，对塌方形成的空腔浇筑混凝土。

（4）施工顺序

老嘎木隧道塌方处理施工流程见图 2-34。

1）清除塌方体。在塌方段围岩基本稳定后，进行塌方体的清除工作，由于塌方体的单块体积较大，需将大块塌方体爆破改小，以方便后续机械施工。爆破必须采用弱爆破，防止爆破震动引起塌方段的二次事故。

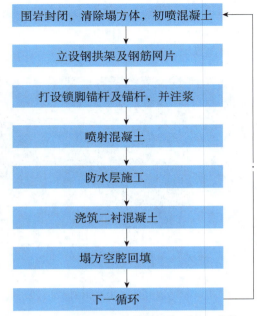

图 2-34　老嘎木隧道塌方处理施工流程

2）初喷混凝土。为防止塌方段围岩裂隙进一步扩展，以及拱、墙部小块松散体掉落造成人员或机械设备损伤，支护前对山体围岩进行一次初喷，初喷材料为 C20 喷射混凝土，可在局部围岩较破碎的地方挂设 $\phi$6.5mm 钢筋网片，网格间距 20cm×20cm，初喷厚度 10cm。初喷混凝土应在塌方体清除完毕后进行，保证下一工序的施工安全。

3）立设钢拱架及钢筋网片。钢拱架采用半边支护法，仅在塌方部位进行钢拱架支护，未塌方段不做处理，钢拱架采用Ⅰ18 工字钢，拱架间距 1.0m。为防止后期浇筑二衬混凝土时，浇筑压力对初期支护造成破坏，钢拱架与围岩之间加设Ⅰ18 工字钢支撑，间距 1.5m（环向）×2m（纵向），呈梅花形布置，支撑角度垂直于围岩，塌方部位钢拱架布设方式见图 2-35（黑色填充部位为钢拱架）。

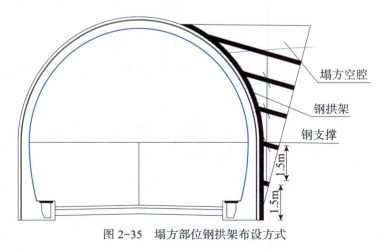

图 2-35　塌方部位钢拱架布设方式

钢筋网片。为增加初期支护的稳定性，保证在后期浇筑二衬混凝土过程中不会对喷射混凝土造成破坏，塌方段钢筋网片采用双层 $\phi$6.5mm 钢筋网片，分别固定于拱架的前后方，钢筋网片网格尺寸 20cm×20cm，网片搭接长度不小于 20cm，网片应焊接于拱架及连接筋上。

工字钢支撑与工字钢之间采用焊接的方式连接，工字钢支撑与围岩之间的连接可采用钢筋固定或在围岩上凿洞固定。钢支撑之间使用 $\phi$22 钢筋进行连接，连接筋间距 1m。

4）打设锁脚锚杆及锚杆。锁脚锚杆采用 $\phi$22 钢筋，在距地面 20cm 处打设，每榀钢拱架打设 2 根，锁脚锚杆长度 4m 且有效锚固长度不小于 3.5m。

锚杆采用 $\phi$22 钢筋，为保证钢拱架的稳定性，锚杆全部与钢拱架进行连接，锚杆的有效锚固长度不小于 3m，锚杆间距 0.75m×1.5m，锚杆与钢拱架连接布置见图 2-36。

锁脚锚杆及系统锚杆注浆材料采用水泥砂浆，砂浆配合比（质量比）为水泥：砂：水=1：（1～1.5）：（0.45～0.5）。注浆管插入至距孔底 5～10cm 处，并随水泥砂浆的注入缓慢均匀地拔出，注浆压力不宜大于 0.4MPa。注浆完成后，应及时插入锚杆。锚杆插入至设计深度时，空口应有砂浆流出，若无砂浆流出，应将锚杆体拔出重新注浆。

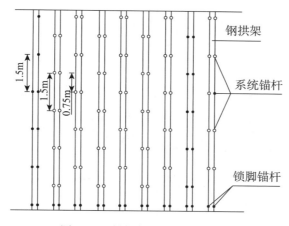

图 2-36　锚杆与钢拱架连接布置

5）喷射混凝土。采用强度为 C20 的喷射混凝土，喷射厚度 24cm，喷射顺序为由下而上进行。可在喷射混凝土中预留 $\phi$200mm 注浆孔，为后期填充坍塌空腔做准备。

6）防水层施工。塌方段全环挂设防水板，防水板搭接长度 15cm，并在二衬混凝土中埋设中埋式橡胶止水带，预留注浆孔部分应对防水板进行补焊，防止二衬渗水。

7）浇筑二衬混凝土。考虑塌方段围岩不太稳定，为增加隧道衬砌受力，在原设计基础上，增加二衬钢筋，二衬钢筋的主要参数是：环向主筋采用 $\phi$22 钢筋，主筋间距 20cm；纵向主筋采用 $\phi$12 钢筋，钢筋间距 20cm；架立筋采用 $\phi$8 钢筋，钢筋间距 40cm×40cm，梅花形布置；二衬钢筋采用双排钢筋，钢筋排距 25cm，钢筋保护层厚度 5cm，二衬钢筋布置见图 2-37。

如提前浇筑二衬矮边墙，需在矮边墙中预埋二衬钢筋，预埋钢筋深入矮边墙底部，外露长度不小于 60cm。

塌方段二衬混凝土浇筑需严格控制混凝土浇筑速度，防止因浇筑速度过快，对初支混凝土造成损坏，预留注浆孔与初支部分连接，方便后期空腔回填，预留注浆孔位置见图 2-38。

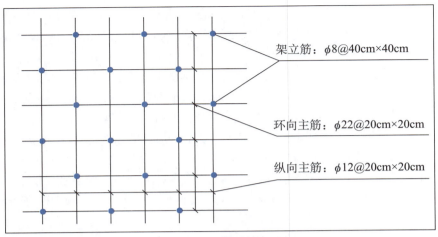

图 2-37　二衬钢筋布置图

架立筋：$\phi 8@40cm \times 40cm$

环向主筋：$\phi 22@20cm \times 20cm$

纵向主筋：$\phi 12@20cm \times 20cm$

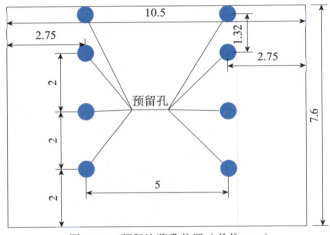

图 2-38　预留注浆孔位置（单位：m）

图 2-38 中黑色填充部分为注浆孔位置，孔径与初支中埋设的预留孔一致，均为 20cm，为防止二衬混凝土浇筑过程中混凝土灌入预留孔，需在预埋管外侧使用水泥袋等进行封堵，拆除模板后再找出预埋管。二衬混凝土浇筑完成后，混凝土强度达到要求之前不得拆除模板，原则上需在混凝土浇筑完成 24h 后拆除二衬模板。

8）塌方空腔回填。二衬混凝土浇筑完成 7 天后，进行空腔回填施工，回填料采用 C20 泵送混凝土，空腔分 4 次浇筑完成，每次浇筑高度至预留管位置，间隔 24h 浇筑下一层。混凝土浇筑过程中需密切关注二衬混凝土有无变化，如果出现异常情况，应立即停止施工，查找原因后拟定处理措施。

（5）施工注意事项

初喷混凝土应将塌方段外露围岩全部封闭。

钢拱架施工必须严格控制拱架间距及内侧轮廓线，防止侵入二衬，连接筋与拱架连接需牢固。

锚杆及锁脚锚杆施工必须保证有效锚固长度，注浆需密实，尾部与拱架连接牢固。

二衬混凝土施工严格控制混凝土浇筑速度和二衬拆模时间。防水板焊接需密实，不得出现漏焊或焊接不牢的现象，二衬台车定位前检查防水板有无破损。

空腔回填施工应严格控制混凝土浇筑的速度和高度。

（6）安全注意事项

施工前做好安全技术交底工作。

处理塌方段的过程中需注意观察上方及前后未塌方段的围岩变化情况，如有异常，应及时撤离现场并采取措施。

钢拱架施工工程中需采取一定的安全措施，防止因拱架下方不稳引起拱架倾斜、掉落。

二衬混凝土浇筑过程中注意观察初期支护情况，如果发现初支变形，应立即停止混凝土浇筑，对初期支护进行加强处理。

空腔回填混凝土浇筑过程中注意观察二衬混凝土情况，如果有异常情况，应立即停止浇筑。

2. 下腰崖隧道 K36+660 ～ K36+385 段坍塌

（1）基本情况

下腰崖隧道 K36+650～K36+690 段为Ⅳ级围岩，开挖支护作业于 2013 年 11 月 6 日开始，11 月 30 日全部完成。该里程段施工过程中，围岩为泥质砂岩和泥灰岩，地下水渗流明显。初期支护完成后，该段初期支护表面仍有渗水现象，但隧道监控量测数据显示初期支护变形已稳定，并停止监测。

K36+660～K36+685 段初期支护按Ⅳ级标准进行支护，支护参数为喷混凝土厚 20cm、全断面 $\phi6.5$ 钢筋网（间距 25cm×25cm）、格栅钢架（12cm×12cm）纵向间距 0.75m、锁脚锚杆 $\phi22$（$L$=3m，两侧各 2 根）、全断面系统锚杆 $\phi22$（$L$=3.0m@1.0m×1.0m），其围岩主要为紫红色中至厚层泥岩、泥质粉砂岩和泥灰岩，岩石软弱。

2014 年 4 月 23 日，K36+660～K36+685 段发生坍塌变形，洞身右侧初期支护后围岩局部坍塌（见图 2-39），大量土质和破碎岩体将初期支护整体推出。坍塌范围为左侧拱腰以上约 2.5m 位置至右侧下台阶拱脚。塌方后开挖轮廓线形成空腔，深度为 1.0～3.0m。另外，K36+650～K36+660 段初期支护表面出现横向裂缝，最大裂缝宽度为 2～3cm，裂缝位于右侧拱腰位置，局部初期支护出现崩落现象。

图 2-39　下腰崖隧道坍塌

（2）地质预报情况及坍塌原因

初期支护后该段曾出现较明显渗水，但坍塌前变形观测已经稳定。随后开始仰拱开挖，右侧初期支护无征兆地被整体推出，经现场查勘确认：该段围岩为近水平状泥岩、泥质粉砂岩等软岩，围岩为Ⅳ-2级，且地下水发育、渗水较严重，受地下水软化岩体影响，加之仰拱开挖引起围岩应力调整，局部围岩压力增加导致初期支护支撑力不足，出现坍塌破坏。

（3）处理方案

对坍塌段进行清理后，对坍塌体两侧初期支护净空进行检测。如初期支护变形已超限，对该段初期支护与坍塌段一同进行换拱处理；如变形未超限，则需进行加固处理。加固处理措施采用HRB335$\phi$25锚杆$L$=6m@1.5m×1.5m梅花状布置，加固范围为右侧拱腰以上2排锚杆范围以及拱腰以下至拱脚范围。

对已坍塌段进行换拱作业，换拱范围为左侧拱腰上方连接板位置至右侧拱脚，采用I18工字钢替换原设计的格栅钢架。换拱段采用HRB335$\phi$25锚杆$L$=6m@1.5m×1.5m梅花状布置进行加固处理，加固范围同上。换拱作业时在初期支护上预留$\phi$125mm泵送孔，对初期支护背后空腔进行泵送混凝土回填作业。

（4）施工顺序

换拱作业一次施工长度不超过3榀（即2.25m），锚杆加固应随换拱作业同时进行。换拱作业完成3～5m时，继续对初期支护背后空腔进行泵送混凝土回填作业。

下腰崖隧道坍塌处理流程如图2-40所示。

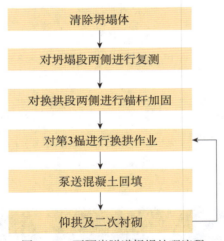

图2-40　下腰崖隧道坍塌处理流程

1）清除坍塌体。待围岩坍塌基本稳定后，方可进行坍塌体的清除工作。清除坍塌体过程中，设专人对坍塌体上方围岩进行观察，如果有异常情况，应立刻组织人员撤离。

2）对坍塌体两侧进行复测。对坍塌体两侧初期支护进行复测，确定初期支护变形情况以及需要进行换拱作业的范围。经现场复测，K36+650～K36+660、K36+685～K36+690段初期支护未侵入二衬界限。

3）对换拱段两侧进行锚杆加固。为防止相邻部位初期支护发生坍塌，对坍塌段两侧进行锚杆加固作业，加固范围为K36+650～K36+660段和K36+685～K36+690段。

加固处理措施采用HRB335$\phi$25锚杆（$L$=6m@1.5m×1.5m梅花状布置），加固范围为拱腰以上2排锚杆范围内以及拱腰以下至拱脚范围内。锚杆尾端与格栅钢架焊接牢固。加固处理完成后及时施工该段仰拱和二次衬砌。

4）对第 3 榀进行换拱作业。换拱作业区段为 K36+660～K36+685 段，拆除已破坏的初期支护，采用新的初期支护措施。初期支护拆除范围为自左侧拱腰上方连接板至右侧拱脚范围内已变形的初期支护，拆除后采用 I18 工字钢架进行支护，钢架间距 75cm，工字钢架端部连接板（30mm×18mm×1.2mmA3 钢板）与原格栅钢架连接角钢采用螺栓连接牢固。系统锚杆采用 $\phi$25 砂浆锚杆 $L$=6m 间距 1.0m×1.0m 梅花状布置。其余支护参数同原设计 IV 级围岩支护参数（C20 喷射混凝土厚度 24cm，$L$=4m $\phi$22 锁脚锚杆 4 根，$\phi$6.5 钢筋网片间距 25cm×25cm，超前支护采用 $\phi$22 超前锚杆拱部 120° 范围内布设间距 30cm）（见图 2-41）。

初期支护拆除时采用炮机，拆除过程中设专人指挥，这样可以起到安全防护的作用。一次拆除长度不得超过 3 榀（即 2.25m），初期支护拆除后应立即施工新的初期支护，避免围岩长时间暴露。

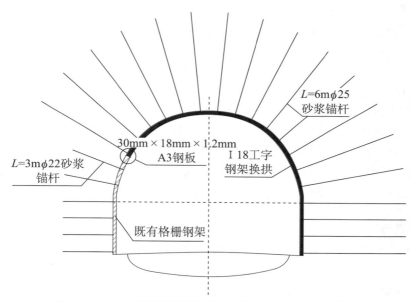

图 2-41　I18 工字钢架换拱支护（黑色填充部位为钢拱架）

5）泵送混凝土回填。初期支护施工时，在表面预留 $\phi$125mm 泵送管口。初期支护完成后，对坍塌空腔采用 C25 泵送混凝土回填。初期支护后泵送混凝土应分多次进行，一次泵送高度不宜超过 1.5m，以减小泵送混凝土对初期支护本身造成的额外压力。泵送的间隔以混凝土终凝时间为准。

6）仰拱及二次衬砌。换拱施工完成以后，应及时施工仰拱、仰拱填充和二次衬砌。

仰拱一次性开挖长度不宜过长，应控制在 3m 以内。仰拱开挖完成后应于 14h 内完成仰拱混凝土浇筑作业，避免初期支护拱脚长时间外露悬空。仰拱填充不得与仰拱浇筑同时进行。仰拱及仰拱填充施工完成后，及时施工该段的二次衬砌。

K36+650～K36+690 段防排水施工时，$\phi$50 环向排水盲管纵向间距调整为 5m，以保证该地段二衬背后排水通畅。

（5）施工注意事项

I18 工字钢架采用连接板与既有格栅钢架相连接，连接板采用 1.2cm×30cm×18cm 的 A3 钢板，用 M22 螺栓连接，要求连接板对贴紧密。如拆除时格栅钢架连接板变形损坏而不能用螺栓连接时，应将格栅钢架角钢与I18钢架连接板焊接牢固。

锚杆及锁脚锚管施工必须保证有效锚固长度，采用M20水泥砂浆注浆密实。锚杆尽量紧贴I18钢架进行施工，尾部与拱架焊接牢固。

钢筋网片搭接长度不得小于一个网格长度，$\phi$6.5钢筋网片各钢筋交点均需点焊，钢筋网片设置于I18钢架的外侧内边缘，与钢架连接牢固。

防水板接缝需焊接密实，不得出现漏焊或焊接不牢的现象，二衬台车定位前检查防水板有无破损。二衬混凝土施工严格控制混凝土浇筑速度和二衬拆模时间，混凝土拆模后应进行不少于7天的洒水养护。

（6）安全注意事项

初期支护进行换拱作业时，已变形或已破坏的初期支护拆除后，应立即进行新的初期支护措施，封闭围岩，防止围岩长时间暴露。

换拱作业完成后，对坍塌地段初期支护重新布设监控量测断面，对其变形和位移情况进行监测，以保证施工安全。

换拱作业完成后，如初期支护表面仍有渗水现象，应于初支表面钻设渗水孔，孔口埋管将渗水集中引排至量测水沟电缆槽内，防止地下水渗流削弱围岩和支护体系的稳定性。

换拱地段仰拱施工应及时跟进，但循环开挖长度不大于3m，仰拱开挖完成后14h内应完成仰拱混凝土浇筑作业，将初期支护体系封闭成环，避免产生较大变形。

初期支护背后空腔回填采用C25混凝土，空腔回填混凝土浇筑过程中注意观察初期支护情况，如有异常应立即停止浇筑。施工过程中严格控制混凝土浇筑速度和单次浇筑高度。

3. 下腰崖隧道K35+370～K35+440段坍塌

（1）基本情况

2014年6月10日22：00，下腰崖隧道K35+370～K35+440段已完成开挖，但初期支护洞段突然发生坍塌，塌空深度为5～6m，塌方长度约70m，塌方量约1300 m³。下腰崖隧道K35+370～K35+440段塌方典型破坏模式见图2-42，下腰崖隧道K35+370右壁塌方见图2-43。

受塌方影响，塌方段两侧尚未二衬施工部位均出现了明显的初期支护开裂情况，尤其是K35+255～K35+370段的拱顶、边墙等部位出现了多处纵横向裂缝，并在裂缝处有少量渗水出现。

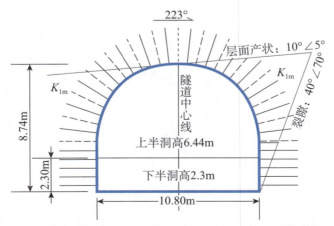

图2-42　下腰崖隧道K35+370～K35+440段塌方典型破坏模式图

图 2-43　下腰崖隧道 K35+370 右壁塌方

（2）地质预报情况及坍塌原因

下腰崖隧道穿越地层为马头山组厚层砂岩形成的陡崖及管沟组泥岩形成的斜坡，地表呈陡缓相间，老嘎木隧道出口和下腰崖隧道进口位于上腰岩滑坡后缘的壁面上，洞口高程 1339m，洞口以上地形坡度 75°～80°，洞口以下自然坡度 24°～31°。

下腰崖隧道出口位于喇叭沟上游，地表坡度为 32°～38°。下腰崖隧道测区范围总体呈单斜构造，岩层产状：走向 310°～345°，倾向 NE，倾角 4°～10°，通过地表调查未发现有断层及长大结构面发育，岩体中主要见一组劈理发育，走向 300°～320°，倾向 SW，倾角 55°～65°，长度 2～4m，少量 5～7m，面微呈弧形，无填充，线密度 8～20cm/ 条。

该段隧道埋深为 108～320m，围岩为中厚层砂岩夹薄层泥岩，岩层产状平缓，多新鲜完整，呈厚层状 – 块状结构，局部受裂隙及层面切割影响，施工中可能引起围岩掉块、塌顶等稳定问题。

下腰崖隧道 K35+370～K35+440 段洞室围岩为马头山组（$K_{1m}$）巨厚层砂岩，砂岩单层厚为 1～2m，岩层近水平发育，微倾左壁，岩层产状：倾向 10°，倾角 5°，岩石的抗压强度 50～70MPa，属于硬岩，已开挖洞段裂隙不太发育，洞顶及洞壁较完整，围岩类别为Ⅲ类。

塌方位于 K35+370～K35+440 右顶拱，洞顶沿层面及右壁顺洞向隐藏陡倾角裂隙产生塌方，右顶拱塌落深度为 1～5m。右壁隐藏裂隙产状 40°∠70°，裂隙面闭合、粗糙、面附泥钙质膜，结构面 $f$=0.5～0.6，$c$=0.06～0.08MPa。隧道右壁暗藏陡倾角裂隙与岩层面组合成块体，隧道上半洞（开挖高度 6.44m）开挖岩体完整，未见陡倾角顺洞向长大结构面。但隧道右壁内暗藏有倾向洞内的陡倾角结构面，在下半洞（开挖高度 2.3m）开挖至 K35+370 处，将结构面切脚，层面与结构面组合成三角块体，由于支护不及时或不到位，在重力和爆破影响下，三角体发生坍塌。

（3）坍塌前的施工情况

1）开挖支护情况。本段Ⅲ级围岩洞身施工方案为台阶法，施工工序为：①上台阶开挖；②施作拱部初期支护；③下台阶开挖；④施作边墙初期支护。

该隧道由 K35+440 向 K35+370 单向掘进，其中上台阶开挖高度约 6.5m，每循环进尺 3.0m，现场平均按 2 天 3 个循环的速度施工，上台阶每循环开挖出渣完成后，要求施工单位严格按照"一炮一支护"的原则，及时对上台阶进行锚杆施工及挂网喷混凝土施工等初期支护工作。下腰崖隧道坍塌段施工时间见表 2-3。

表 2-3　下腰崖隧道坍塌段施工时间表

| 桩号 | 名称 | 施工开始时间 | 施工结束时间 |
| --- | --- | --- | --- |
| K35+370～K35+440 | 上台阶开挖 6.5m | 2014.02.26 | 2014.03.14 |
| K35+370～K35+440 | 上台阶初期支护 | 2014.02.26 | 2014.03.14 |
| K35+370～K35+440 | 下台阶开挖 2.3m | 2014.06.04 | 2014.06.10 |
| K35+370～K35+440 | 下台阶初期支护 | 2014.06.04 | 2014.06.10 |

2）前期监控量测。监控量测断面依据图纸要求，按照间距 30m 进行布置。III 级围岩地段监测断面上台阶测点数量为 3 个点，点位位于拱顶和两侧拱腰（起拱线）以上约 1.5m 位置。下台阶的点位位于路面以上 1.5m 位置。两侧的点位位置尽量位于同一里程和同一高程。

K35+370～K35+440 段监控量测断面包括 K34+370、K34+400 和 K34+430 共计 3 个，监测开始时间为 2014 年 2 月 28 日至 2014 年 6 月 10 日。对各断面累计变形量进行分析，K35+430、K35+400、K35+370 断面累计变形量为 9.33mm、8.00mm、7.00mm，根据上述断面监控量测数据分析显示，上台阶施工完成后，各断面拱顶沉降和净空收敛均逐渐趋于稳定。下台阶开始施工后，各断面变形速率并无明显异常，累计变形量并未超限。对监控量测断面数据分析后发现无明显坍塌征兆。

（4）坍塌区域的处理顺序

K35+370～K35+440 段的坍塌处理是控制施工进度的关键，该段塌方临空面深、跨度大，如何快速、安全地完成塌方段清理和加强支护等施工，同时又不影响整个隧道的工期，是一项重难点工作。

钻爆是施工中的又一个重点。围岩裂隙变形张开，施工中钻爆的超欠挖需要进行有效控制。要保证施工结构尺寸和施工安全，尤其是剩余尚未开挖支护的下台阶段的爆破施工对塌方段及相邻段裂缝处的安全稳定如何保证是另一个关键问题。下腰崖隧道 1 号、2 号支洞间坍塌时的洞内围岩情况和施工作业情况见图 2-44。

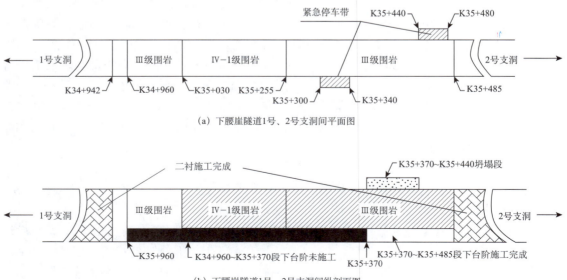

(a) 下腰崖隧道1号、2号支洞间平面图

(b) 下腰崖隧道1号、2号支洞间纵剖面图

图 2-44　洞内围岩情况和施工作业情况

针对上述重难点及关键问题，施工安全的主要施工顺序为：

1）1号支洞方向的施工。未影响段 K34+960～K34+030 下台阶先行开挖、支护→二次衬砌→影响段上台阶锚杆二次加强、工字钢安装→下台阶开挖、支护→二次衬砌，按这样的顺序依次施工，形成流水作业。

2）2号支洞方向的施工。测量影响区断面→影响段锚杆加固→二次衬砌钢筋混凝土→塌方段钢拱架、锚杆支护→分层回填空腔 C20 混凝土→钢筋混凝土二次衬砌，按这样的顺序依次施工，形成流水作业。

塌方段与两侧相邻段的施工作业，尤其是交错施工爆破作业面，应加设加密观测点、加大观测频次，以避免爆破震动引起隧道的次生塌方。

（5）坍塌段及影响段处理方案

1）相邻洞段。

① K35+030～K35+255 段 IV-1 级上台阶初支已完成，拱顶及拱腰部位局部喷混凝土出现裂缝、掉块现象，根据现场实际情况在该段采用随机锚杆（$\phi22$、$L=6.0\mathrm{m}$）形式加强支护。锚杆采用 $\phi22$ 钢筋，$L=6.0\mathrm{m}$。

② K35+255～K35+300 段设计为 III 级围岩，已开挖的拱顶及边墙增设 $\phi22$ 锚杆，$L=4.5\mathrm{m}$，间距 2.4m，锚杆与原系统锚杆间隔布置。钢拱架采用 I 18 工字钢（根据施工测量情况开槽布置，后喷射混凝土填充），间距 75cm，局部超挖较大部分立副拱紧贴岩面处理。

③ K35+300～K35+340 段设计为 III 级停车带围岩，对 K35+300～K35+310 右侧及 K35+300～K35+340 段左半洞拱顶及直墙部位增设 $\phi25$ 锚杆，$L=6\mathrm{m}$，间距 2m，锚杆与原系统锚杆间隔布置。钢拱架采用 I 18 工字钢（根据施工测量情况开槽布置，后喷射混凝土填充），间距 75cm，局部超挖较大部分立副拱紧贴岩面处理。

④ K35+340～K35+370 段设计为 III 级围岩，对已开挖的拱顶及边墙增设 $\phi25$ 锚杆，$L=6\mathrm{m}$，间距 2.4m，锚杆与原系统锚杆间隔布置。钢拱架采用 I 18 工字钢（根据施工测量情况开槽布置，后喷射混凝土填充），间距 75cm，局部超挖较大部分立副拱紧贴岩面处理。

⑤对 K35+440～K35+480 段 III 级围岩拱顶及边墙增设 $\phi22$ 锚杆，$L=4.5\mathrm{m}$，间距 2m，锚杆与原系统锚杆间隔布置。二次衬砌布置单层钢筋，绑扎靠近模板侧，间距参考IV级停车带二次衬砌内侧钢筋参数布置，同时取消防水板，加密排水管。

⑥对 K35+480～K35+485 段 III 级围岩拱顶及边墙增设 $\phi22$ 锚杆，$L=4.5\mathrm{m}$，间距 2.4m，锚杆与原系统锚杆间隔布置。

所有拱顶锚杆入岩角度可与岩面保持 70°～90° 交角。

2）坍塌段。在 K35+370～K35+440 段坍塌洞壁布置 $\phi25$ 砂浆锚杆，$L=6.0\mathrm{m}$，间排距为 1m×1m，锚杆露头 0.5m 和 1m，拱顶坍塌段锚杆竖向布置，侧滑面锚杆垂直于滑面，塌方洞壁均喷 10cm 厚 C20 混凝土，钢拱架采用 I 18 工字钢，间距 75cm，同时塌方空腔部分立副拱紧贴岩面处理，间距 75cm，与正洞工字钢对应布置。塌方空腔部分采用 C20 混凝土分层回填。对塌方段左侧部位，已开挖的拱顶和边墙增设 $\phi25$ 锚杆，$L=4.5\mathrm{m}$，间距 2.4m，锚杆与原系统锚杆间隔布置。此段二次衬砌钢筋布置参考IV级浅埋断面施工。

（6）相邻段施工方法

1）洞身开挖。隧道洞身开挖每次进尺应控制在 1～2m，每循环开挖进尺最大不宜超过 3m，停车带上台阶开挖时不宜超过 2m。

下台阶施工时，1号支洞方向根据围岩及初支情况采用左右同时掘进（III级）或左右错口施工，错口施工长度以每次20m为宜。

开挖过程中，加强对隧道周边围岩的观察，对围岩的岩质和分布，节理裂隙发育程度和方向，接触面填充物的性质、状态，隧道顶部、侧部的稳定状态等与前后施工围岩情况进行对比；对于开挖后已支护的地段，若出现锚杆被拉断，喷混凝土层产生裂隙、剥离和剪切破坏，钢架被压屈等现象，应停止开挖工作，及时采取辅助施工措施加固围岩。

2）初期支护。隧道开挖修整后，先测量定位，然后根据设计图纸要求，拼装I18工字钢架→锁脚锚杆→钢筋网→锚杆→喷混凝土进行支护，最后布设监控量测点。

工字钢安装过程中，锁脚锚杆采用$\phi25$、$L=6.0$m，每榀8根，在钢架左右侧上下错开布置，错开间距不大于20cm，与钢架焊接牢固。

锚杆先施工拱腰部位，待喷混凝土完成后再施工拱顶部位。对于向下的锚杆，应将注浆管插入孔底，随后边注浆边向外拔注浆管，直到注满为止。对于向上的锚杆，采用排气法注浆。

喷锚采用喷锚机喷混凝土，将已拌好的料送至喷嘴处，在高压风助推下喷出。喷头与受喷面的距离以1.5～2.0m为宜，保持垂直，自下而上施作，一次喷射厚度不宜过大。

坍塌处理的施工工艺流程见图2-45。

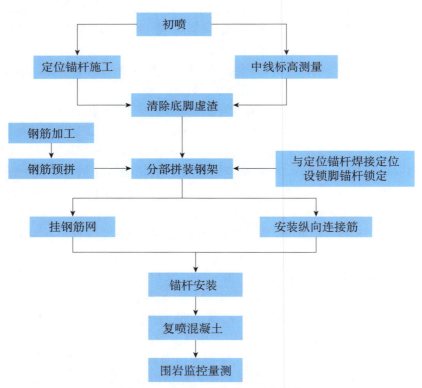

图2-45　坍塌处理的施工工艺流程

3）衬砌施工。衬砌混凝土紧跟开挖掘进，在保证掘进工作面的情况下，尽量缩短与开挖面的距离，将衬砌与开挖作业面的距离控制在20～40m。二次衬砌各段钢筋布置根据处理措施实施。二次衬砌钢筋采用绑扎搭接。钢筋绑扎过程中，避免损伤防水板。对防水板破损处应先进行修补处理。

钢筋绑扎完成后，应检查排水盲沟和排水盲管设置是否正确、完备，检查预埋件是否按要求埋设。混凝土浇筑采用衬砌模板台车配合混凝土输送泵浇筑的方法进行。

（7）坍塌段施工方法

1）施工工序。

表 2-4　坍塌段施工工序表

| 序号 | 示意图 | 主要施工工序及说明 |
|---|---|---|
| 1 | | 第一步：施工准备<br>1. 加工施工台架；<br>2. 移动施工台架；<br>3. 人员、设备到场 |
| 2 | | 第二步：塌方支护处理<br>1. 测量定位，安装 I18 工字钢架；<br>2. 按照①②③④⑤⑥⑦⑧⑨顺序施作锚杆；<br>3. 挂网焊接；<br>4. 喷混凝土 |
| 3 | | 第三步：回填空腔混凝土<br>1. 在空腔内分层回填 C20 混凝土；<br>2. 拱顶出气孔（出浆孔）冒浆后确定空腔填筑密实 |
| 4 | | 第四步：二衬混凝土施工<br>1. 防水板施工；<br>2. 衬砌钢筋；<br>3. 衬砌混凝土浇筑 |

2）施工过程控制。

①待 K35+440～K35+480 衬砌钢筋混凝土施工完成后，再进行塌方段处理。

②在停车带小里程方向最后一仓混凝土浇筑完成 28 天后，对 K35+440 附近较大坍塌体

进行分解。在平整现场，移动施工台架就位（尽量靠近右侧），用人工方式对左侧拱顶脱离体进行排除。

③安装 I18 工字钢，间距 0.75m，沿空腔顶面、滑动面设置 I18 工字钢副拱，采用 $\phi22$ 钢筋连接，分别与钢拱架焊接。在塌方洞壁布置 $\phi25$、$L$=6.0m 砂浆锚杆至拱部。间排距（沿岩面）1m×1m，钢筋网格尺寸 20cm×20cm，锚杆露头 1.0m。进行挂网喷锚施工，喷层厚度 10cm，每次施工长度不大于 6m（一个施工台架的长度）。

④待坍塌部位锚喷处理完毕后，进行左侧拱腰的扩挖爆破工作，每次弱爆破施工进尺为 1～2m，然后初喷封闭岩面。

⑤安装 I18 工字钢拱架，间距 0.75m，每次支护不大于 3 榀，锁脚锚杆采用 $\phi25$、$L$=6.0m，每榀 4 根（全断面立架）；坍塌部位采用 $\phi25$ 钢筋和外露锚杆进行焊接，连接牢固。塌方范围钢拱架里侧布置细铁丝网，保证喷射混凝土厚度 24cm，未塌方范围结合测量情况进行开槽布置工字钢，后喷射混凝土封闭即可。初期支护完成 10m 时，对塌方空腔进行混凝土分层回填。分层高度控制在 1.5m 左右。端头用木板进行封堵。

⑥初期支护、空腔回填完成后，进行二衬钢筋混凝土施工。初期支护与二衬之间的距离控制在 20～40m。

⑦二衬钢筋混凝土施工完成后，进行下一循环施工。

3）注意事项。

①施工台车就位前，先用机械臂载人，对拱顶进行敲帮问顶，确认顶板是否有脱空或裂隙等不利因素。

②该段施工塌方部位在初喷及施工钢筋网、锚杆时，两端不得进行爆破作业或将该处作业人员撤离。

③左侧扩挖时，采用弱爆破，每次扩挖施工长度不大于 3 榀钢支撑，且及时进行钢架支护喷锚工作。

④预留泵管竖向间距 1.5m，纵向间距 5m。回填混凝土时安排专人观察初期支护有无裂缝。

（8）监控量测要求

为确保安全，每 10m 设置一个监控量测点，观测频率至少 1 次/天，若当天沉降量大于 3mm 时，必须暂停现场施工作业，撤离施工人员，做好封闭现场工作。

在施工过程中进行的监控量测项目有洞内观察、拱顶下沉及周边收敛量测。

1）洞内观察。

①洞内观察分开挖工作面观察和已施工区段观察两部分，开挖工作面观察应在每次开挖后进行一次，内容包括节理裂隙发育情况、工作面稳定状态、渗漏水及周边围岩稳定情况等。

②在观察过程中如发现地质条件恶化，初期支护发生异常，应立即采取应急措施，并派专人进行不间断观察。

③对已施工地段每天至少观察一次，内容包括喷射混凝土、锚杆、钢架的状况，以及施工质量是否符合要求。

2）拱顶下沉及周边收敛量测。在洞室开挖施工过程中，进行洞室拱顶下沉及周边收敛量测，二者在同一断面进行，并采用相同的量测频率，如位移出现异常情况，应加大量测频率。拱顶下沉及周边收敛量测断面每 10m 左右应设置一处，测点布置在拱顶及距上台阶底部 1m 位置，每天观察一次。

3）量测数据的应用。量测数据若发现位移、下沉速度无稳定趋势时，应停止洞内开挖，对结构采取补强措施，即增加喷射混凝土厚度，或加长、加密、加粗锚杆；及时施作二次衬砌，要求通过反分析校核二次衬砌强度。量测数据若发现位移、下沉速度具有稳定趋势时，应据此求出隧道结构初期支护及二次衬砌最终荷载，以便对结构的安全度作出正确的判断。

（9）防坍塌应急预案

1）坍塌预兆。

①监控量测信息所反映的围岩变形速度或数值超过允许值 $2/3U_0$，$U_0$ 为预留变形量设计值。

②喷射混凝土产生纵横向的裂纹或龟裂。

③拱顶和边墙不断掉下土块、小石块，或支撑构件间隙不断掉出砂、石屑。

④岩层层理、节理缝或裂隙变大、张开。

⑤既有初期支护发生变形或发出声响。

⑥拱顶或边墙渗水、滴水突然加剧或变浑。

2）坍塌应急处理措施。

坍塌事故发生后，应立即报警。报警方式包括：

①在最近地点使用手机向相关单位和部门报警。

②使用洞内对讲机通知洞口值班室。

③在现场高声喊话示警，使附近作业的人员紧急撤离。

应急抢险救援小组到达现场后，应尽快向现场人员了解事故及人员伤害情况，确认事故现场的安全稳定状态，必要时应先进行加固处理，再开展救援活动。

需要进行加固处理时，对坍塌地点附近的危石和已经被破坏的初期支护进行清理，确定坍塌所破坏的初期支护范围，对未被破坏的初期支护采用 I18 工字钢进行斜向临时支撑，防止塌方范围进一步扩大。

坍塌事故发生后，应及时对事故现场及周边地区实行通行管制，保证抢险物资设备及救援车辆的运行畅通。在事故现场周围设立警戒区和警戒线，维持秩序，及时将危险区域内人员疏散出去。

4. 锅圈岩隧道 K21+850～K21+715 段坍塌

（1）基本情况

锅圈岩隧道全长 2972.5m。隧道出口段 K21+700～K21+850 总长 150m，为坡面倾向 320°～330° 的斜坡，地表坡度 45° 左右，围岩主要由黑山组（$Pt_{2hs}$）组薄层千枚岩组成，岩体呈强风化，破碎，裂隙发育，无优势方向，裂隙多张开充泥 1～2cm，围岩条件差，出口段为千枚岩夹变质砂岩，风化差异明显，强风化的千枚岩呈碎片状、碎屑状，强风化深度为 13～20m。

2015 年 7 月 29 日施工至 K21+712 处出现冒顶，塌方量约 200m³，冒顶端掌子面围岩为黑山组千枚岩，极薄层状，受断层影响，岩体极破碎，垂直层面呈微裂隙发育，自左起拱线向右下方充泥严重，体积比可达 30%。2016 年 5 月对冒顶段拱顶范围内进行了地表注浆改良处理。2016 年 6 月 10 日，受降雨影响，出现塌方，洞内已实施管棚加固处理，出现 40～70cm 变形。

综上所述，布置于松散堆积体的浅层隧道容易出现冒顶甚至大范围塌方，隧道受偏压作用，结构容易破坏。由于乌东德水电站每年 5～10 月为汛期，其中 6～9 月为主汛期，高陡边坡易发生塌方、掉块。根据现场揭露的地质条件来看，锅圈岩隧道出口段的施工存在较大的安全风险，如果汛前无法完成施工，工期至少延后半年，且边坡存在滑塌风险，一旦滑塌又存在治坡工程，进一步影响隧道施工。

按原方案进行施工，无法在汛前完成施工，且过程中冒顶、边坡坍塌等风险巨大，故需在隧道结构设计、施工组织、现场管理上进行大胆创新。

（2）K21+850～K21+715 段工程处理措施

1）原设计支护效果分析。2017 年 3 月，由于开挖揭露出的地质条件为中风化，与预先判断的强风化相比，岩石条件变好，边坡具备开挖支护条件，其中锅圈岩隧道 K21+830～K21+715 段偏压严重，洞顶覆土厚度较浅且部分拱肩部位已无覆土。最终确定的方案为：将 K21+830～K21+715 段由隧道改成偏压明洞结构，结构方案见图 2-46（b），且进行分段施工。

如图 2-46 所示，采用隧道施工存在冒顶风险，以及运行期存在边坡坍塌风险，而坍塌会导致隧道变形、破坏、渗水等风险，如 2016 年 6 月 K21+700～K21+830 段发生边坡垮塌，造成已开挖段 K21+710 附近钢架变形严重；采用明洞施工，可将隧道围岩稳定问题转换为边坡支护问题，不存在冒顶风险，但为确保明洞施工安全，需要对边坡支护方案进行充分论证。

暗洞明挖方案中边坡原支护设计方案：根据锅圈岩隧道出口 K21+760～K21+715 段地形情况，明洞段右侧地形较陡，表层岩体风化严重。为避免高边坡、大挖方，明洞边坡自拱腰以 1：0.3 坡比放坡，坡脚设置三排钢管桩，对坡顶以上约 10m 高度范围内边坡坡表整理后采用锚筋桩格构防护，明洞拱腰以下部分开挖前采用一排型钢锚桩围护，锚桩桩顶设置两根锁脚锚杆。对于锚杆全坡面支护，一方面对于破碎岩体、堆积体坡面锚杆施工难度较大，另一方面施工周期长。由于坡体存在不均匀分布的构造特点，即构造活动剧烈，分布有千枚岩、变质岩，局部存在辉绿岩侵入，岩层挤压现象明显，全坡面分散式布置锚杆，存在局部锚杆失效的风险，一旦存在点破坏，将存在全面辐射破坏的风险。

为此，针对坡面不同高程的支护效果进行效果分析，通过典型剖面（K21+715）进行自然边坡稳定性计算和开挖边坡在原设计支护方案下的稳定性计算，结果见图 2-47。

通过图 2-47（a）（b）可知，在边坡开挖前，边坡稳定处于极限状态，在降雨等外在因素作用下，覆盖层（安全系数 0.907）和中部风化岩石（安全系数 0.956）存在较大的坍塌、剥落风险，因覆盖层的坍塌将会导致整个系统结构受力条件发生变化，采用洞挖时，存在较大的冒顶、洞室围岩变形等风险。

通过图 2-47（c）可知，对边坡进行一次开挖成型，其结构的稳定性极差（安全系数 0.574），如图 2-47（d）所示，边坡开挖采用自上而下全坡面支护，边坡才具备明洞施工的条件，边坡安全系数可达 1.103。

通过上部、上中部、中部和下部相应支护，进行边坡稳定性、敏感性分析计算，结果见图 2-48，不同部位支护对应的安全系数分别为 0.644、0.650、0.704、0.916。可看出下部支

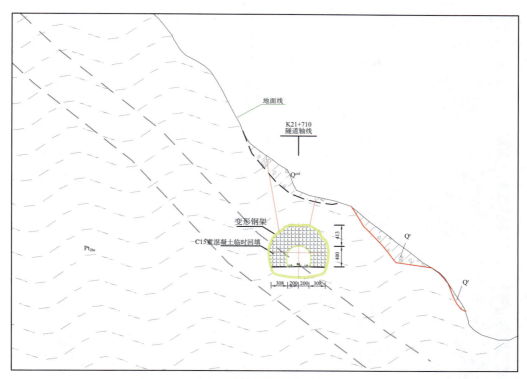

（a）典型剖面原始设计图

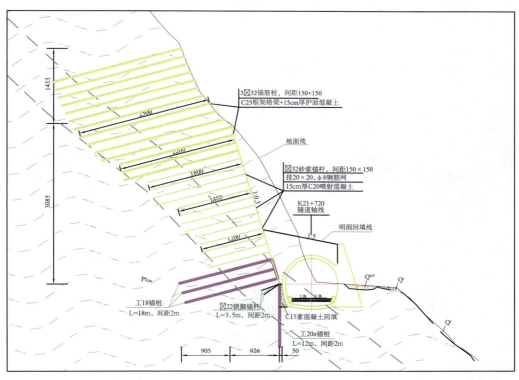

（b）典型剖面优化设计图

图 2-46 K21+715 ～ K21+830 段设计图

护对边坡稳定性的贡献最大，为后续隧道工程开挖支护提供有用信息。

据此，在后续工程 K21+850～K21+715 段可根据地质条件和地形条件进行结构优化和支护优化，以满足施工安全和缩短工期的要求。

针对不同高程支护效果分析的结果，以及拱腰上部岩体破碎、下部岩体完整的特点，提出一种加强下部支护，简化甚至取消上部支护的集中受力边坡支护形式，将边坡在垂直方向

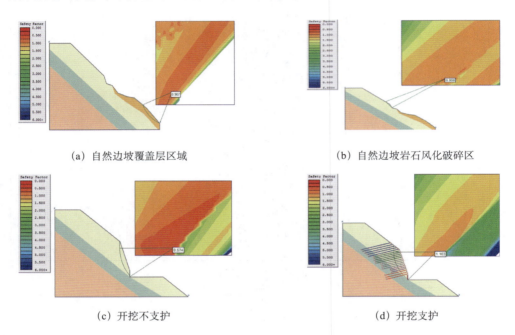

    （a）自然边坡覆盖层区域                   （b）自然边坡岩石风化破碎区

    （c）开挖不支护                           （d）开挖支护

图 2-47   边坡开挖前后、支护前后稳定性计算云图

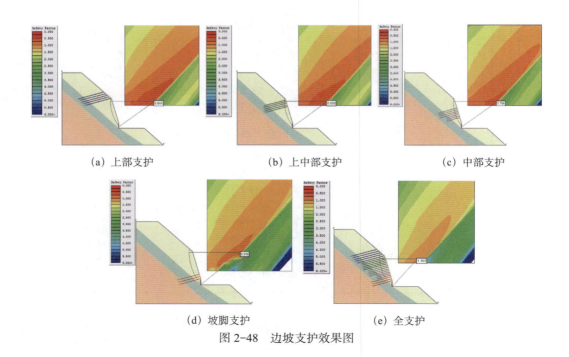

  （a）上部支护           （b）上中部支护           （c）中部支护

            （d）坡脚支护           （e）全支护

图 2-48   边坡支护效果图

以隧道拱腰为界分为两段，通过对隧道拱腰以上边坡进行集中受力支护，在满足安全施工要求的前提下，进行隧道拱腰以下边坡的开挖支护。

精心辅以能够加强施工安全的施工组织设计，明洞拱腰以上边坡充分利用其边坡自稳特性，明洞轴线方向采用分段施工，在明洞分段施工过程中，通过管棚推进支撑，为明洞施工提供双重保护，确保施工人员的安全和明洞施工的安全。

2）不同洞段优化支护结构及配套施工方案。由于汛期在即，施工工期紧张，按照原方案进行边坡开挖、支护、明洞施工，将存在极大度汛风险，且施工安全得不到保障，需根据不同洞段地质条件差异，对原有方案进行针对性地优化，抢占先机，在汛前完成整个工程的实施。

根据锅圈岩隧道出口 K21+760～K21+715 段地形情况，明洞段右侧地形较陡，表层岩体风化严重。其中，K21+760～K21+715 边坡侵占结构断面段，边坡整体开挖不具备施工条件，且对出洞口正面边坡稳定造成影响（为松散体，出现过滑动），若仅对锚筋桩以下边坡进行开挖，会形成倒悬体，锚筋桩受力较大。

在前期支护效果评估基础上，拱腰处锚筋桩对边坡整体稳定性影响较大，故通过孔洞回填改成钢管回填，形成钢管桩，提高抗载能力以取消上部支护，钢管桩结构大样见图 2-49。

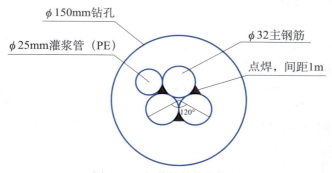

图 2-49　钢管桩结构大样图

经过创新，采用了一种集中受力型边坡支护结构，在拱腰处的明洞拱腰部位布置两排 $\phi$150mm 钢管桩，钢管桩横向间距 50cm，排距 100cm，钢管桩桩长 20m（等效于将坡面分散布置锚杆，集中在拱腰处进行集体抗剪受力，借助下部完整岩体，起到抗压作用，形成"扁担"效应）。采用工字钢将钢管桩连成整体，横向与偏压墙相连。增加支撑形成整体受力后，再进行钢管桩以下边坡开挖，根据现场实际地形条件，拱腰以下边坡较完整，采用直立削坡。削坡后，路基宽度满足明洞结构尺寸，明洞快速跟进，增加边坡整体稳定性，通过明拱紧贴掌子面，达到边坡支护与施工安全防护相结合。施工中，发现锚筋桩整体受力后，通过增加的纵向工字钢产生变形情况，实现边坡稳定状态的预警预判，确保施工安全。

根据锅圈岩隧道出口 K21+740～K21+715 段边坡防护措施和现场施工条件，为避免高边坡、大挖方，对其表面采用主动防护网进行表层临时支护，再开展集中受力支护型式及明洞施工，施工顺序为钢管桩→偏压墙→隧道明挖→隧道支护结构施工→边坡支护。为减少对边坡的扰动，加快施工进度，确保施工安全，在施工前，应针对主要工程项目进行统筹安排。

K21+850～K21+760 段边坡岩石条件整体较好，为中风化，边坡现状满足明洞结构尺寸要求。该段要求偏压墙完成至隧道起拱线以上，立即实施明洞施工，明洞施工完成后及时进行边坡支护，减少边坡暴露风化的时间。

（3）K21+850～K21+715段管理措施。

在综合考虑施工期和运行期安全、工期要求、施工现场布置及施工组织特点等因素后，按照边坡分层、隧洞分段施工的原则最终确定施工方案，即先对边坡进行分层，上部边坡搭建主动防护网，形成下部边坡安全作业环境后，在拱腰处加强支护，取消上部支护，形成集中受力后，进行拱腰以下边坡开挖，偏压墙施工、明洞施工，后进行下部边坡系统支护及洞顶回填，由明洞恢复到隧道。

工程施工过程中的主要安全管理措施如下。

1）作业环境的安全管理。

①在进行偏压墙施工、明洞施工前，先后多次安排人员对边坡进行排险，加强边坡浮石、危石的人工清理，对清理不动的危石进行标记并采用缠绕、锚固等方式进行加固，排除大块危石掉块的风险。

②对未采取混凝土护面的部位，采用主动防护网进行坡面防护，以免坡面风化后的小块石掉落。

③严禁夜晚、雨天施工。夜晚光线条件差，严禁施工；若雨后施工，需先对边坡进行排查，而后再施工。

④加强边坡稳定监测。对于坡面风化较严重的部位，坡面设有上中下共计40余处变形监测点，每天进行监测，雨后进行加密监测。

⑤边坡开挖施工应做好施工期临时排水总体规划和建设，及时疏导地表水，为防止边坡以外的水流进入坡体，对坡面进行冲刷，影响边坡稳定性，宜在边坡外缘设置截水沟，以拦截坡面水流，同时应在边坡坡体内设置必要的排水沟或泄水管，使降雨及坡内水流能尽快排出坡体，避免对边坡产生不利影响。

2）作业人员的安全管理。

①作业班组进场前应进行安全技术交底，施工过程中须针对不同的班组工作环境进行应急撤离演练。

②对于危险部位，在开挖作业面前后、上下设置警戒线，并将作业面作业人数严格控制在2人以下，除出渣外仅允许一台挖机进行施工作业，出渣时仅允许一台挖机、一台自卸车作业。

③联合设计、地质、监理、施工、项目部成立前方工作组，密切跟踪现场动态，落实好技术服务、安全监管工作。保持每天一次或多次巡查，指导现场施工。

通过对K21+850～K21+715段边坡支护的优化和管理强化，成功实现汛期完工目标，且运行良好。

第 3 章

# 建设管理

工程项目管理的本质是从项目开始至项目完成，通过项目策划及控制，达到项目的费用目标、进度目标、质量目标、安全目标和环保目标。管理行为贯穿工程建设的各个阶段，每一阶段的项目策划及项目控制均影响目标的实现。因此，对于项目的实施应有总体规划。

乌东德水电站对外交通公路具有线路长、点多、面广、社会关系复杂等特点。项目实施过程中，质量、安全、进度、环保等方面的管理工作面临更高挑战。本篇主要从工程所处的地形地貌、地质条件、水文气候等自然环境、工程自身的特难点、各参建单位管理现状及周边社会环境出发，梳理建设管理过程中的经验教训，供类似工程参考。

## 3.1 建设过程及工程建设特点

### 3.1.1 建设过程

会东至河门口公路于 2011 年 5 月完成立项备案工作；2012 年 3 月获得四川省发改委核准；2012 年 4 月正式开工；2016 年 5 月除标头 5km 外基本通车；2016 年 10 月全线通车。

半角至新村公路于 2011 年 5 月完成立项备案工作；2013 年 1 月获得云南省发改委核准；2014 年 4 月正式开工；2017 年 7 月路面工程完成，全线具备通车条件；2018 年 7 月正式移交地方运行管理。

洪门渡大桥于 2011 年 5 月完成立项备案工作；2014 年 3 月获得云南省发改委核准；2014 年 5 月正式开工；2018 年 12 月完成主梁合龙；2019 年 4 月通车。

### 3.1.2 工程规划

1. 会东至河门口公路标段划分

会东至河门口公路包括路基、路面、桥梁涵洞、隧道及沿线防护设施（不含绿化以及通风、照明设备采购安装等工程），工程分三个标段。

第Ⅰ标段：起点至大黑山，路线总长 27.20km，含 6 座大桥、5 座中桥、1 条长隧道、2 条中隧道及长约 24.25km 的明线路段，其中路面工程及挡土墙顶部 50cm 结构由第Ⅲ标承包人完成。

第Ⅱ标段：大黑山至河门口，路线总长 15.876km，含 5 座大桥、4 座中桥、3 条长隧道及长约 8km 的明线路段，其中路面工程及挡土墙顶部 50cm 结构由第Ⅲ标承包人完成。

第Ⅲ标段：起点至河门口全路段路面工程，含沥青混凝土面层、路肩回填及表面硬化，以及挡土墙顶部 50cm 结构和沿线安全设施等。

计划工期为 20 个月，开工日期 2011 年 11 月 1 日，竣工日期 2013 年 6 月 30 日。其中 2013 年 2 月 28 日第Ⅰ标段和第Ⅱ标段承包人应完成路基、排水、桥涵、隧道等工程，交第Ⅲ标段承包人进行路面结构层施工。

第Ⅰ标段和第Ⅱ标段分界线为桩号 K27+200 处。第Ⅲ标段与第Ⅰ标段、第Ⅱ标段分界线明路段以路基与路面结构的结合处为分界线，桥梁以混凝土调平层与沥青路面结合处为分界线，隧道以混凝土基层与沥青路面结合处为分界线，挡土墙以顶部以下 50cm 处为分界线。

2. 半角至新村公路标段划分

根据本项目工程规模、路桥隧分布情况、地形地质条件等因素，将全路段划分为三个标段，半角至新村公路施工标段划分见表 3-1。计划工期 30 个月，2015 年 9 月 30 日完工。

表 3-1　半角至新村公路施工标段划分表

| 标段 | 标段内容 | 标段设计起止点桩号 | | 主要工程量 |
|---|---|---|---|---|
| 第Ⅰ标段 | 路基、路面、桥梁涵洞、隧道、安全设施及预埋管线（不含通风、照明设备采购安装等）、绿化及环境保护设施等 | K0+000 | K10+429 | 本标段内路基路面及排水工程；共 5 座桥梁，总长 495m，其中最长桥长 220m；共 4 座隧道，总长 5489m，其中最长隧道长 3472m；涵洞工程；标段范围内交通工程及安全设施以及绿化工程等 |
| 第Ⅱ标段 | 路基、路面、桥梁涵洞、隧道、安全设施及预埋管线（不含通风、照明设备采购安装等）、绿化及环境保护设施等 | K10+429 | K20+800 | 本标段内路基路面及排水工程；共 5 座桥梁，总长 584m，其中最长桥长 292m；共 4 座隧道，总长 5551.5m，其中最长隧道长 2107.5m；涵洞工程；标段范围内交通工程及安全设施以及绿化工程等 |
| 第Ⅲ标段 | 路基、路面、桥梁涵洞、隧道、安全设施及预埋管线（不含通风、照明设备采购安装等）、绿化及环境保护设施等 | K20+800 | K28+399.833 | 本标段内路基路面及排水工程；共 8 座桥梁，总长 1223m，其中最长桥长 188m；共 4 座隧道，总长 4328m，其中最长隧道长 3151m；涵洞工程；标段范围内交通工程及安全设施以及绿化工程等 |

### 3.1.3　工程环境特点

1. 水文气象条件

对外交通起点为会东县县城、皎西乡半角村，年平均气温较洪门渡大桥低 3℃～6℃。因垂直高差达 3000 多米，高山积雪和峡谷炎热并见，气温回升和下降波动亦大。高寒山区，长冬无夏，金沙江河谷地区，炎热干燥，长夏无冬。金沙江谷地 1350m 高程以下地区属南亚热带气候，1350～1700m 高程地区属中亚热带气候，1700～2000m 高程地区属北亚热带气候，2000m 高程以上地区属温和带—中温带地区气候。工程区气候情况见表 3-2。洪门渡大桥工程区多年平均气温 20.9℃，最高月平均气温 26.9℃（7 月），最低月平均气温 12.3℃（1 月）。极端最高气温 42.7℃，极端最低气温 -0.4℃。相对湿度 59%，多年平均日照 2158h，雾日 26.2d，霜日 3.6d，雷暴日 54.4d，最大风速 26m/s。多年平均降水量为 825mm（巧家），主要分布在 6～10 月，降水量占全年降水量的 81%。金沙江干热河谷，多年平均水面蒸发量（E601）2593mm。

表 3-2　工程区气候情况表

| 气候分区 | 高程（m） | 年均温度（℃） | 极端气温（℃）最低 | 极端气温（℃）最高 | 霜期（d） | 多年平均降雨量（mm） |
|---|---|---|---|---|---|---|
| 干热区 | 1700 以下 | 23.0 | 2.0 | 43.0 | ≤180 | 750 |
| 温和区 | 1700～2200 | 15.1 | -5.8 | 34.9 | ≥240 | 1131 |
| 高寒区 | 2200 以上 | 7.0 | — | — | 280 | 1300 |

工程区属金沙江下游水系，河流岸坡陡峻，左岸发育鲹鱼河支流及阴地沟泥石流沟，右岸发育大深沟冲沟。区内河流及沟谷为山区峡谷型冲沟河流，呈陡涨陡落型水文特征，金沙江洪水一般发生在 6～11 月，最大洪峰流量发生时间主要集中在 8、9 月份，两个月出现年最大洪峰流量的频率占 80%。据乌东德水文站 2003 年始至今的水文观测资料：实测最大流量 20 100m³/s（2005 年 8 月 12 日），水位高程 847.5m，江面宽 209m；最小流量 880m³/s，水位高程 819m，江面宽 120m。洪门渡大桥桥址处，河流流向为 SE115°，河谷呈宽 V 形，枯水期河水面高程 821～822m，河水面宽 119～134m，水深 10～20m，1000m 高程处河谷宽 460～515m。

可河水文站是鲹鱼河出口控制站，位于凉山州会东县可河乡可河村，断面以上控制流域面积约 1340km²，占全流域面积的 97%，距离金沙江河口 5km。该站隶属于中国长江三峡集团有限公司，于 2013 年 12 月竣工并委托西昌水文局运行管理，测验项目有水位、流量、降水、泥沙。鲹鱼河可河水文站上游的会东桥水文站（控制流域面积 43%）实测最大流量 1800m³/s，发生在 1984 年 5 月 29 日。

2. 地形与地质

乌东德水电站对外交通地处我国地势第一阶梯的川、滇山地及与第二阶梯的过渡段地貌区，属山原峡谷地貌类型，地势总体上西北高南东低，地貌结构以丘状高原面或分割山顶面为"基面"，地形、地貌条件复杂，为典型侵蚀构造地貌。乌东德水电站左右岸对外交通公路沿线区域为切割的高中山、中低山，北面分割山顶面高程多为 2500～3000m，南面普遍保留有高程 2000～2500m 高原面。金沙江、太平小河、鲹鱼河深切于高原面和分割山顶面之下，岸坡高陡，临江高差多在 1000m 以上，河谷呈狭窄的 V 形，两岸谷坡基本对称，谷底宽 50～150m。沿线基本为河谷侵蚀构造地貌，水系分布多与构造线方向一致，河谷深切，坡降大，谷坡陡峻，呈狭窄的 V 形（见图 3-1、图 3-2）。在白云岩分布区可见零星的溶蚀构造地貌，有少量的峰丛及槽谷。

图 3-1　会东至河门口公路大黑山段地形地貌特征

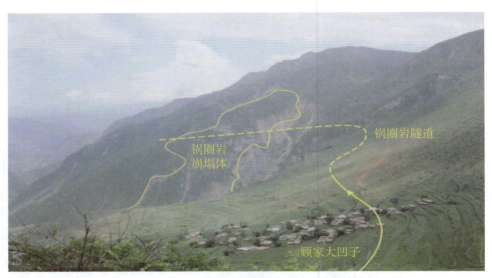

图 3-2　半角至新村公路顾家凹子段地形地貌特征

洪门渡大桥两岸地形基本对称，右岸受岸坡岩体卸荷等作用影响，地形较破碎，高程 1010～1015m 以下岸坡陡峻，坡度为 65°～80°，局部为陡崖，1010m 以上为缓坡台地，坡度为 12°～15°。右岸大桥上游发育硫磺沟，下游发育水厂沟，冲沟切割较深，沟内多为季节性流水，洪门渡大桥轴线位于两沟间的山坡上。左岸地形较完整，930m 高程以下坡度较陡，坡度为 65°～75°，高程 940m～1000m 为缓坡，坡度为 30°～40°，高程 1000m 以上岸坡相对较陡，坡度为 50°～60°（见图 3-3）。岸坡多基岩裸露，局部被残坡积物及冲洪积物覆盖，大桥左岸上游发育阴地沟。

到过乌东德水电站对外交通现场的人都有相同的感受，概括起来就是三个字：险、难、苦。

图 3-3　金沙江乌东德水电站洪门渡大桥地形地貌特征

险，乌东德对外交通工程是三级公路，出于规范对线形的要求，多位于山腰，沿线多次跨越峡谷、冲沟，这些地方受地质运动的影响，卸荷严重，地形陡峻。

难，因为险，这些地方在道路施工前往往人迹罕至，给工程建设带来了两个难点：一是施工组织难，这些地方在施工前必须解决施工用水、用电、道路、营地等问题。以右岸半角至新村公路为例，仅为了 28km 的道路建设，就扩建或新建便道近 50km；二是管理难，因为点多面广，加上道路不通，甚至个别地方无通信，使得现场管理难度大，地方关系协调难度也大。

苦，工程建设所需物资就靠着简易便道小心翼翼、一点一点地运输过去，施工人员长年住在荒无人烟的半山腰，四处找山泉解决施工和生活用水。有时只为解决现场一个小小的问题，管理人员就要往返几个工作面，来回奔波。

### 3. 周边社会环境

2015 年，会东县总人口达 42.11 万人，共有 11.49 万户，每户平均人数 3.67 人。在全县总人口中，农业人口 39.13 万人，占总人口的 92.9%，非农业人口 2.99 万人，占总人口的 7.1%。从民族结构上看：汉族人口 38.25 万人，占总人口的 90.83%，彝族人口 3.2 万人，占总人口的 7.6%，其他少数民族人口 0.66 万人，占总人口的 1.57%，有汉族、彝族、傈僳族、布依族等 28 个民族。

禄劝县为彝族苗族自治县。常住人口中，居住在城镇的人口为 6.94 万人，占禄劝县常住人口的 17.5%；居住在乡村的人口为 3.27 万人，占禄劝县常住人口的 82.5%。从民族结构上看，居住着彝、苗、汉、傈僳、傣、壮、回、哈尼 8 个世居民族和其他少数民族共 24 个民族。其中少数民族人口 14.08 万人，占总人口的 30.76%。

### 4. 项目参建单位

乌东德水电站对外交通工程项目招投标工作由中国长江三峡集团有限公司委托三峡国际

招标有限责任公司完成。三峡国际招标有限责任公司分别于2011年、2013年采取公开招标的方式完成会河公路、半新公路、洪门渡大桥的招标工作，确定了乌东德水电站对外交通工程项目建设的监理单位和施工单位。

　　承担乌东德水电站对外交通工程建设任务的施工单位分布在交通、铁路、水电、武警部队等各个公路建设系统。参与乌东德对外交通公路建设的有水电系统的水电八局、宜昌长江委监理、长江设计公司，有中铁系统的中铁七局、中铁大桥局，有公路系统的武汉大通监理，还有武警交通等。不同系统、不同单位之间的管理体系、项目组织形式、单位管理方式等存在较大区别。

　　2011年1月，中国长江三峡集团有限公司成立乌东德工程建设筹备组，2014年11月6日，乌东德工程建设筹备组更名为乌东德工程建设部，负责乌东德工程的建设管理工作，遵照三峡集团"五控制、一综合"（质量、安全、环保、进度、造价控制，施工区综合治理）管理要求，全力做好现场建设管理工作。工程由建设部各项目管理部门专门负责，其他部门配合，乌东德工程建设部组织机构见图3-4。

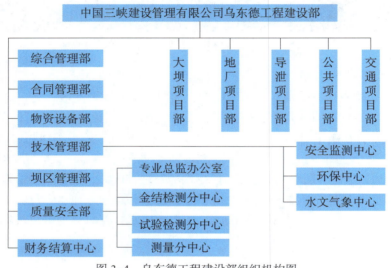

图3-4　乌东德工程建设部组织机构图

　　各参建单位基本情况如下。

　　长江勘测规划设计研究有限责任公司（以下简称长江设计公司）：隶属于水利部长江水利委员会，具有国家工程设计综合甲级资质、工程勘察综合甲级、对外承包工程资格等高等级资质证书，是乌东德水电站主体工程设计单位，现场设置有设代处，根据现场工程进展情况合理安排专业设计骨干力量，为乌东德水电工程建设服务。对于重大技术方案调整，后方派出相关专业主设人员到现场与设代人员共同协商处理，对于业主提出的技术方案进行优化，能充分考虑并提供技术决策咨询建议。

　　武汉大通公路桥梁工程咨询监理有限责任公司（以下简称武汉大通监理）：是中交第二公路勘察设计研究院有限公司全资子公司，国内交通行业最早成立的大型咨询监理公司之一，专门从事公路工程（含工程地质、市政工程）施工监理、工程招标代理等。武汉大通监理首次进入三峡集团承担监理任务，对三峡集团管理流程及相关制度略显不熟，因洪门渡大桥项目相对单一，武汉大通监理配置了符合工程需要的工程室、合同室、综合办公室、试验办公室、资料室等各个部门。共配置管理人员 8 人，大专及以上学历 6 人，中高级以上职称 5 人，持证率 71.4%。桥梁工程建设中，武汉大通监理对各项关键环节专业熟练、把控到位，对施工过程中的质量、安全要求严格，对内业资料管理跟进及时。

长江委工程建设监理（宜昌）有限公司（以下简称宜昌长江委监理）：是长江设计公司全资子公司，具有港口和航道工程监理甲级、房屋建筑工程监理甲级、水利水电工程监理甲级、市政公用工程监理甲级和公路工程监理甲级资质。主要承担乌东德水电站左右岸对外交通工程监理任务。配置独立的质量、安全、合同等职能部门以及与建设部对口的监理站，配置了适应工程进度的测量、试验等专业人员。宜昌长江委监理的现场监理配置人员数量和设备投入较多，积极配合建设单位开展项目管理工作，且参与三峡集团多个水电工程建设，熟悉三峡集团工程管理流程及相关制度。水电工程监理经验丰富，但公路工程建设管理方面的经验相对不足。

中国水利水电第八工程局有限公司：是中国电力建设集团旗下的骨干企业，拥有国家水利水电工程施工总承包、建筑工程施工总承包、市政公用工程施工总承包特级资质。承担乌东德水电站会东至河门口公路第 I 标段施工。在施工组织管理上，以专业分包为主。

中水路桥：是中国电力建设集团旗下的骨干企业，拥有国家水利水电工程施工总承包、建筑工程施工总承包、市政公用工程施工总承包特级资质。承担乌东德水电站半角至新村公路第 II 标段施工。在施工组织上，以专业分包为主。

武警水电三峡指挥部：是经国家经贸委、能源部、对外经济贸易部核准，对外以中国安能建设总公司名义在国家工商行政管理局注册的以实业为主，集科技、工业、贸易为一体的多功能综合性的实体，具有独立法人的资格和水利水电工程施工总承包特级资质。主要承担国内外大中型能源、交通工程建设任务，兼承工业与民用建筑及机场、市政、桥梁等项目施工，是一支技术雄厚、装备精良的大型综合性基本建设队伍。在乌东德主要承担洪门渡大桥左岸连接线的建设任务。在施工组织上，以专业分包为主。

中铁七局集团有限公司：是中国中铁旗下骨干企业。拥有铁路工程、建筑工程、公路工程施工总承包三项特级资质，市政、桥梁、路基、隧道、城市轨道交通等多个专业壹级施工资质及境外工程承包经营权。在乌东德主要承担左岸会东至河门口公路第 II 标段及右岸半角至新村公路第 I 标段的施工任务。在施工组织上，以专业分包为主，辅以架子队模式。

中铁大桥局集团有限公司：是中国中铁股份有限公司旗下的全资子公司，是中国唯——家集桥梁科学研究、工程设计、土建施工、装备研发四位于一体的承包商兼投资商，具备在各种江、河、湖、海及恶劣地质、水文等环境下修建各类型桥梁的能力。具有铁路、公路、市政公用工程施工总承包特级资质，桥梁工程、隧道工程、港口与海岸工程、铁路铺轨架梁工程专业承包壹级以及城市轨道交通工程专业承包资质，铁路行业甲（II）级、公路行业甲级设计资质。在乌东德主要承担洪门渡大桥的施工任务。在施工组织上，以劳务分包为主。

新疆昆仑路港工程公司：隶属于中国人民武装警察部队交通第二总队。为公路工程施工总承包壹级企业，具有市政公用工程施工总承包贰级和土石方、路面、路基、机场场道、水工隧洞专业承包壹级资质。在乌东德承担洪门渡大桥右岸接线公路、右岸半角至新村公路第 III 标段建设任务。在施工组织上，以劳务分包为主，辅以专业分包。

### 3.1.4　工程建设影响分析

工程项目特征、地质地形条件、水文气象特征、周边社会环境及参建单位特点无疑会对项目的规划、组织、管理产生影响。具体如下：

（1）自然环境影响分析

乌东德对外交通出于规范对线形的要求，线路多位于山腰，沿线多次跨越峡谷、冲沟，隧道进出口、桥梁桥址多位于冲沟部位。这些部位往往处于荒山荒坡、地形陡峻的地区，很难找到平缓地形布置施工营地、拌和站等施工设施。同时，该种自然环境也对新建便道带来较大的挑战。这种挑战主要分两点：一是修建难度大，便道沿冲沟布置，冲沟部位卸荷发育，岩石风化严重，加之地形陡峭，便道修建等级低等，在便道开挖及运行过程中容易发生塌方。二是修建工程量大，桥梁隧道地段人迹罕至，无生产生活资源，当地百姓很少去这些地方，因此无可利用的地方道路，需要新建大量的道路以供施工用。工作面地形陡峭，覆盖层较薄，开挖以石方爆破为主，工程量巨大。以左岸Ⅱ标和右岸Ⅱ标为例，为修建 2.7km 和 2.1km 长的隧道，新修便道分别需要达到 5km 和 8km。这种地形下，营地、拌和站的分散布置、便道的修建势必增加成本的投入。临建设施费用是总价包干项目，往往价格较低，临建设施投入超出投标费用，导致后续施工组织困难。

乌东德水电站对外交通地处亚热带季风性湿润气候，具有高原、山地立体气候特点。旱季、雨季分明。旱季少雨缺水，生产生活用水困难。雨季降雨集中，雷雨天气较多。全年高温、大风天气时有发生。线路桥梁、隧道洞口多布置在冲沟部位，便道修建等级低，边坡防护多为临时措施。在暴雨冲击下，容易发生边坡塌方，仅 2015 年一年左右岸对外交通便道累计塌方超过百次。便道边坡隐患给工程建设物资运输和人员通行带来较大安全风险，直接影响工程建设。同时，对于桥梁桩基、涵洞、明线路基等工程，雨季对施工的影响更严重。桩基、涵洞多位于冲沟，会受洪水威胁。明线路基开挖会破坏原有水流系统，给地方百姓生产生活造成影响，容易引起社会矛盾和阻工事件。考虑雨季客观因素的影响，大规模的生产无法持续开展，只能间歇性组织生产，单个雨季对工程施工的影响时间超过 4 个月。

同时，乌东德工区的高温大风天气也影响工程建设。据统计，乌东德金沙江河谷最高温度 41℃，最大风速 36m/s，高温天气一般出现在 12：00—15：00 这一时段，而大风天气一般出现在 18：00—22：00 这一时段。高温容易引起工人中暑，大风影响塔吊吊装、桥梁、边坡等高空作业。在高温、大风天气下，下午可施工时间短，影响工程建设。

（2）项目管理影响分析

1）设计管理。需根据现场工程进展情况适时调整专业骨干技术力量。如工程建设前期，施工单位进场后需进行技术交底，同时施工单位在依据施工图纸进行精细放样后，线路上可能存在较大的技术方案调整。此时，应主要配置线路专业的骨干技术人员，辅以其他专业的骨干人员，方便更快更好地解决现场技术问题。到工程建设中期，工程的重点由明线土石方工程转换为结构物施工，此时应以桥梁、隧道等专业设计人员为主。到工程建设收尾阶段，工程主要以消防、机电、电气设施为主，相应的人员配置应以相关专业为主。同时，建议由分管技术的主要领导分管交通等辅助项目，这样在一定程度上有利于设计单位对辅助专业的重视。从管理层面，促进辅助项目现场技术问题解决，以达到平衡，以便更早、更及时地发挥辅助工程功能，服务主体工程建设。

2）监理管理。监理项目部主任、监理站站长是工程项目现场管理的骨干，合同部、技术部主任是对经济问题、资料验收等内业工作管理的骨干，监理中层管理人员的素质高低对所承监项目的工程质量、安全、进度和成本管理的执行效果起直接作用。关于监理单位选择，公路工程建设建议选择专业监理单位，公路工程建设就其建设特征来说，与水电工程建设相比，路线相对较长、细分专业相对较多、建设环境相对复杂，对于监理人员数量的配置、专业的划分、设备的投入及建设关系的协调，公路工程专业监理更需具备管理经验。

3）就公路工程建设而言，不管是水电系统的施工企业，还是中铁系统的施工企业，或是部队所属施工企业，都有着丰富的公路工程建设业绩和工程管理经验。从乌东德水电站对外交通的管理效果上看，洪门渡大桥施工承包方中铁大桥局所采用的劳务分包管理较为规范，不管是劳务公司的资质、人员的配置还是现场管理的规范性都更符合国家相关法律法规的要求。同时由于近年国家基建规模不断扩大，导致建筑市场发生根本性变化，施工企业自有建设力量不能满足工程建设需要，需进行大量分包。分包企业的诚信、施工能力等直接影响工程建设质量和社会形象。因此，对于分包单位的选择，尤其是主体项目的选择，应坚持按照国家法律法规的要求，不允许对主体工程专业分包。同时，建设单位应参与分包单位的选择和管理。

## 3.2　招投标管理经验回顾与分析

会东至河门口公路Ⅰ标、Ⅱ标、Ⅲ标，以及半角至新村公路Ⅰ标、Ⅱ标采取公开招标的方式选取承包人，半角至新村公路Ⅲ标采取直接委托的方式选取承包人。对外交通在实施阶段，因招标文件技术或商务条款设置的原因，给实施阶段和项目竣工验收带来一些不利的影响，现就对外交通工程招投标应重点关注的一些问题进行总结分析。

### 3.2.1　预付款支付条款实施

根据招标文件商务条款约定的预付款支付比例和预付款用途及扣回说明，合同预付款支付比例为10%，分别在合同签订后支付5%，以及在合同生效后6个月再支付5%。"预付款用于承包人为合同工程施工购置材料、工程设备、施工设备、修建临时设施及组织施工队伍进场等。预付款的额度和预付办法在专用合同条款中约定。预付款必须专用于合同工程。预付款在进度付款中扣回，扣回办法在专用合同条款中约定。在颁发工程接收证书前，由于不可抗力或其他原因解除合同时，尚未扣清的预付款余额应作为承包人的到期应付款。"

预付款使用效果未达预期。虽然招标文件明确规定了预付款的用途，但结合对外交通项目各个合同的执行情况，施工单位在拿到预付款后，大部分预付款未按照合同要求使用，仅少部分预付款使用在施工单位项目部驻地建设、办公用品采购、临时用地等临建项目，个别项目作为管理费上缴施工单位总部，造成施工材料、施工机械、便道修建、拌和站、砂石加工厂等投入不够，影响工程顺利推进。

根据合同条款对预付款扣回约定，预付款扣回加大了项目建设高峰期的资金缺口，增加了工程管理难度。根据三峡集团招标管理要求，开工预付款在进度付款证书的累计金额未达到签约合同价的 30% 之前不予扣回，在达到签约合同价 30% 之后，开始按工程进度以固定比例（即每完成签约合同价的 1%，扣回开工预付款的 2%）分期从各月的进度付款证书中扣回，全部金额在进度付款证书的累计金额达到签约合同价的 80% 时扣完。

工程项目在合同资金结算比例为 30%～80% 时，往往是项目的高峰施工时间，对资金需求较大，这期间扣回的预付款金额为合同金额的 10%，占这期间结算资金很大比例，扣回这个比例的资金，使工程资金缺口不断累积，可能带来的负面效果就是：材料供应商欠款，导致各种原材料供应受阻；分包队伍欠薪严重，现场施工组织不积极，使工程从高速推进逐渐变缓，这种情况逐渐积累，给工程带来致命的打击。再加上工程接近尾声，各方担心资金回收的问题，最终导致现场工程开展艰难，使工程建设往越来越困难的局面发展。

在工程项目现场急需资金的情况下，若前期收取的管理费拿回总部，那么在项目现场面临资金困难，需要后方资金支持的情况时，现场项目部很难从后方借回资金，或者仅能借回很少一部分资金。

综上，建议在招标文件中约定降低预付款比例或者不提供预付款，若预付款比例过大，预付款一旦被挪用，会导致项目后期资金紧缺，项目中后期管理难度增加，影响施工单位履约能力。

### 3.2.2　进度支付实施

根据招标文件合同计量与支付条款约定：承包人应在每个付款周期末，按监理人批准的格式和专用合同条款约定的份数，向监理人提交进度付款申请单，并附相应的支持性证明文件。除专用合同条款另有约定外，进度付款申请单应包括下列内容：截至本次付款周期末已实施工程的价款；应增加和扣减的变更金额；应增加和扣减的索赔金额；应支付的预付款和扣减的返还预付款；应扣减的质量保证金；应增加和扣减的其他金额。

监理人在收到承包人进度付款申请单及相应的支持性证明文件后的 14 天内完成核查，提出发包人到期应支付给承包人的金额及相应的支持性材料，经发包人审查同意后，由监理人向承包人出具经发包人签订的进度付款证书。监理人有权扣发承包人未能按照合同要求履行任何工作或义务的相应金额。

因整理、审核结算资料时间问题，在办理月度进度款结算时，未严格按照招标文件要求整理、审核所有结算资料。在后续的项目管理中，从一开始就向监理、施工单位强调严格按合同文件要求办理结算并提供结算所需资料，提前规划下一期结算、准备相应资料，并设置未按要求提供对应资料的可在办理结算时提出相应约束措施，例如当月不再办理结算。项目管理过程中同时对进度款资料管理提出要求，避免资料整理不及时的情况发生。

在建设单位与施工单位的结算正常办理后，施工单位和分包队伍之间的资金结算问题往往成为工程尾期能否如期收尾的关键因素。如果过程中分包队伍与施工单位之间工程款项结算比较及时，分包队伍收尾工作和退场一般表现得积极主动。值得思考的是，建设单位对资金使用管理的深度问题，是否需要干预施工队伍与分包队伍之间的资金结算问题，如果干预，会与建设单位相关管理办法冲突；如果不干预，有可能出现项目收尾困难的局面。

经乌东德对外交通实践，进度款结算时应做到两点：一是提高施工单位觉悟，加强资金合理管理意识，明确工程款专款专用，一旦挪用将予以一定惩罚，对工程造成严重后果将承担相应责任。通过条款约定，保证现场资金充足，使工程顺利收尾；二是在每个月办理结算时，先了解当月施工单位资金使用计划，在保证材料款和工资的前提下，介入施工单位与分包队伍的结算问题，保证及时支付足够的金额给分包队伍，避免后期出现因前期欠款导致的项目收尾困难的问题。

三峡集团各个项目资金结算比较及时，而同一家施工单位往往在国内承建多个项目，其他项目资金不到位的情况下很难保证施工单位不挪用本项目资金到其他项目作为周转资金，这就需要在招标文件中明确约定资金用途及挪用资金的后果，以此约束施工单位在项目上的资金流向，确保资金能做到专款专用。将分包队伍的资金结算纳入到工程管理中，一定程度上违背了建设管理的现有规定，但对于资金专款专用和后续现场施工管理确实有利。建议可以在这方面进行研究，针对后一种管理可能出现的各类问题，提出可实施的防控管理办法。

左右岸对外交通收尾阶段均出现了一个普遍现象，即项目收尾工作迟迟不能完成，工程资料、变更办理进展缓慢，相关变更工作、工程量清理、验收资料整理难以按照要求完成，增加了管理难度。

针对上述情况，建议后续项目在招标文件中明确约定：工程完工进入收尾，资金结算已超过 90% 的阶段，不再按月办理进度结算，而将某一分部分项工程完工作为支付的条件。此外，对于变更项目，严格按照变更程序及时办理，做到完工工程量明确，验收资料齐全。

### 3.2.3　分包

招标文件对工程分包有如下约定：承包人不得将工程主体、关键性工作分包给第三人。经发包人同意，承包人可将工程的其他部分或工作分包给第三人。分包包括专业分包和劳务分包。

（1）专业分包

在工程施工过程中，承包人进行专业分包必须遵守以下规定。

1）分包必须按《乌东德水电站工程建筑市场管理办法（试行）》执行。

2）允许专业分包的工程范围仅限于分部工程或分项工程、适合专业化队伍施工的工程，专业分包的工程量累计不得超过总工程量的 30%。

3）专业分包人的资格能力（含安全生产能力）应与其分包工程的标准和规模相匹配，具备相应的专业承包资质。

4）专业分包工程不得再次分包。

5）承包人和专业分包人应当依法签订专业分包合同，并按照合同履行约定的义务。专业分包合同必须明确约定工程款支付条款、结算方式，以及保证按期支付的相应措施，确保工程款的支付。

6）承包人对施工现场安全负总责，并对专业分包人的安全生产进行培训和管理。专业分包人应将其专业分包工程的施工组织设计和施工安全方案报承包人备案。专业分包人对分包施工现场的安全负责，发现事故隐患，应及时处理。

7）所有专业分包计划和专业分包合同须报监理人审批，并报发包人核备。

违反上述规定之一者属违规分包。

（2）劳务分包

在工程施工过程中，承包人进行劳务分包必须遵守以下规定。

1）劳务分包人应具有劳务分包资质。

2）劳务分包应依法签订劳务分包合同，劳务分包合同必须由承包人的法定代表人或其委托代理人与劳务分包人直接签订，不得由他人代签。承包人的项目经理部、项目经理、施工班组等不具备用工主体资格，不能与劳务分包人签订劳务分包合同。承包人应向发包人和监理人提交劳务分包合同副本并报项目所在地劳动保障部门备案。

3）承包人雇用的劳务作业人员应加入到承包人的施工班组统一管理。有关施工质量、施工安全、施工进度、环境保护、技术方案、试验检测、材料保管与供应、机械设备等都必须由承包人管理与调配，不得以包代管。

4）承包人应当对劳务分包人员进行安全培训和管理，劳务分包人不得将其分包的劳务作业再次分包。

违反上述规定之一者属违规分包。

此外，发包人对承包人与分包人之间的法律与经济纠纷不承担任何责任和义务。

（3）分包的要求

一般项目严禁转包和违规分包，且不得再次分包。投标人拟在中标后将中标项目的部分非主体、非关键性工作进行分包的，应符合以下规定。

分包内容要求：允许分包的工程范围仅限于非关键性工程或者适合专业化队伍施工的专业工程；

分包量要求：专业工程分包的工程量累计不得超过总工程量的30%；

接受分包的第三人资质要求：分包人的资格能力应与其分包工程的标准和规模相匹配，具备相应的专业承包资质或劳务分包资质；

其他要求：投标人如有分包计划，应按"投标文件格式"的要求填写"拟分包项目调查表"，且投标人中标后的分包应满足合同条款的相关要求。

分包人需遵守《乌东德水电站工程建筑市场管理办法（试行）》规定。

（4）存在的问题。

招标文件对分包队伍选择和分包范围明确约定需要先经过建设单位同意。在实施过程中，如存在总包单位对分包单位的管理力度不够等问题，会造成现场生产无序、进度滞后、工期延期和经济纠纷等现象，这对工程建设影响巨大，为了工程能够正常开展，在后续对分包队伍实施严格管理过程中，付出了沉重的代价，在工程建设管理过程中应高度重视，加强事前管控。

### 3.2.4 隧道工程围岩类别判定

招标文件工程量清单中，每条隧道均设置有地质超前预报的清单项，属于总价项目，招标文件提到的地质超前预报方法主要有导坑探测法、超前水平岩芯钻探法、工作面浅孔钻探法、声波探测法、地震波测量法等五种方法，计量支付条款中写明"隧道施工中遇到特殊地质地段时，承包人应采取的有关施工措施不另予计量与支付。地质预报采用的方法手段应根据具体情况选用，不同的方法手段，分别以总额报价及支付"。

乌东德水电站左右岸对外交通施工阶段的地质情况较招标阶段，地质变化很大，围岩类别判定方法主要是设计地质工作人员根据隧道围岩开挖工作面的围岩裂隙发育情况、水流情况、围岩岩层走向等信息，对隧道围岩进行判定，一般20m左右进行一次判定。

施工图纸中提出的"动态设计，动态施工"原则应当遵循，工程建设期间，当现场出现地质条件与设计围岩类别不相符时，应以现场地质工程师的查勘和经验判定为主，并辅以一定的勘探试验手段，通过参建单位会商，按照一定程序确定，使现场地质围岩类别判定更科学，提高围岩判定的准确度和及时性。

### 3.2.5　临时用地

招标文件约定临时用地由承包人向当地政府土地管理部门申请，并按相关规定办理租用手续、支付费用。

（1）临时用地范围划分

临时用地按类型大致可分为渣场用地、便道用地、挂渣压覆盖用地及承包人驻地办公室、食堂、宿舍、道路和机械设备停放场、材料堆放场地、预制场、拌和场、仓库等其他项目临时用地。结合对外交通在临时用地范围划分、工程规范施工、规范弃渣、临时用地恢复等方面的经验，可总结如下。

一般来说，环境保护和水土保持专项方案报批在前，招标设计在后，招标设计中明确的渣场位置与水保方案报批的渣场位置应当一致，但实际中往往会出现以下问题。

1）渣场位置和堆渣容量调整。施工规划阶段，可能因线路局部调整、渣场占用农田过多、协调难度较大或其他原因，设计渣场不得不发生调整。根据水土保持相关规定，渣场的位置和堆渣容量调整，必须作方案变更进行报批，批准后才能使用。

2）地方政策调整。渣场用地在招标文件中约定为临时用地，但因地方政策调整，要求渣场用地变为永久用地，导致用地类型发生根本变化，需开展专项设计，永久防护，故建议在类似工程中，直接将渣场用地纳入永久用地范围。此外，要求招标设计中将渣场与主体工程同等设计，确保实际使用的渣场与设计规划的渣场不会发生较大偏差。

（2）工程规范施工

减少因不规范施工挂渣而增加临时用地。规范施工主要指的是对外交通的路基开挖和便道施工，因地形原因，一些渣土不可避免地沿开挖坡面向下滚落，造成红线外土地压覆盖，最终因施工不规范问题新增大面积的临时用地，产生不必要费用。因此有必要在招标文件中，将此项工作明确提出，并约定因此而发生的费用处理原则。

（3）规范弃渣行为

施工过程中可能出现就近弃渣、随意弃渣和超出征地范围弃渣行为，必然造成已征地渣场不能得到充分利用，还会造成渣场数量增加，新增渣场未取得合法手续，可能面临地方行政主管部门的处罚。

（4）便道用地和其他临时用地恢复

应明确恢复标准。一般情况下，临时用地使用后无法恢复原貌，但恢复原使用功能则可以达到。施工便道由于线路长，恢复原状难度大，建议恢复原使用功能。其他临时用地由于在选择位置的时候，大部分为平坦开阔位置，恢复较容易。

根据左右岸对外交通施工情况，临时用地面积往往比永久用地面积大，招标文件约定承包人应在临时用地计划范围内按实际需要与先后次序，提出具体计划，报监理人同意后报发包人。临时用地的面积和使用期应满足工程需要，临时用地退还前，承包人应自费恢复到临时用地使用前的状况。如因承包人撤离后未按要求对临时用地进行恢复或虽进行了恢复但未达到使用标准的，将由发包人委托第三方对其恢复，所发生的费用将从应付给承包人的任何款项内扣除。为避免在实施过程中承包人未按照招标文件约定向监理报临时用地计划，建设单位在临时用地规划阶段提前介入，严格规划用地范围，明确范围内用地面积和类型，进行规范化管理，降低不必要费用发生的风险，同时掌握相关信息，便于后期管理。

## 3.2.6　施工便道

施工便道即临时道路。招标文件中明确临时道路、桥涵的标准应满足施工需要，且不低于现有道路、桥涵的标准。此外，临时道路占地性质按临时用地处理，临时用地退还前，承包人应负责恢复到使用前的状况。

对外交通的施工便道在实施阶段容易出现以下几种情况：新建便道长度远大于投标阶段规划长度；便道开挖量远大于投标阶段规划量；当地村镇要求将便道改建为永久村镇道路，使用功能发生变化；便道建设和维护周期长；便道开挖造成了大量的压覆盖，临时用地实际费用大幅度增加，极端情况下，可能会出现多于投标费用数十倍的情况。施工前期新建便道占用较多资金，导致主体项目施工时资金周转困难，给工程建设带来不利影响。

出现上述情况的主要原因有：①自然环境恶劣，现场踏勘条件差，投标人难以全面掌握现场地形地貌特点；②便道施工难，土石比例划分偏差很大；③招标图纸的地形图一般为1:2000，实际施工测量地形一般为1:500，地形精度差异造成实际工程量与设计工程量偏差较大；④实施阶段进行了线路优化和调整，导致便道线路调整。

综上，在招标规划阶段，自然环境恶劣，现场详勘工作难以开展，不具备明确施工便道条件，采用总价包干不符合工程实际，采用暂估价较为合理，细化临时道路的相关条款，要求投标人在实施阶段明确每条施工便道的长度、占地面积和费用、开挖和路面结构的工程量、弃土位置、使用时间和复耕方式等。

## 3.2.7　弃土场

与施工便道类似，弃土场用地在对外交通的招标阶段被定性为临时用地。

弃土场位置一般由设计单位选定，在招标设计时作为推荐的弃土位置。实际上，由于地形图差异和地方协调原因，部分设计选定的弃土场可能无法使用，在实施阶段，不得不对弃土场位置进行调整。此外，部分弃土场位于平缓地段，占用耕地多，当地村民不愿接受用租地形式支付占地费用的方案，加上后期较难恢复和归还，地方要求弃土场占地全部按永久用地标准进行补偿。

鉴于此，建议对招标文件中弃土场的相关条款进行以下约定：招标文件中招标图纸选定的弃土场位置为暂定位置，承包人中标后，有义务对项目全线进行测量放样，对招标图纸指定的弃土场进行现场勘查复核，对无法启用的弃土场提出建议位置，最终由地质勘查单位复核弃土场位置是否具备弃土条件，并对确定后的弃土场的原始地形进行测量，绘制出弃土场用地范围，将相关测量数据提交设计单位，由设计单位根据最终确定的位置提出弃土场使用方案和防护方案。

## 3.2.8　问题及思考

（1）分包队伍的选择

中标单位在确定施工分包队伍后，按照建设单位对分包队伍的管理要求，提交分包队伍资质、业绩、财务状况等资料至建设单位备案。

这种备案方式不利于建设单位实施控制，主要表现在：一是建设单位对分包队伍的施工水平、财务情况、管理能力等无法掌握；二是施工单位与外协队伍的合同形式界限不明，究竟是劳务分包、专业分包还是转包等无从考究；建设单位无法实施事前控制，对工程建设和后期管理不利，可能造成工程进展无法满足工期要求。

建设单位在与施工队伍进行合同谈判时应提出明确要求，提前介入分包队伍的选择，即在施工单位确定分包队伍时，根据工程部位的施工要求，严格审核施工队伍的施工能力、财务状况、管理水平等。这样既符合招标文件相关约定，又能确保工程有序推进。

对外交通的实践表明，一个好的施工队伍是工程项目顺利完成的重要保证。龙头山隧道出口的队伍快速完成了龙头山隧道出口段工程，并能做到工完场清，而锅圈岩隧道出口的队伍的施工水平直接导致锅圈岩隧道出口工期严重滞后。

（2）资金封闭管理

为保障乌东德工程建设顺利实施，规范工程结算资金管理，保证资金专款专用，防范资金风险，根据建设部资金封闭管理专款专用原则，承包商从建设部取得的乌东德工程结算资金，必须保证用于承包商与三峡集团或建设部签订的乌东德工程合同项目建设，不得挪作他用。

招标文件对资金管理的规定是"发包人按合同约定支付给承包人的各项价款应专用于合同工程。承包人必须在发包人指定的银行开户，并与发包人、银行共同签订《工程资金监管协议》，接受发包人和银行对资金的监管"。但施工阶段，多个合同存在资金挪用的情况。

鉴于此，应在招标文件中明确约定，拟定工程资金监管协议，投标人必须按照资金监管协议要求进行投标，遵守管理规定。中标单位必须服从招标文件约定，严格履行合同，保证合同的严肃性。中标单位在不能满足资金管理要求时，应中止合同，并承担违约责任。发包人单位应及时中止合同，重新选择中标人，降低资金管理风险。

（3）评标办法

最低价评标法是把涉及投标人各种技术、商务和服务内容的指标要求，都按照统一的标准折算成价格，进行比较，取"评标价最低者"为中标人的办法。该种方法适用于货物采购类和技术服务类项目。

综合评标法是把涉及招标人的各种资格资质、技术、商务及服务的条款，都折算成一定的分数值，总分为 100 分。评标时，对投标人的每一项指标进行符合性审查、核对并给出分数值，最后汇总比较，取分数值最高者为中标人。该种方法适用于建设规模大、技术复杂、管理难度要求高，质量、工期和成本受施工组织设计方案影响大的项目或要求较为复杂的咨询服务项目。

中标价过低，极有可能导致施工期间出现诸多问题，工期延误是最直接的体现，如洪门渡大桥原本的计划工期为 36 个月，但从开始施工到洪门渡大桥合龙耗时将近五年，工期远远超过预期。这是因为，一是承包人在组织施工资源时，由于价格方面不具备吸引力，加上电站工程特殊的施工环境，导致优秀的施工资源不愿进场，工程不能及时启动；二是当现场情况发生变化需要加大资源投入时，承包人主动性不强，积极性不高，导致工程工期延误。

选择低价中标的评标办法，表面上看对降低工程造价、节约投资有一定的优势，但可能在项目实施阶段，承包人不按要求投入相应设备，遇到问题不积极主动寻求解决方法，增加了现场施工管理难度，不利于项目实施。

（4）投标人资格要求

招标文件中对投标人法人资格、投标单位资质、实施项目管理人员资质、投标单位业绩、投标单位信用情况、投标单位财务状况等方面提出了要求。从对外交通的实践看，投标单位的财务状况和信用情况应作为重点考察项目。

一般来说，在项目建设期内的某一施工时段如果出现资金短缺的情况，财务状况良好的单位可以通过自身资金调配及时解决，不会因为资金问题而影响工程进度。而财务状况不好的单位，在项目实施期间资金结算比较充裕阶段，可能存在将该项目的资金挪用到承包人其他项目的情况，这样就导致在项目资金紧缺的施工时段，承包人无法对该项目进行资金支持，使项目实施极为困难。

信用考核应在招标文件中明确，项目实施完成后需在全国信用网站上录入项目概况、项目工期、项目实施情况（包括项目进度、质量、安全、环保等评价）、民工工资支付情况、材料供应商价款结算情况，期间有无群体和上访事件等相关内容，业主单位对承包人的项目实施作出客观公正的评价，这对承包人履约、民工工资支付等行为有一定约束作用。

对于项目规模大、专业性比较强的工程，招标阶段对投标人的业绩考察极为重要。

（5）投标报价

在投标人投标报价清单中，通常会出现下述两种情况。

1）投标单价明显不合理，远低于成本价。如某标段招标文件第 600 章"交通安全设施及预埋管线"中，有一个清单子目"C25 混凝土护栏"，根据招标图纸该项为钢筋混凝土护栏，每延米混凝土工程量为 $0.52 \text{m}^3/\text{m}$，每延米钢筋重量为 $0.024 \text{t/m}$，属于综合报价项目，单位为元 /m。投标人在投标报价时，对本子目报价为 97.46 元 /m，且单价分析表中并无钢筋的材料费，招标工程量为 90m。

2）投标单价没有进行细致的单价分析，仅列出一个综合价格。如乌东德水电站对外交通某一标段招标文件第 500 章"隧道"中，有一个清单子目"施工缝"，单位是 m。投标人在投标报价时，对本子目只有一个汇总价格 40.00 元 /m，未按照单价分析表要求列出直接费、间接费、利润、税金等单价。

针对上述情况，在评标时应严格甄别，这样有利于项目后续施工争议的解决。

## 3.3　工程建设管理经验回顾与分析

通常，生产力决定生产关系，而对于工程管理来说，"生产关系"决定"生产力"。如果生产组织不顺畅，各个环节不紧凑，势必导致施工现场进度缓慢，质量问题、安全事故频发。要想抓好工程项目管理，首先要理清施工单位的生产组织关系。

工程项目的建设是从无到有、从点到面的过程，每个过程有其自身的特性。在管理过程中要不断地熟悉每个过程的特性，克服局限，争取主动。比如工程初期，常常互相牵制，互相等待，工程局面很难打开，这时强调的是启动要快，着重抓开工，促勘探、促设计、促准备，把布局放在首位；工程后期，项目零碎，计划难度大，思想容易松，可能会犯"进入收尾阶段，速度越来越慢，宣布基本竣工，时间还得一半"的毛病，要强调"零活不散干"，并编成"小战役"打，全神贯注，善始善终，收尾要利落，力戒拖沓。

提前规划，超前实施。建设单位既是管理者，也是服务者，管理与服务既是对立的，也是统一的。工程管理中工作安排到位，需协调和服务的事情就少；协调和服务到位，管理也就更容易。反之，如果布置任务考虑不全面、任务安排不超前，前期管理不到位，施工过程中往往会出现很多问题，协调和服务的工作量也会增加。如果协调和服务工作不到位，被管理者配合力度越小，管理难度就越大。所以考虑事情要全面，布置工作要超前，给施工单位留有余地，也就是给自己留有余地，如在工程启动前充分考虑并实施好供水、供电、便道布置、施工场地及渣场选址等工作，可为工程实施阶段提供便利条件，节省施工准备期。

强化方案落实，严格过程管理。从方案制定、方案审批、方案执行、方案监督到效果反馈，每一个环节都需要大量的思考和良好的方法进行管控。现场管理也应强化方案，落实安全、质量、环保措施，与工程同时施工、同时验收、同时投入使用的"三同时"，工程形象与验收工作、结算工作的"三同步"。加强施工过程的规范化管理、内业资料的及时性管理，施工过程不规范、内业资料处理不及时、过程无人监督检查，尤其是人员调整，往往会造成后期合同验收及变更清理困难。只有加强规范化、及时性的管理，对不规范的施工工序及时检查纠正、对已完成的单元评定资料定期检查、对已完工的分部工程及时验收、对发生的变更项目及时清理，才能保证现场形象与验收工作相匹配、验收工作与工程结算相匹配。同时，这些工作应反映在每月项目部组织的施工管理月例会及每月的结算工作中，通过结算工作来促进工程资料的管理工作。

深入现场，聆听施工单位、民工和技工的意见。因为不管是图纸还是规范，都是在告诉我们"做成什么样"，都是理论知识，前者指的是表观，后者指的是内涵。而施工组织设计及现场布置、安排、工序实施等告诉我们的是"怎样做"，是实践知识。只有深入现场，了解各工作的现场情况，包括技术方案、周边干扰、物资准备、人力资源投入、完成效果鉴定，才能更好地与管理目标进行对比分析，查找问题，及时纠正。

关于工程结算工作。通过对外交通历年审计情况，在变更及工程量审核过程中应注意，凡涉及钱的事情，必须坚持"三个凡事"，即凡事按程序，凡事有依据，凡事有记录。

乌东德水电站对外交通工程分两个阶段施工。第一阶段为 2012 年 4 月至 2014 年 1 月，第二阶段为 2014 年 1 月至工程完工。在对外交通建设过程中，不断总结前期项目施工经验，使得管理水平显著提升。第二阶段的质量验收的合格率、安全事故管控、合同工期的执行情况、地方协调效率等都较第一阶段有所提高。

### 3.3.1　质量

对外交通工程各参建单位均按建设部要求建立质量保证体系，制定层层质量责任部门及责任人，建立质量管理手册，严格按照设计及施工规范要求施工，抓好质量控制。

建设部通过独立的测量、试验及第三方检测等手段对各环节的施工质量进行检查，从原材料到工程完工的整个过程都对工程的施工质量进行检测，进一步保证工程施工质量。

建设部高度重视质量专家组意见的落实，分别于 2014 年、2016 年、2018 年组织三峡集团质量专家组和金沙江桥梁专家组对对外交通工程现场进行检查，并逐项落实了专家组的检查意见。施工过程中除局部出现质量问题及缺陷外（按程序进行了及时处理），无质量事故发生，工程整体质量良好，质量处于受控状态。2014 年三峡集团质量专家组检查情况见表3-3，2016 年金沙江桥梁专家组检查情况见表3-4，2018 年金沙江桥梁专家组检查情况见表3-5。

表 3-3　2014 年三峡集团质量专家组检查情况

| 检查意见 | 整改落实情况 |
| --- | --- |
| （1）建议加快乌东德水电站对外交通工程的建设，一方面提高物资运输车辆的行车安全，另一方面减少物资运输成本 | （1）会东至河门口公路Ⅰ标前期施工时受内部协助、队伍整顿影响，工程进展缓慢，目前各工作已恢复施工，Ⅱ标除下喇叭沟大桥外，其余项目进入收尾阶段；右岸半角至新村公路 2014 年 3 月完成手续办理，目前各主要工作已全部启动 |
| （2）左右岸对外交通从起点至乌东德的线路多为下坡路，考虑后期运营期车辆安全行驶的需要，建议选择具备合适条件的地点增加休息站及景点设计 | （2）考虑右岸对外交通桥隧比较高，为改善道路行车安全环境，在已设计一个服务区的基础上，增加了一个服务区。相关景点设计将根据道路周边自然环境、水文气象及支洞布置条件，结合绿化环保进行后期专题设计 |
| （3）建议建设单位及监理单位加强对现场的管理工作 | （3）为加强现场管理，建设单位在原有合同项目管理的基础上分别抽调相关人员组成质量检查小组和现场综合小组，对现场质量、进度、安全进行检查 |
| （4）桥梁工程技术含量高，希望监理单位增加有经验的监理人员。建设单位提出的"聘请桥梁专业总监，对桥梁施工全程进行专业指导"要尽早落实 | （4）2014 年 5 月，建设单位聘请洪门渡大桥总监为对外交通桥梁专业总监，对对外交通桥梁工程进行专业指导，自专业总监进场以来，每月根据施工单位上报的施工计划进行数次检查，形成工作联系单 2 份 |

续表

| 检查意见 | 整改落实情况 |
|---|---|
| （5）建议场内交通工程设计执行《水电站施工组织设计规范》，不采用矿山的公路等级 | （5）场内交通工程已基本施工完成，设计及施工过程主要按公路工程相关规范执行，参考了《水电站施工组织设计规范》和矿山的公路等级 |
| （6）对于特长隧道运行中将带来的安全及散烟问题，要做好消防、通风工程设计，完善交通管理规则、制定事故防险预案。同时，由于在工程立项审批后做了重大变更，应按公路立项的审批程序报审 | （6）对于左岸对外交通出现的特长隧道，建设单位多次组织召开专题会议，要求完善消防、通风工程设计，并积极提前开展消防验收手续办理相关工作 |
| （7）要及时做好分部工程、合同工程交工验收工作，及时进行桥梁荷载试验及竣工等验收工作 | （7）2014 年 7 月，完成了乌东德大桥、阿巧沟大桥、小河嘴中桥的桥梁荷载试验。在施工过程中，加强了对内业资料的管理工作，定期对已完工程的资料、经济问题进行检查、处理 |

表 3-4　2016 年金沙江桥梁专家组检查情况

| 检查意见 | 整改落实情况 |
|---|---|
| （1）乌东德交通工程的连续刚构桥梁数量多、桥墩高、跨度较大，而设计主桥墩采用双空心薄壁箱型结构，且横向尺寸宽为 5m，总体刚度较差，请核查桥梁正常使用极限状态和桥梁冲击系数是否满足要求 | 桥梁正常使用极限状态和桥梁冲击系数满足要求 |
| （2）对于主梁纵向水平预应力钢束偏离腹板位置的设计，主梁竖向预应力精轧螺纹钢筋偏离轴线布置等构造，请设计单位复核预应力度的有效性、可靠性；预应力钢束的防崩钢筋数量和构造不合理，预应力钢束的大小与板厚应匹配 | 预应力设置可靠、合理，满足设计计算要求 |
| （3）部分主梁纵、竖向预应力钢束的施工位置偏差较大，锚固端面平整度差，预应力损失较大，存在施工张拉时间和设计要求不一致等质量问题 | 《桥梁工程质量检查和专题咨询的意见和建议》（以下简称《意见》）下发给施工和监理单位学习，主要采取以下措施来加强现场施工质量管控：①由监理组织（桥梁总监参加）对《意见》进行学习，施工班组、施工单位总工和生产负责人参加，进一步提升参建管理人员的施工质量意识；②要求设计单位对现场监理进行专业技术培训，提高读图能力；要求监理加强过程检查，每一仓混凝土浇筑，对照问题逐个清点无误后再同意浇筑 |
| （4）部分主梁构件的钢筋保护层厚度偏差较大，甚至出现露筋现象，不能满足相关规范要求 | |
| （5）钢筋混凝土或预应力混凝土构件错台现象较严重，不能满足相关规范要求 | |
| （6）主梁的伸缩缝处被垃圾或混凝土填塞，主梁在温度等荷载作用下自由变形受限。主梁箱内垃圾、积水严重，施工单位应及时清理垃圾、废弃混凝土和积水等，检查主梁、桥墩箱内的排水孔是否通畅 | |

| 检查意见 | 整改落实情况 |
|---|---|
| （7）防撞护栏是安全行车的重要保证设施，实际工程中防撞护栏与主梁上的锚固钢筋的规格、排列间距和一致性不合理 | ③加强每个验收环节管理。施工单位总工、各标段站长或副总监、交通项目部分别负责和参加各自管理环节的验收管理工作。为督促意见整改到位，桥梁总监连续参加 2 座桥 3 个节段的验仓。现浇段和合龙段由交通项目部、桥梁总监和长江委监理副总监联合验仓 |
| （8）桥梁工程的监理工程师应加强施工方案的审查、施工工序的检查和签证、施工过程的质量控制、成品的检查验收，客观反映施工过程中的质量现象，以防出现质量问题 | |
| （9）鉴于洪门渡大桥桥型已经确定，施工已经开工一年的客观事实，两岸主墩施工困难，应充分重视复杂陡坡地形桥墩施工的地形特点，在桥梁桩基承载能力和地基承载能力满足受力要求的前提下，不宜变更主墩承台位置，建议采用分级设置施工平台、内外排桩基础不同桩径等技术思路，编制详细的施工方案和作业计划 | 结合专家意见，交通项目部组织施工、监理单位进行研究，根据地形条件采用钢栈桥分级设置施工平台，以右岸第二级边坡坡顶为中转平台，用 20t 塔吊将物资、设备转运至承台高程 |
| （10）下喇叭沟大桥的边、中跨合龙段的顶板出现纵桥向裂纹，应为截面尺寸、材料性能、环境温度、施工工艺等多因素造成的，该裂纹不属于荷载作用引起的结构裂纹，不宜贴钢板或碳纤维布进行加强处理。建议继续加强观测，待裂纹稳定后再做封闭处理 | 从检查后至今，持续观测未发现裂纹加宽、加大迹象，由于Ⅱ标段、Ⅲ标段工作面移交，现阶段仍在观察期内，待完成桥梁荷载试验后，视具体情况再做处理 |
| （11）由于施工过程受到复杂因素影响，部分桥梁的施工工期已经无法在合同工期内完成，施工单位追赶施工进度时，应以安全、质量为前提选择合理施工方案和可靠施工工艺，确保施工安全和工程质量，再兼顾工期要求 | Ⅰ标段刚构桥标准节段施工的时间一般为 10～20 天，主要受制于人员偏少原因，进度偏慢，钢筋工程、混凝土浇筑、预应力张拉和挂篮行走等关键环节有序且可控 |
| （12）编制挂篮等施工临时设施的拆除方案，规避拆除过程的风险。加强施工临时设施的锚固连接、焊接连接、锁卡连接等联结构造质量合格率的控制和使用中的巡查检查 | 弯腰树大桥于 2016 年 9 月 8 日主跨合龙，16 日完成全桥张拉，目前挂篮已经安全拆除，合龙段的临时锁定解除均按照施工详图要求先张拉后解除。小河沟大桥边跨现浇段方案已通过并完成浇筑，浇筑前排架验收合格，并进行了堆载预压；钢管柱的搭设等符合安全要求 |
| （13）检查桥台、锥坡、桥墩护岸等附属设施的防水与排水设施的完备性；核查桥台等填料的透水性和密实度；核查施工开挖后对岸坡稳定性的影响程度 | 台背回填的质量控制主要是填筑料和碾压工艺，汛前完成了 80% 的桥台台背回填和 30% 的桥头搭板施工，暂未发现明显沉降和开裂现象。学堂沟和大梁子中桥桥底过流明显，未设置排导槽和墩柱保护，已要求设计提出通知单进行完善。桥梁两端边坡支护基本完成，汛期局部发生垮塌，已清理，汛后集中修复 |

**表 3-5　2018 年金沙江桥梁专家组检查情况**

| 检查意见 | 整改落实情况 |
|---|---|
| （1）主梁挂篮后锚采用精轧螺纹钢筋不竖直。应使后锚精轧螺纹钢筋保持竖直并受力明确；保证精轧螺纹钢筋与锚垫板正交；对精轧螺纹钢筋进行有效保护；精轧螺纹钢筋使用一定次数后应进行更换 | ①挂篮走形到位后，精轧螺纹钢筋安装竖直，保证精轧螺纹钢筋与锚垫板正交，并对精轧螺纹钢筋进行包裹保护，以免受到电焊气割火花伤害或者其他形式破坏<br>②今后在使用过程中，定期对精轧螺纹钢筋以及螺帽垫块等进行检查，每半年更换一次 |
| （2）挂篮中支点下的支垫不规范。短型钢梁直接支于混凝土梁顶，支承有效性较差，需改进；短型钢支承梁分布较稀，不利于受力分布，应调整；或短型钢支承梁顶加多层钢板，非弹性变形较大，应减少钢板支垫层数 | 按照已审批的洪门渡大桥施工方案和《洪门渡大桥主桥连续刚构箱梁悬浇挂篮设计施工图》，将混凝土梁顶找平后放置短型钢梁，一般位置短型钢垫梁间距不大于 1.5m，前、中支点处钢垫梁不少于 4 根。同时减少钢垫梁上钢板支垫层数，最多抄垫 1 层，减小了非弹性变形的影响，确保施工时挂篮使用和行走平稳 |
| （3）主梁顶板钢筋安装不准。纵向钢筋间距误差大，应加强检查并调整 | 加强纵向钢筋间距控制，先测量放点再布置钢筋并安装牢固，并对变形的端头模板进行了更换，确保纵向钢筋间距误差在规范允许范围内 |
| （4）钢绞线的工作锚夹片安装间隙不一致，不利于夹片夹持后钢绞线的受力，应在张拉前再检查调整；竖向预应力筋上端锚垫板顶未清理干净，会产生非弹性压缩，增加预应力损失，应先清理干净后再带上钢绞线锚具；请核查采用低回缩锚具采用二次张拉的有效性 | ①张拉前将竖向预应力筋上端锚垫板顶及张拉槽口内杂物清理干净，确保锚具与锚垫板密贴；张拉前检查调整钢绞线的工作锚夹片安装间隙，使其均匀夹持后钢绞线并受力<br>②利用顶架采用低回缩锚具二次张拉施工操作可行，张拉力与伸长量能满足设计要求 |
| （5）少量梁体混凝土密实性不足。发现 10 号块一处底板顶面上端的部分混凝土不够密实，应加强振捣；对拆模后发现密实性不足的部分，应在凿除后重新浇筑 | 将该松散部位凿除后重新浇筑密实。在后续的混凝土施工中，严格按照浇筑工艺布料，加强振捣，确保混凝土密实 |
| （6）注意防止 11 号块混凝土浇筑后产生纵向裂纹。主梁 10 号块于 2018 年 1 月 28 日浇筑，11 号块混凝土预计 5 天后浇筑，与 10 号块的龄期差达 50 天。因此，需采取有效措施防止 11 号块混凝土浇筑后产生纵向裂纹 | 由于春节原因，主梁 10 号块与 11 号块的龄期差达 50 天。在施工 11 号块时，已采取了以下措施，防止 11 号块混凝土浇筑后产生纵向裂纹：<br>①加强 10 号块与 11 号块接缝处理，采用机械充分凿毛，接缝处混凝土见到粗骨料，并连成一片；浇筑前在接缝处洒水湿润<br>② 11 号块浇筑过程中，严格控制混凝土坍落度和入模温度，严格执行浇筑工艺，分层布料并振捣密实，特别加强接缝处混凝土振捣<br>③控制拆模时间，防止过早拆模使混凝土内外温差大导致出现裂纹。顶板和底板覆盖土工布，进行洒水保湿养护<br>④待强度、弹性模量和龄期均达到设计要求后再进行预应力施工<br>⑤采取以上措施施工 11 号块后，经检查未发现 11 号块梁体出现纵向裂纹 |

| 检查意见 | 整改落实情况 |
|---|---|
| 建议（一）请乌东德工程建设部、专项工程建设部进一步梳理两桥参建单位职责，理顺质量管控流程，加强过程沟通，并牵头组织成立质量提升工作小组（QC），持续研究并解决后续施工过程中会出现的各类技术、质量问题，确保高质量完成工程建设任务 | 组织监理、施工单位、长江设计院、四川交大检测就《金沙江乌东德水电站连续刚构桥梁施工管理细则》进行了修正，就桥梁上部结构施工进一步细化各参建单位职责，理清管理流程。<br>结合各单位、各岗位、各人员特长，就上部结构施工分别成立了质量监督领导小组、技术保障小组、现场协调小组等针对技术方案、现场交底、工人培训、混凝土拌和、运输、浇筑、养护、模板安装、钢筋绑扎、挂篮前行、预应力管道安装、定位、预应力张拉、压浆等各个环节进行监督把控，确保洪门渡大桥精品工程建设 |
| 建议（二）关于两桥的政府质量监督，请做好与监督单位的对接，确保建设过程中监督到位；并提前考虑两桥的移交问题，做好日常档案管理工作 | 正在落实桥梁建设过程中的政府监督，同时结合近期右岸对外交通道路维护移交与地方政府已就洪门渡大桥移交方案进行初步探讨 |
| 建议（三）两桥均位于高地震烈度区，建议在后续设计过程中进一步"瘦身"优化，目的是减轻上部结构自重，减少工程量；施工过程中严格控制混凝土浇筑量，防止超方 | ①已组织设计院结合结构抗震设计就桥梁结构断面形式、尺寸进行了进一步复核。原设计断面符合抗震要求，要求施工过程加强质量控制；<br>②目前洪门渡大桥已施工至 13 号块，针对前期施工过程中出现的超方情况，已及时进行了总结并制定了相应措施。已要求施工单位严格按照设计尺寸加工模板，浇筑时按照监控指令标高控制混凝土面，浇筑完成后及时清理现场剩余混凝土，尽量减少因施工误差造成的上部结构超方 |
| 建议（四）两桥主墩桩基落在河道陡坡处，皎平渡桥位于泥石流沟出口下游处。建议根据地质勘探资料及桩基造孔的实际地层资料，绘制桩基的平、剖面图，分析提出桩基围岩性状，明确桩基的埋深和嵌岩的深度 | 洪门渡大桥因边坡全开挖后为岩石，其桩基全部位于白云岩层内<br>地质详勘时，在桥梁桩基范围布置有探洞，地质勘查资料较详细 |
| 建议（五）监理单位应严格按照标准实施过程监控，做好旁站、平行检验和现场巡视等工作 | ①洪门渡大桥总监办实行了总监理工程师负责制，总监理工程师负责全面管理，为质量管理第一负责人，由总监、副总监及各专业负责人组成质量领导小组，全方位、全过程开展监理质量管理工作。严格按照规范对关键部位钢筋、预应力管道制作、安装，挂篮行走，重点工序预应力张拉、注浆，混凝土浇筑等采取重点控制与一般控制相结合，巡视检查与旁站监理相结合，发现问题及时督促整改、落实，使现场施工的安全质量始终处于良好的受控状态 |

续表

| 检查意见 | 整改落实情况 |
|---|---|
| 建议（五）监理单位应严格按照标准实施过程监控，做好旁站、平行检验和现场巡视等工作 | ②在监理工作中主动做好事前控制工作：对原材料、钢筋焊接、预应力钢绞线制作、安装进行抽样检查验收，督促施工单位根据已浇筑节段标高、挂篮的变形、监控指令，进行测量控制，检查节段挂篮预拱度，确保桥梁线型符合要求；加强事中控制工作：对混凝土浇筑、拌和站混凝土配合比和性能的检查、预应力钢绞线张拉压浆进行旁站和巡视等；积极采取事后控制措施：督促施工单位加强对混凝土的养生，避免混凝土表面出现收缩裂纹，对出现的混凝土挂帘和外观麻面等工程质量缺陷进行督促和检查，以保证工程施工质量和工程进度 |
| 建议（六）各施工单位应加强技术交底管理，确保设计技术要求传递到施工第一线；强化对关键工序的过程控制，确保预应力张拉质量，同时精准控制波纹管安装位置，防止张拉过程中出现底板、顶板混凝土崩塌的情况 | 每次分部工程开工前，施工单位项目技术负责人对全体施工人员（包括一线作业人员）进行技术安全交底；关键工序（比如张拉作业）由现场技术负责人在施工现场对作业人员交底。波纹管预埋及预应力张拉施工均有质检人员跟踪检查、值班。目前梁体没有出现底部、顶板混凝土崩塌现象 |

乌东德对外交通是由两省发展与改革委员会审批建设的项目，建设过程中注意协调地方质量管理部门及时介入质量监督指导，确保工程建设过程合规合法，质量优良。具体做法有：

结合工程实际特征，要求施工单位编制适合本工程的质量目标，严格按照项目计划中的过程、程序实施，同时，会同监理对对外交通（含洪门渡大桥）共计 7 个标段，分别就边坡开挖、挡墙浇筑、洞室开挖等各项内容不定期进行联合检查，以保证工程质量。

建立质量例会制度，定期召开质量月例会及季度质量会，对出现的质量问题建立质量管理台账，全过程跟踪管理。针对存在的每项质量问题，召开专题质量会议，商讨解决办法，逐项解决，分析存在的质量问题，不断地提高质量管理水平。

对于标准工序，如桥梁桩基施工、连续刚构上部主梁施工、隧道施工、路基涵洞施工及高边坡施工等，及时总结施工工艺、标准、流程，形成相应的施工细则和指南以指导其他部位的施工。

## 3.3.2 安全

对外交通工程线路长、桥隧比高，沿途地质构造复杂，沟壑纵横，安全隐患较多。在项目施工过程中，各参建单位始终坚持"安全第一"的方针，以零伤亡事故为目标，杜绝群伤群亡和设备重大损坏事故。在实际管理过程中，发生过隧道塌方、高空坠落、交通安全等事故。

西南山区公路工程施工的主要风险点在于隧道洞挖、桥梁高空作业及便道雨季车辆通行等。安全事故之所以发生是有地质原因、环境条件原因、资源投入不足原因等，也存在一定的管理方面原因。按照安全管理要求，加强制度建设，注重过程管理，加大安全投入，严格落实安全措施，全面吸取教训并认真整改，安全状况得到持续改善。主要工作包括：

（1）针对各个工程不同阶段的实际情况，组织对各类安全文明施工管理办法进行宣贯，会同监理组织施工单位对现场进行交叉检查、相互学习，严格安全检查考核制度，对不合规的队伍进行处罚。

（2）为保证安全度汛，成立防洪度汛小组，明确参建各方职责。同时，"以进度保安全，以安全促进度"，应在汛前完成明线路基的排水设施和桥梁下部结构等施工。

（3）健全安全管理体系，形成全方位、全覆盖的管理网络，明确各级管理部门、管理人员的安全管理责任，并建立履职考核机制，奖罚兑现。

（4）按照"全覆盖、零容忍、严管理、重实效"的要求和相关制度，每月开展1次综合安全大检查，由业主起草和下发方案，督促履行安全管理主体职责，持续跟踪隐患整改过程，做好整改效果评估，形成监督指导、重点督查模式和隐患排查治理长效机制。

（5）按照"总承包单位负责、分包单位自律、监理单位监督、发包单位协调"的原则加强对分包商的管理工作。督促施工单位履行分包单位建筑市场准入手续，加强对分包单位的资质资格、履约能力、组织机构、人员配备等方面的审核，加强对民工、技工的三级教育和进场管理，深入开展安全生产检查抽查，杜绝违章指挥、违章作业，及时清除不合格的分包单位。

（6）按照"源头控制、过程管理、问题反查、压实责任"的原则抓实安全。通过事故、隐患倒逼，反查各单位、各层级、各岗位在管理上和实施中存在的漏洞和短板，通过案例剖析提高认识，通过追究问责落实责任，促进工程各参建单位增强自主安全意识。

（7）健全应急预警机制。施工、监理、设计、项目部对包括洞室、边坡的监测设施布置、数据分析、责任人、变形异常信息会商研判、现场处置等工作机制和防坍塌预警机制进行梳理，加强洞室、边坡安全监测预警。

### 3.3.3　进度

乌东德对外交通工程各标段工期见表3-6。

**表 3-6　乌东德对外交通工程各标段工期**

| 标段 | | 合同工期 | 开工时间 | 完工时间 | 实际工期 |
|---|---|---|---|---|---|
| 左岸（会东至河门口公路） | 第Ⅰ标段 | 16个月 | 2012.5 | 2016.4 | 46个月 |
| | 第Ⅱ标段 | 16个月 | 2012.4 | 2015.11 | 43个月 |
| | 第Ⅲ标段 | 4个月 | 2016.5 | 2016.10 | 5个月 |
| 右岸（半角至新村公路） | 第Ⅰ标段 | 28个月 | 2014.3 | 2017.8 | 42个月 |
| | 第Ⅱ标段 | 28个月 | 2014.3 | 2017.8 | 42个月 |
| | 第Ⅲ标段 | 30个月 | 2014.3 | 2017.8 | 42个月 |
| 洪门渡大桥 | | 35个月 | 2014.5 | 2018.12 | 55个月 |

1. 影响工期的主要因素

从表 3-8 可以看出，对外交通工程各标段均存在较大的工期滞后现象，影响工期的因素主要有：

（1）设计方案

以会东至河门口公路桥梁为例，公路桥梁多位于大、深冲沟上，招标设计审查时，单纯从降低施工难度和单个桥梁造价上考虑，要求减小连续刚构桥主跨跨径，导致墩柱和桩基加长，主墩边坡支护（该项未纳入招标工程量清单）工作量增加。实质上，用现有桥梁施工技术，在桥型不变的情况下，跨度在 100～150m 时，其桥梁主体施工难度差不多。在陡峻的深沟、峡谷处理边坡和进行下部结构施工，不管是施工的难度还是安全风险均较高。故在研究设计方案时应充分考虑工程造价、项目施工难度和施工安全，以及后续潜在的项目附属工程量等综合因素。

（2）施工组织方案

投标人在进行投标文件编制时，未深入现场就编制施工组织设计，往往依据以往其他项目的工程经验和招标图册编制施工组织方案，尤其是便道、营地、拌和站等大型临建设施，未考虑现场实际施工时的数量和修建难度，以便道为例，对于各工作面展开所需修建的临时便道及便道修建的难度估计不足。会东至河门口公路大型临建设施建设期，施工单位根据总体施工进度安排，进行整修、扩建及新建的施工便道约 106km，其中整修、扩建原有道路作为运输道路的长度约 78km，新建便道长度约 28km。左岸会东至河门口公路 II 标段在 2012 年 4 月就完成标头大临建工程建设，开始主路基施工，而标尾河门口村为标尾路基工程、隧道工程必经村落，其村内无乡村公路，且地处库区淹没线以下，相关协调工作难度大，直至 2013 年 2 月才开始进行标尾施工便道修建工作，直接影响标尾路基段、灰泥坡隧道的施工进度。

（3）地质勘探精度

由于对外交通工程线路长，沿线自然条件恶劣、工作条件艰苦，多处路段人迹罕至，勘探单位在地质勘查阶段无法利用有效的手段、先进的设备对地质情况进行详查，导致地质条件判定出现偏差。如左岸对外交通隧道在施工图设计阶段，普遍以III级、IV级围岩为主，而在实际施工阶段，根据开挖揭露的地质条件，主要以IV级、V级为主。右岸对外交通隧道在施工图设计阶段，普遍以II级、III级围岩为主，而实际施工主要以IV级及IV级加强为主。围岩等级的提高，支护工程量的增加，一方面造成投资增加，另一方面造成工期延长。

路基下挡墙基础承载力、隧道围岩类别等判定难度大，精度要求高，在没有先进设备辅助对地质条件进行判定的情况下，会对项目施工进度及作业安全带来较大影响。如左岸会东至河门口公路 II 标段老嘎木隧道、下腰崖隧道地质情况为水平砂岩层，层间夹杂泥岩，常存在隐藏结构面和系统锚杆长度无法达到的地层。因隐藏结构面问题造成的大规模塌方、掉块事件已有 4 次。

（4）施工前期准备

在施工前期，对于现场条件的调查不充分，对于突发情况无相应准备措施的应对。例如，在深沟附近住有居民，当地村民主要通行道路、供水生活设施跨越深沟，而设计渣场选择多位于大深沟处，渣场启用后导致原居民被断路、断水等，影响地方百姓正常生活，而且会东至河门口公路沿线旱季时间长、问题严重，断水源引起的赔偿需求无限放大，对工程施工影响巨大。

大型临建工程（如供电、临时便道、渣场、砂石混凝土系统等）及场内拆迁、影响区域协调工作等应尽早启动，避免直接影响下一步工作，导致工期滞后，建设成本增加。例如会东至河门口公路Ⅱ标段三工区拌和站规划晚，拌和站在 2013 年 5 月才投入使用，导致下喇叭沟大桥桩基成孔后，搁置了 5 个月的时间。而且拌和站规划小，供应路基、桥梁、隧道等多个部位、多种标号混凝土的能力有限，导致三工区进度多受制于混凝土供应。

（5）征地拆迁

左岸会东至河门口公路征地拆迁工作复杂，涉及当地生产生活，应尽量提前组织，否则可能会造成工程建设不连续且滞后。以左岸Ⅰ标段为例。

2012 年 1 月初，启动放线及征地工作。

2013 年 12 月底，红线内 K18～K19 段完成征地，至此会东至河门口公路Ⅰ标段红线内的征地工作全部完成。

至 2014 年 7 月底，红线内仍有 3 处房屋未完成拆迁。

征地拆迁工作的滞后，一定程度上制约了施工单位的施工组织和工期安排，如原计划K5～K10 段挖方利用 K0～K5 段路基填筑，由于 K5～K10 征地拆迁严重滞后，为推进施工，K0～K5 段改为借土填方。

右岸半角至新村公路征地总包协议、林地使用手续滞后，对便道修建造成很大困难，直接影响主体工程施工计划的实施。

（6）施工环境

乌东德对外交通工程地处金沙江干热河谷，气候分为旱季和雨季，滑坡、崩塌、泥石流等地质灾害易发高发，对施工便道、施工场地造成破坏，施工安全得不到保障，导致工期延误，特别是雨季，停工频繁。

2. 控制进度的措施

基于上述原因，建设部通过一系列举措，实现了进度可控。

1）根据工程实际情况，对施工组织设计、总进度计划进行严格审批，并围绕批准的总进度计划分解编排阶段性施工计划，通过季度例会、月例会、周例会，理清各阶段的关键线路、关键项目，将工作进行精细化分解，落实进度检查考核制度，严格审批处于关键节点的分部工程进度计划，对可能遇到的问题提前判断、准备，加强各分项、单元工程间的连续性。

2）以点带面，通过对关键结构物的节点工期控制实现整个项目工程的进度可控。在对外交通中，大跨度连续刚构桥和长隧道为关键构造物，其工期长，直接影响公路通车时间。所以应对桥梁工程、隧道工程的分部和分项工程进度计划进行审查，明确节点工期，加强过程管控，以准点实现通车为目标。

3）引进新技术、新工艺。根据现场情况，在满足相关规范的要求下，会东至河门口公路引入钢波纹管涵，减少涵洞施工对便道通行能力的影响并节约了工期。

## 3.3.4　应对措施及效果评价

1. 应对措施

由于对外交通属山原峡谷地貌类型，地势总体上西北高南东低，地貌结构以丘状高原面或分割山顶面为"基面"，地形、地貌条件复杂。设计单位在线路勘察阶段面临自然条件恶劣、工作条件艰苦等不利环境，因此在设计施工图时，难免因地形图精度不足，使得图上作业与实际情况出现偏差。建设部组织各参建单位及有关专家到现场多次察勘，加强对技术方案的研究，解决现场实际困难，主要体现在以下几个方面。

（1）线路优化。

半角至新村公路路线顺金沙江右岸的支流太平小河布置，太平小河深切于高原面和分割山顶面之下，岸坡高陡，临江高差多在 1000m 以上，河谷呈狭窄的 V 形，因此道路桥隧比较高。为避免特长隧道出现消防问题，设计方案多利用沿线冲沟露头，利用桥梁方案跨越冲沟。

金沙江沿岸属干热河谷地带，降雨较为集中，冲沟多为季节性流水，沟谷呈狭窄的 V 形，平面呈喇叭口形状，桥台地形陡峻，两侧陡崖近绝壁状，桥面上方危岩体较多，处理难度大，冲沟内随处可见巨石，桥梁施工、运行风险较大。

西南地区山高、坡陡、沟深，泥石流、滚石、边坡塌方时有发生，运行中的道路出现自然地质灾害，中断交通线路，尤其对桥梁的损毁更是严重，安全运行风险较大。水电站建设工期要求紧，一旦停工，损失极大。为此，线路优化的基本思路是以安全为重点，降低运行风险。

因汛期降雨较大，沿线桥位上方普遍存在古堆积体，稳定性差，存在垮塌风险，为了提高施工作业安全性和降低运行期安全风险，对半新公路线路进行了优化，将桥梁改为隧道，其中老营盘 1 号桥、老营盘 2 号桥、老营盘 1 号隧道合并至锅圈岩隧道，老营盘 2 号隧道、老营盘 3 号隧道、龙头山 1 号桥、龙头山 2 号桥、龙头山 3 号桥、龙头山 1 号隧道、龙头山 2 号隧道、龙头山 3 号隧道合并为龙头山隧道，避免了滑坡对桥梁的威胁。

取消窑缝沟中桥、大母楚大桥，采用隧道方案，将原老鹰窝隧道、窑缝沟隧道、大母楚隧道合并为老鹰窝隧道。工程实施调整统计见表 3-7。在原桥位增设支洞，作为施工期的出渣和通风通道，运行期作为通风和逃生通道，避开隧道进出口上方危岩体对车辆通行的影响，大大降低了施工风险和运行风险。

**表 3-7　工程实施调整统计表**

| 序号 | 工程部位 | 招标阶段 | | 施工阶段 | |
|---|---|---|---|---|---|
| | | 工程项目 | 工程特性 | 工程项目 | 工程特性 |
| 1 | 右岸工程 | 窑缝沟大桥（取消） | 68m（3m×20m 预应力混凝土组合箱梁） | 调整老鹰窝隧道长度 | 老鹰窝隧道长度由 3472m 调整为 5310m，属特长隧道 |
| 2 | | 窑缝沟隧道（取消） | 1031m | | |
| 3 | | 大母楚大桥（取消） | 63m（3m×20m 预应力混凝土组合箱梁） | | |
| 4 | | 大母楚隧道（取消） | 644m | | |
| 5 | | 老营盘 1 号～2 号桥（取消） | 126.5m（20m 跨组合箱梁）+128m（30m 跨组合箱梁） | 调整锅圈岩隧道长度 | 锅圈岩隧道长度由 1980m 调整为 2977.5m |
| 6 | | 老营盘 1 号隧道（取消） | 798.5m | | |

续表

| 序号 | 工程部位 | 招标阶段 | | 施工阶段 | |
|---|---|---|---|---|---|
| | | 工程项目 | 工程特性 | 工程项目 | 工程特性 |
| 7 | 右岸工程 | 老营盘2号～3号隧道（取消） | 264.5m+114m | 调整龙头山隧道长度 | 龙头山隧道长度由1136m调整为3834.527m，属特长隧道 |
| 8 | | 龙头山1号桥（取消） | 188m（30m跨组合箱梁） | | |
| 9 | | 龙头山2号桥（取消） | 248m | | |
| 10 | | 龙头山1号～3号隧道（合并） | 324m+1431m+1136m | | |

　　线路调整后，隧道长度增加，为解决特长隧道的通风和消防问题，进行了专题研究，系统性地进行了工程布置，采取工程措施，妥善解决了运行期消防安全问题。

　　（2）洞室结构优化。

　　根据《公路隧道设计细则》（JTG/T D70—2010），一般地质条件下，$IV_2$级围岩和$IV_2$级加强围岩设置有仰拱。由于公路隧道勘察难度较大，右岸半角至新村公路隧道设计均按照规范要求$IV_2$级围岩和$IV_2$级加强围岩设置仰拱。但参建四方根据施工现场围岩揭露情况，判定$IV_2$级和$IV_2$级加强围岩主要分布在灯影组白云岩地层中（水平岩层），存在的问题是顶拱围岩裂隙发育或岩层间存在泥化现象，岩体破碎，围岩稳定性差，采用仰拱的布置形式是合适的。对于灯影组白云岩洞段，岩石强度较高，采用取消仰拱方案，经过稳定分析，洞室底板岩体不会产生大的变形，简化了施工程序，缩短了工期，节省了投资。

　　（3）支护形式优化。

　　右岸半角至新村公路隧道$IV_2$级围岩加强段初期支护采用格栅钢架，间距0.5m。V级围岩支护采用工字钢，间距0.5m。考虑围岩类别在$IV$级和V级之间的较多，而格栅钢架加工工序复杂，加工和安装时间长，投资较高，且存在混用可能，不利于现场施工质量控制。

　　经综合分析，将$IV_2$级围岩加强段的拱架支护形式由格栅钢架调整为I18工字钢，$IV_2$级围岩加强段其余支护参数不变。拱架间距由50cm增加到80cm。经设计验算，方案优化后，支护结构强度得到加强，现场拱架的安装效率显著提高，节省工期2个月，节省了投资。

　　2. 管理措施

　　针对对外交通工程建设过程中出现的各类问题，修订并完善原有的管理制度、管理办法（包括管理表格与流程）、技术工艺标准等，形成统一规范的管理体系。

　　（1）加强现场管控

　　根据原有的管理制度、管理办法、技术标准，制定统一的制度与标准，将制度转化为行动，落实到日常工作中。根据合同要求和现场实际情况，加强监理的工作和施工单位主要人员的到岗管理。

　　（2）及时协调外部关系

　　为缓解工程推进面临的外界干扰，建设单位提前就弃渣场、临时便道、地材价格等问题进行专题研究，并与地方政府签订压覆盖、弃渣场和施工便道等临时用地赔付协议，创造良好的施工环境。

（3）严格落实劳务管理制度

通过实名制管理，掌握劳务人员的技能水平、工作经历，有利于有计划地、有针对性地加强农民工的培训，切实提高他们的知识水平和技能水平，确保工程质量和安全生产，并从根本上规避用工风险、减少劳动纠纷、促进企业稳定发展。

（4）永临结合，提前规划

供水、供电等工作贯穿整个项目，因此提前规划和实施永久供水、供电，为实工阶段提供了便利条件，缩短施工准备期。右岸对外交通在招标之前采取"永临结合"解决施工供水、供电问题，委托武警交通部队对右岸三个标段红线内实物指标调查，提前启动征地相关工作，为项目顺利实施创造了有利条件。

工程启动前，认真分析工程特性，制定切实可行的管理规划。在工程的不同施工阶段，其管理的重点不同。如在桥梁工程基础施工阶段，其安全管理的重点是挖孔作业；墩柱施工阶段，其安全管理的重点是高空作业。因此，在管理过程中要认真分析工程特性、周边环境，提前制定有针对性的管理规划。

第 4 章

# 对外协调

根据建设项目行政审批的要求，乌东德水电站对外交通会东至河门口公路、半角至新村公路和洪门渡大桥根据项目归属地，分别在四川省和云南省发展与改革委员会立项审批。因此，作为建设管理单位的乌东德工程建设部，从项目规划、立项、核准、建设到工程验收等各环节不可避免地要与省市（州）县人民政府相关职能部门及报告编制单位等建立工作联系。对外协调工作贯穿对外交通的全生命周期，很大程度上决定着各环节能否顺利实施。

## 4.1 项目前期

为支持乌东德工程建设，昆明市于 2012 年 9 月建成了禄劝至皎西的二级公路（禄大路），较大程度上改善了乌东德水电站对外交通条件。凉山州升级改造了省道 353 会东至会理线，西南水泥会东公司新增了低热水泥生产线，可就近为乌东德工程供应水泥。

乌东德水电站所在的禄劝县和会东县地处西南山区，基础设施相对落后，但基于电站建设的道路通行需求及地方建设规划，三峡集团主动作为、积极履行央企社会责任，与两地政府就左右岸对外交通的建设标准等问题进行洽谈，达成了一致意见：将会东至河门口公路的建设标准提高到三级公路水平，将会东至河门口公路标头段加宽，并结合市政规划进行改线；就禄劝至皎西的二级公路（禄大路）桥涵荷载等级提高，给予了相应的经济补偿。上述举措很大程度上增加了企业与地方的互信，形成了企地协同发展的良好格局，为对外交通核准营造了良好的外部环境。

关于立项和核准。会东至河门口公路与左岸四川侧乌东德场内其他筹建工程一起在四川省报批取得路条开始前期工作。右岸半角至新村公路在云南省立项审批。洪门渡大桥为两省交界的跨江大桥，通过多方协调，乌东德水电站跨江的洪门渡大桥主要在云南省进行建设手续审批，白鹤滩水电站跨江的葫芦口大桥主要在四川省进行建设手续审批，两省的发展与改革委员会共同发文核准。

经过建设部的艰苦努力，会东至河门口公路、半角至新村公路和洪门渡大桥分别于 2012

年 3 月、2013 年 1 月和 2014 年 3 月获得核准，具备开工条件。在工程核准前，履行相应报告编制和报批程序涉及的单位与部门及其职责如下。

（1）专项报告编制单位

对外交通工程可研报告、初设报告、施工图设计等由长江设计公司完成；核准报批所需的环境影响评价报告、水土保持方案等专项报告由水利部长江水利委员会下属的长江水资源保护科学研究所编制完成。建设部按照建设审批程序［县→市（州）→省］报批，设计单位配合完成方案审查和修改，取得行政主管部门的许可批文。

通过建设部与省市级的行政主管部门协调，建设用地的勘测定界、地震安全评价、矿产压覆、地质灾害危险性评价、林地调查、文物古迹调查等专项报告多数由行政主管部门下属相关单位完成编制和报审，建设部分别签订技术服务合同。

（2）报告评估单位

报告评估或者审查单位多数为省发改委（或能源局）下属的工程咨询中心或评估中心，主要负责省内的重大建设项目的可研报告及技术方案审查，这是省级层面对重大建设项目必做的一个审查环节。会东至河门口公路由四川省工程咨询研究院组织对可研报告进行审查，半角至新村公路和洪门渡大桥由云南省人民政府投资项目评审中心组织对可研报告进行审查。

（3）行政主管部门

与县、市（州）、省政府及各级行政主管部门的工作对接是工程核准前对外协调的重点，也是快速熟悉建设项目核准的具体流程和注意事项的关键。作为国家重点工程，乌东德水电站可快速拉动地方经济社会发展，县、市（州）政府相关经办人员政治站位高，支持力度大，沟通顺畅，行政审批效率较高。

# 4.2　征地拆迁

## 4.2.1　拆迁前对外协调

（1）征地拆迁补偿标准确定

对外交通工程开工前，建设部就公路红线征地拆迁补偿标准分别与会东和禄劝两县人民政府进行了多次沟通与商谈，双方主要围绕土地补偿标准、拆迁实物补偿标准、被征地农民社会保障、土地征收专用报批费用、耕地占用税等内容展开讨论。

乌东德水电站对外交通工程征地拆迁补偿标准主要参考近年来当地同类型公路建设补偿标准，对关系征地农民切身利益的具体内容和价格逐一进行了讨论，妥善解决了农民的社会保障问题，达成了双方认可的赔付标准，最终由两地政府发布了左右岸对外交通公路建设征地补偿方案。

（2）实物指标调查

施工单位进场后，按照施工详图的征地红线进行放线和布桩。征地拆迁现场实调工作一般由乡镇牵头，县自然资源局、建设管理单位及施工单位参加现场土地测量和实物指标调查，工程开工前完成上述工作。

## 4.2.2　主要协调内容

（1）补偿方案

补偿项目应组织详勘，避免统计漏项。如红线范围内的农户自建鱼塘、灌溉沟堰、与公路存在交叉干扰的砂场等问题，应纳入谈判清单中。

对于红线内电力通信设施，应尽早开展调研工作，明确具体赔偿原则。如会东至河门口公路的电力通信设施迁改工作实调启动晚，直接造成 K0+000～K8+850 段路基工程合同实施边界条件发生重大变化，使原设计规划的 K5～K9 段路基挖方弃渣作为 K0～K5 段路基填方总体平衡方案无法实施，最终 K0～K5 段施工时只能就近挖山借土填方，K5～K9 段弃渣只能运至弃渣场，导致投资增加。

（2）实物指标调查

实物指标调查阶段，由于设计单位采用的是投影面积指标，地方政府实际测量的是斜坡面积，同时实际量地程序欠规范，随意性强，过程缺乏有效监督，导致会东至河门口公路红线内的征地拆迁总账目在完工时仍未清理完成，红线征地费用普遍超出设计指标。通过详查，避免实物统计漏项。

（3）征地拆迁实施

1）前期应组织线路详勘，减少线路变更，确保征地拆迁工作按计划进行。

2）线路规划与施工便道应统筹规划，做到建设期尽量不影响沿线农户的生产生活，运行期尽可能利用便道方便农户出行。

3）妥善解决拆迁标准和宅基地问题。对外交通建设不可避免地会对当地农户的生产生活造成影响，应主动、耐心地让农户认识到公路建设是长久的利民工程，争取他们的理解与支持，对当前造成的影响应主动给予补偿且提供过渡期的便利；对于山区沿线适合宅基地布置的条件有限，应结合当地生产生活特点统筹规划改迁工作，从农户切身利益出发，主动履行好央企的社会责任。

## 4.2.3　征地拆迁经验及建议

汲取会东至河门口公路在实物指标调查阶段的教训，半角至新村公路在设计划定的土地总面积基础上考虑斜坡影响适度上浮一定比例，提前框定征地红线总面积。征地过程中建设部全程参与禄劝县自然资源局及乡镇界定土地类型，最终半角至新村公路红线征地拆迁台账在开工后半年内基本汇总完成。

为提升后续同类项目的征地拆迁工作效率，建议有必要在征地拆迁启动前，引入征地监理单位，提前介入，做好、做细实物指标调查，科学提出各项指标的赔付标准，同时在标准制定阶段尽可能将新建房屋宅基地协调、砂场砖厂等与公路交叉影响、施工临时用地标准、电力通信线路迁改等内容纳入其中；施工开始后半年内，移民监理参与相关遗漏问题的专题研究，落实赔付标准；借助现在流行的大范围勘察设计手段，在红线测放时使用无人机全程航拍，留下原始地形地貌影像资料，以利于相关协调工作的开展。

## ⬛ 4.3　施工期对外协调

### 4.3.1　社会背景

四川省作为中国最大的劳务输出省，每年外出务工人数超过 2000 万，农村的青壮年较少，农村普遍缺乏活力，加上城镇化建设加快，越来越多的人举家迁徙到城市生活，农村常住人口越来越少。在改革开放的 40 多年中，城市扩张，农村急剧萎缩。然而对于中国来说，农村和农业的重要性不言而喻，国家一直关注和重视农村的建设和可持续发展。这里从当地社会背景和民生状况等方面着手，探究水电工程对外交通建设对促进地方民生发展的重要作用。

会东县所属的凉山彝族自治州（简称凉山州）是中国最大的彝族聚居区，位于四川省西南部川滇交界处，面积 6 万余平方公里（占四川省面积的 12.5%，约占湖北省面积的 1/3），全州共 1 市 16 县，总人口 473.04 万人（人口规模仅相当于一个中型城市），境内有汉族、彝族、藏族、蒙古族、纳西族等 10 多个民族。当年工农红军在长征中经过该地区，留下了"彝海结盟"的佳话，但凉山州在 20 世纪 50 年代还处于奴隶制、农奴制和封建制并存的阶段。1956 年，凉山州开展了民主改革运动，成为凉山历史上划时代的社会变革。制度的变革使凉山彝族实现了人人平等，但经济社会的发展并不能在一夜之间完成。凉山州贫困的症结究竟是什么。数年前，时任凉山州喜德县代理县长的曲木伍牛曾写过一篇《凉山彝族地区贫困问题研究——贫困现状及其特点》的调查报告，该报告总结了自然灾害、生产方式落后、陈规陋习旧观念、教育文化程度落后及犯罪与吸毒等致贫原因，直指要害。

20 世纪 80 年代中期开始，国家实施扶贫计划 30 多年，凉山州脱贫节奏明显加快，但是与其他地方相比，这里仍然较为落后。脱贫是场艰巨的战争，很大程度上先要根除思想的落后，引入新的发展理念和生活理念。

国家精准扶贫开展以来，凉山州获得了更多的关注和发展。昭觉县支尔莫乡悬崖村的故事让人们再次将目光聚焦在大凉山。一年多过去了，悬崖村的藤制天梯换成钢管天梯，新建了五层钢结构教学楼，互联网的接入使得这里的土特产也能卖出去赚钱，乡村旅游是正在筹划的新项目。政府和社会的关注使得这里发生了翻天覆地的变化。悬崖村是"幸运儿"，更多的"悬崖村"期待精准扶贫政策带来新的生活。

会东县柳树塘村位于鲹鱼河右岸的古滑坡后缘，考虑左右岸土地应均衡分配，该村划分至对岸的柏岩乡地界。家住左（右）岸，耕种在右（左）岸的情况较为常见，左右岸仅通过桥龄十年以上的简易吊桥连接，进村路为机耕道。至 2017 年春节，进村路基本完成硬化。

2012 年乌东德对外交通工程开工时，村里 95% 的房屋为土坯房。走进农户家，一般都能见到一个小院，进门侧堆着柴火和草垛，对侧喂养着猪、牛、羊、鸡、鸭、鹅等，厕所在猪圈旁的角落，人畜饮水一般靠打水窖或接山泉来获取，院内卫生条件较差。新农村建设启动后，砖混结构的新房子如雨后春笋般地拔地而起。听村民讲，政府对盖新房都给予一定补贴。据了解，大部分村民外出打工赚钱养家，留守村民主要依靠就近务工、烤烟种植和蚕桑饲养等方式养家。

像柳树塘这样的乡村在左右岸对外交通沿线并不少见，乌东德工程十年建设历程见证了西南山区农村的疾苦、脱贫攻坚工作的艰巨，也见证了伟大的成就。

乌东德水电站对外交通的建设，为当地村民提供了就近就业和技能学习机会，显著提升了村民的生活质量和精神面貌；对外交通的通车，明显改善了沿线村民的出行条件，加快了美丽乡村的建设步伐。在响应国家精准扶贫政策，统筹工程建设和地方经济协同发展等方面做出了表率作用。

## 4.3.2　地方关系协调的特点

对外交通工程与场内项目最大的区别在于，场内项目施工环境相对封闭和独立，施工作业面主要集中在大坝上下游 5km 范围内，对外协调的对象也相对集中且单一。而对外交通选线时兼顾了地方经济社会发展的需求，线路不可避免地经过农户生产生活区域，施工处于开放状态，不可控因素多，民事协调情况复杂。

总体来说，对外交通施工过程中，建设部主动担当，积极解决了沿线的诸多民生问题，如建设部出资硬化乡村道路超过 50km，左右岸各架设了 1 座钢栈桥，改善了村民的出行问题；架设了村民用水管道，修建了饮用水水池，解决了困扰村民多年的旱季生活用水难题，类似举措不胜枚举。这些都赢得当地村民的支持与信任，有效推动了对外交通的顺利推进，及时满足了电站重大件运输需求。

## 4.3.3　对外关系协调机制

为妥善解决工程建设过程中的各类民事协调问题，建设部在工程开工前与两县人民政府成立了会东至河门口公路、半角至新村公路协调指挥部，如会东至河门口公路协调指挥部由县交通局、自然资源局、国有资产经营管理公司等相关职能部门、沿线 6 个乡镇的党委政府以及建设部和两家主要施工单位等组成。县交通局作为牵头单位，直接向分管交通工作的副县长汇报工作。协调指挥部一般每月召开一次协调例会，后期根据协调问题的特点，不定期举行施工协调工作座谈会。

建设部对涉及的部门作出了明确分工，具体为：

（1）交通项目部

交通项目部代表建设部负责全面把控对外交通的进度、质量、安全和投资等，同时也是地方政府、设计单位、施工单位和监理单位之间沟通的总牵头人，此外交通项目部还承担主要的对外协调工作。

（2）坝区管理部

坝区管理部是建设部对外联系的牵头部门，除前期负责办理工程建设核准手续外，还负责与地方政府就左右岸对外交通的征地拆迁标准进行商谈。在施工协调阶段，坝区管理部参加红线外挂渣、临时用地标准谈判等重大问题的处理。

（3）合同管理部

合同管理部是建设部工程招标、合同签订和合同执行的业务归口管理部门，主要参与征地拆迁费用标准以外的项目补偿谈判和合同立项等工作，如红线内电力线路的迁改和两个砂场问题等在征地拆迁时未纳入，需开展补偿谈判，同时参与红线外临时用地补偿协议的立项和合同签订等工作。

（4）移民工作办公室乌东德移民项目部

移民工作办公室乌东德移民项目部主要负责征地拆迁、砂场拆迁补偿、红线内外占地类型判定等内容的把关和审核，主要在征地拆迁政策层面进行指导，参与费用谈判。

综上所述，建设部在充分调研左右岸对外交通沿线民生需求的基础上，科学预判了对外协调工作的重点和难点，在工程开工前，通过多方努力，较早地建立了对外关系协调机制，形成了双方认可的协调工作组织，为后续协调工作的开展奠定了基础。

### 4.3.4　影响工程顺利实施的因素

（1）征地拆迁

项目前期如果对征地拆迁工作的困难估计不足，与地方沟通不紧密，将会造成征地拆迁工作跟进不及时，如会东至河门口公路征地红线范围内的鱼塘、与公路有交叉干扰的砂石厂等问题，赔偿标准无现有可套用的实施标准；K17～K19段在工程开工后1年多未完成征地工作；工程施工2年后，沿线农户仍反映征地款发放不及时。

（2）临时用地

施工单位进场后，应对施工营地、加工厂、便道和弃渣场等临时占地及时办理用地手续并支付租金。

若临时用地问题长时间得不到妥善解决会造成长时间阻工，对工程顺利推进造成一定阻力。

（3）施工影响和损失

施工不可避免地对当地的生产生活造成影响，问题发生后应在第一时间采集证据，及时妥善处理问题，在对外交通工程建设实施过程中，比较典型的案例有：赖家坡隧道施工疑似造成灌溉用水断流；白泥塘隧道开挖疑似造成洞顶2家农户房屋受损开裂等。这都是由小事变大事，造成较大的施工损失，影响了工程顺利推进。

（4）其他事项

对外交通实施过程中，需协调的事项种类繁多，比较典型的案例有：会东至河门口公路K2+360处填筑路基排水不畅造成内侧房屋遭浸泡，导致农户搬出房屋，最终作搬迁处理；会东至河门口公路柳树塘某村民和半角至新村公路金银坳隧道外某农户以搬迁为由，不断向施工单位提出各种诉求，成为全线阻工最持久的"钉子户"，导致该处完工时间严重滞后。

工程施工期的对外协调是工程全生命周期中最重要的一个环节，直接关系工程能否顺利推进。乌东德水电站对外交通工程普遍存在工期滞后的现象，除西南山区汛期时间较长、设计变更等原因外，地方经济发展落后、贫困人口较多、对政策的理解不充分也是重要的社会原因，因此民生工程和地方需求协调工作占用了建设者较多精力。

## 4.3.5　施工期对外协调典型案例

为便于介绍，文中涉及的地方政府和建设部的有关人物均以字母代替，另外案例主要讲述对外交通经历的协调"故事"，体现出建设部对协调工作的重视、对沿线社会民生的持续关注。

1. 观音洞砂石厂

（1）路虎车堵路

2016 年 8 月 27 日，正值盛夏，但西南地区仍处于雨季。会东至河门口公路除标头段 5km 仍在施工外，其余部位已通车，但大件运输急需这 5km 路。

上午 8 点，正在会东出差的乌东德工程建设部交通项目部 A 主任接到某标段项目经理部 B 总工的电话："主任，向您汇报个情况，观音洞大桥上有辆路虎车堵路，要求建设部对观音砂石厂进行赔偿。"

"好的，我知道了，我返回乌东德时去了解一下情况。你们施工不要停，按照原定计划确保 9 月底前完成路面施工。"A 主任随即挂断电话。

A 主任赶到会东后，参加了标头 5km 段尾工施工协调会。这是 A 主任接手会东至河门口公路的项目以来，赴会东参加的数十次协调会中的一次，却是最艰难的一次。

赶到现场时，一辆黑色路虎揽胜车横向拦在观音洞大桥上，车主 C 某（砂石厂主要股东）见到建设部的车，主动从车上下来。

在来的路上，交通项目部小 D 已经向 A 主任介绍了观音洞砂石厂和 C 某的相关情况。C 某是土生土长的本地人，做工程起家，兼做采矿和砂石料生意。改革开放以来，以 C 某为代表的一部分人吃苦耐劳，勤俭节约，积累了大量财富，C 某通过二十多年的打拼成为当地的龙头企业家之一。这是 C 某第一次和 A 主任正面接触，小 D 给 C 某介绍了 A 主任。

"A 主任好，之前经常和小 D 联系，但头一回跟您打交道，幸会幸会。我们观音洞砂石厂的赔偿事宜，最开始是 2013 年 5 月由小 D 和监理单位来实调的，补偿申报资料我们很早就提供了，三四年过去了，补偿款依然没有着落。说实话，公路建设以来，我很少来阻工，也不让其他人来阻工，一是没有时间，二是我们相信建设部信守承诺。现在眼看着公路最后 5km 也快铺路面了，这事还是没有着落。我去找 E 副县长，他说贵公司的钱还没有支付，我只有到现场来求个说法了。"C 某说话条理清晰，语气中肯。

"你开路虎车来堵路，成本有点高哟。"A 主任调侃道，气氛顿时轻松起来。

"C 总，观音洞砂石厂的情况我还算清楚，当初公司也承诺给与一定补偿，所以才有了现场实调工作。2013 年底为什么没有告诉你们赔偿金额呢？主要有几个原因：一是当时马上要沟通协调 F 某砂石厂的赔偿事项，F 某砂石厂和观音洞砂石厂不是一码事，必须分开谈。

我们和 E 副县长沟通后，决定将观音洞砂石厂赔偿的事情暂时放一放，先解决 F 某砂石厂的事情。二是 2015 年起，县政府为统筹考虑同类型问题，暂时搁置了砂石厂、砖厂的任何补偿谈判。昨天我们和 E 副县长谈了砂石厂的事情。政府希望我们将 2013 年的处理结果书面抄送一份给他们，他们计划请评估机构对砂石厂进行评估。最终的补偿金额应该不会低于 2013 年我们核定的金额。"

"A 主任，你这样说，我就放心了，我还得去找 E 副县长，希望他再推动一下。这个事情耗时太长，砂石厂股东有好几个，我的股份不超过 30%，要这 100 多万也发不了财，主要是对其他股东有个交代。"C 某积极地回应 A 主任。

寒暄几句，C 某调转车头，返回县城。A 主任跟施工单位 B 总工详细了解了这几天的现场进展后，乘车返回乌东德。

（2）事件简要回顾

从征地红线上看，观音洞砂石厂与公路存在部分交叉（见图 4-1），砂石厂部分场地和生活管理用房位于观音洞大桥（5m×30m 简支梁桥）第四、五跨正下方，且部分路基和该砂石厂租用料源荒山范围重叠。2012 年 5 月，启动观音洞大桥施工时，该砂石厂处于停产状态，但有人员值守。2012 年春节前，公路红线征地时遗漏了观音洞砂石厂的查勘和调查。但砂石厂部分位于红线内的事实清楚。

图 4-1　观音洞大桥与砂石厂位置关系（被渣土覆盖的位置为砂石厂）

2013 年 5 月，C 某第一次出现在观音洞大桥施工现场，要求建设管理单位先处理红线征地赔偿问题。了解 C 某的真实诉求后，小 D 作为业主现场代表，及时将相关情况报告给建设部，在与县自然资源局和交通运输局商谈后，基本确定了赔偿意见，即对于红线内的房屋和土地按照公路建设征地拆迁的统一标准给予补偿；对于红线内砂石厂租用的矿山补偿剩余租期内的租金；对于现场的制砂机、空压机等生产设备，考虑了折旧和残值。

双方争议的焦点在于是否补偿砂石厂在观音洞大桥施工期间的停工损失。经建设部调查，大桥施工时，砂石厂已处于停产状态，因此不应该补偿该费用。但 C 某指出，砂石厂随时可能复工生产砂石料，因此建设部补偿观音洞大桥施工期间砂石厂的停工损失是合理的。

2013 年 8 月，在与会东县政府沟通观音洞砂石厂的最终补偿方案时，当地开始了 G353 宁南至会东段的改造，红线征地范围涉及 2 个砖厂和 1 个砂石厂。为统一标准，县政府希望建设部暂缓观音洞砂石厂的赔偿谈判工作。待县政府统一协调，商定赔付标准后，再确定最终补偿方案。如此才有了 C 某在观音洞大桥上堵路时提到的赔偿搁置太久的问题。

（3）小结

对于公路建设过程中的合理诉求，如本案中的观音洞砂石厂的 C 某，在红线征地拆迁实物指标调查时遗漏，应及时合规地予以处理，避免极易处理的小事拖成大问题；其次，关于征地拆迁协议中未包含的标准问题，应与县政府相关部门充分沟通，共同提出一个各方都能接受的方案，按程序完成补偿款的支付。需要指出的是，本案例中还存在诉讼的风险，C 某其实可以通过法律途径解决其诉求，只是走司法程序耗时较长，即使胜诉，赔偿金额仍有可能低于双方友好协商的金额。

2. F 某砂石厂

（1）现场协调会

2014 年 3 月 5 日，下午 2 点刚过，交通项目部 A 主任已经赶到了 F 某砂石厂（见图 4-2，图 4-3），等候县自然资源局、交通局和乡镇的负责人前来参加现场协调会。

对于对外交通某标段来说，这个春节过得并不轻松。按照正常情况，节后复工的各项准备工作早就应该到位，遗憾的是，协作队伍还没有最终确定。

这里有必要交代下当时的背景。某施工单位在 2013 年三季度末进行建筑市场整顿，开始时缺乏整体规划，低估了清退队伍的困难，经历了原协作队伍与新协作队伍激烈争抢工作面的情况，被砸坏的挖掘机和设备达数十台。春节前，被清退出场的协作队伍开始与施工单位进行退场谈判。由于双方分歧较大，谈判工作举步维艰。此外，新引入的协作队伍就施工内容和合同单价与施工单位进行谈判。

F 某砂石厂紧邻公路，占地 7～8 亩，生产规模较小（产能不足 200m³/ 天），主要为周边村民建房提供机制砂。砂石厂长期占据着半幅公路堆存毛料，阻挠公路正常施工，理由是公路施工干扰其正常施工，影响其后期安全生产。

A 主任是向家坝水电站太平料场（大坝砂石料加工系统，系全球最大的人工砂石骨料加工系统）的主要规划者和管理者，对砂石厂的运行和管理有着丰富的经验。

下午 2 点 40 分，县交通局 H 局长赶到现场。H 局长是凉山州冕宁县人，1987 年到会东工作，担任交通局局长之前，长期担任乡镇一把手，熟悉地方工作和风土人情。2012 年 5 月工程开工后，H 局长兼任公路建设指挥部副指挥长。根据 E 县长安排，他当天组织现场协调会。

H 局长向 A 主任一一介绍了来自县政府相关部门及乡镇的代表，其实多数人在之前的民事协调处理过程中已经认识。大家都站在砂石厂后缘，俯瞰砂石厂全貌。现场协调会就以这种简单的形式进行着。

图 4-2　公路 F 某砂石厂段（无人机航拍图）

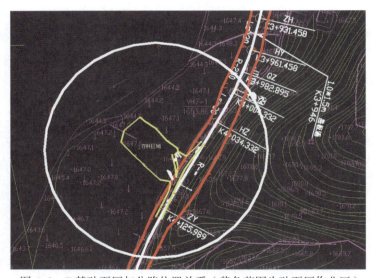

图 4-3　F 某砂石厂与公路位置关系（黄色范围为砂石厂作业区）

　　乡镇工作人员让 F 某发言的时候，他从后面走上前，主动与 A 主任握手后就说公路施工对砂石厂的干扰大，希望业主领导能参照观音洞砂石厂的方案给与补偿，还表示肯定支持国家重点工程建设。

　　"F 某，今天就是解决你的问题，" H 局长插话道。

　　"A 主任，我先简单介绍下 F 某砂石厂的情况，你的问题稍后我再解释。" H 局长估计 A 主任听不懂会东方言，因此讲的是普通话。"这个砂石厂投运快 2 年，装载机来回送料。砂石厂每天大概产砂 200 方，矿山距离这边有 5 公里多，开挖好的毛料被拖到这里破碎加工"，一旁的自然资源部门代表示意性地指了下矿山的大概方位。"公路从旁边经过，确实没有直接占用砂石厂，但施工对砂石厂的生产还是有一定影响的。既有机耕道高程下降，砂石厂生产确实没有之前那么便利，另外机耕道刚好在公路范围内，这样砂石厂不可能继续在公路上堆毛料占道生产了，妥善解决砂石厂后续生产问题也是需要考虑的问题……"H 局长讲了大概五六分钟。

"H 局，基本情况我听明白了。征地红线边界也撒了石灰，大家可以看一看，另外砂石厂的诉求我们也可以听一听。"A 主任提了个建议。

"现在你可以畅所欲言了。"H 局长调侃道。

"观音洞砂石厂也没有办手续，贵公司赔付了 160 多万，我这个砂石厂也是同样性质的，用一样的原则处理就行。"F 某语气里带着攀比的意味。

协调会持续了 40 分钟左右，A 主任邀请 H 局长查勘阻工较为严重的标头 5km，同行的施工单位汇报了阻工协调进展。

这次协调会表明，F 某对公路、对砂石厂的影响没有清晰的认识，盲目攀比观音洞砂石厂，并以此为由长期阻挠该部位的开挖。

根据现场协调会讨论的意见，10 天内 F 某可提供一份书面诉求。一周后 F 某主动联系，见面地点是在自然资源局，F 某拿着一张 A4 纸，上面只写着"为支持国家工程建设，希望公路建成后，保证砂石厂所处公路的交通安全，出现任何交通事故与砂石厂无关"，未提及补偿金额。很显然，F 某在故意拖延时间（后面得知其在等自然资源局的经营许可手续）。

（2）协调进展

据了解，2013 年 9 月，公路在该处施工时 F 某开始阻工。F 某本人基本不出面，只是安排施工设备阻断道路。经建设部与会东县协调，阻工略有好转。协调过程中，F 某通过乡镇表达的最初诉求是参照观音洞砂石厂标准，后来调整为砂石厂整体搬迁至合适场地。2014 年 3 月起，F 某索性不提任何补偿诉求，现场间断性阻工行为加剧，不断消耗各方精力。

2014 年 5 月，施工单位组织复工，考虑施工资源和管理力量有限，暂时搁置了标头 5km 的路基施工，重点保障其余段施工。F 某砂石厂的协调工作没有停止，2014 年 6 月，建设部再次与交通局及乡镇查勘现场，建议施工期间补偿砂石厂的停产损失不超过 30 万，F 某要价 130 万元。由于差距较大，谈判未能继续。

2014 年 6 月后，会东县南环线的征地拆迁中砖厂问题谈判处于胶着状态，砖厂老板要求巨额补偿。考虑到标准和原则应统一，县政府暂时搁置了会东至河门口公路两个砂石厂问题的处理。

2015 年 8 月，观音洞大桥预制梁架设前，施工单位重启该段土石方开挖。通过当地队伍承包施工的方式，基本完成了靠山侧的土石方开挖，为预制梁运输创造了基本道路条件。由于 F 某的持续阻工，至 2016 年 4 月施工单位退场，尾工始终未能全部完成。

2016 年 8 月，在施工标头 5km 剩余路基工程时，为解决 F 某砂石厂的阻工问题，经县政府协调，建设部同意另一家施工单位代付给 F 某停产损失 15 万，最终促成了尾工项目顺利完工。

（3）小结

本案例中，F 某要求按照观音洞砂石厂同等标准予以赔偿。红线边界显示，F 某砂石厂位于公路征地红线内。F 某长期占用通村路堆积毛料，会东至河门口公路在该部位与通村路重合并靠山侧开挖，形成另外半幅路基。F 某阻工的理由是公路建成后，砂石厂无处堆放毛料，来往车辆严重影响砂石厂的正常生产，安全隐患较大。建议在公路外侧新建毛料堆存区，新建隔离围挡，并同意为砂石厂新建一条道路顺接公路。但 F 某坚持整体搬迁或者全部征用方案，要价超过 200 万元。对于这种漫天要价的无理要求，建设部坚决予以驳回，加速两端路基施工，同时不放弃与 F 某谈判，以谈判促施工，化被动为主动。最终，F 某的期望值逐步降低，最终补偿了 15 万元的停工损失费。

### 3. 柳树塘村 ×× 家房屋拆迁

从征地红线范围来看，柳树塘村 ×× 家的几间土坯房刚好全部落入红线内。按照正常程序，房屋拆迁的实物指标调查工作应该在 2012 年上半年完成。2012 年 10 月，乡镇工作人员反映 ×× 家要价太高，问题解决难度大。×× 家的房屋拆迁时间超过 3 年，由此可见过程曲折且艰辛。

（1）被迫借道

基于先易后难原则，暂缓 ×× 家房屋附近的施工，转而寻求其他至大桩号部位的通道。经查看，×× 家房屋外刚好有一条较窄的机耕道，可改造为施工便道，但问题恰恰就出在这个地方。

"×× 家有两个房子，公路穿过的是老房子，而新房子在公路正下方，两个房子之间原有一条小路，摩托车可通过。现在你们将这条小路当作施工便道，×× 家每天都在念叨这事，要求你们给予赔偿"，村长跟施工单位项目经理 G 某说。

经村委会协调，这条机耕道可租用 1 年，按面积给予补偿。不到 1 个月，×× 家就变卦了，多次阻工要求补偿青苗损失，说这条路以前用于种菜。这也算合理诉求，于是补偿了一季的青苗费。不到一周，×× 妻搬起小板凳坐在路中间，反映来往的施工机械噪声大，影响家里人休息。因路基和桥梁施工耽搁不起，协作队伍给了 200 元补偿。尝到甜头后，×× 妻隔三差五阻断交通。其间乡政府多次协调，但拆迁工作无实质性进展。

2012 年 10 月后，×× 妻堵路时要求对便道占用的土地进行一次性赔偿。考虑只有 2 分地，乡镇府将这笔费用列入公路红线征地范围。×× 家长达半年的间歇性阻工获得的直接收益是"1 年租金 +1 季青苗费 + 零星过路费"。

出于对拆迁进度预期乐观，这样隔三差五阻路的情况持续了一年多，大家都期盼早点结束。

（2）拆迁拉锯战

2014 年 5 月 8 日，工程开工两年，×× 家拆迁工作终于有了实质性进展。5 月 29 日上午，拆迁小组进入拆迁 1 小时后，房屋主体结构基本被拆完，剩余一间偏房由于供电线路原因，暂时无法全部拆完。

6 月至 10 月，×× 妻隔三差五拦截过往车辆，要求施工队为其新接电力线路。对公路这类线性工程而言，主路基未拉通前，人材机的进出场主要依靠施工便道，像 ×× 家这样在关键部位阻工往往会造成多个工作面停工。由于乡政府位于河对岸，来往一次时间长，协调也不方便。

10 月上旬为施工黄金期，3 号梁场 30m 跨小箱梁正在紧张浇筑中。大清早施工单位就反映 ×× 妻以木头拦路阻断交通。小 D 联系了乡政府 J 副乡长到场。

"现在是烤烟收购的关键时间，政府的人都在各地蹲点促生产，所以拖到今天才过来协调这事，"J 乡长解释着。

"乡长，××家一直这样影响工作，怎么办呢？"小 D 摊手表示无奈。

"实调 5 月就已完成，总费用约 22 万，包含你们先前借道的那块地。乡政府已经先支付了 15 万元，计划全部拆迁完成再付剩下的 7 万多，一般都是这个方式。××家现场阻工，还去县里上访，要求付完尾款，我们又付了 5 万，现在差额大概是 2 万多，××家还是不搬。还需要再多做些工作。"J 副乡长苦笑道。

经乡政府协调，施工单位为 ××家新接入一回线路，促成了红线内剩余房屋的拆迁。在右侧路堑墙施工过程中，××妻再次要求对房屋与原先使用便道之间的土地进行补偿，理由是红线征地造成一些边角土地无法继续耕种，即使能耕种，距离公路较近，粉尘污染较重。理由也说得通，小 D 联系乡政府进行了补征。

（3）其他诉求

2015 年 12 月，乌东德水电站第一批大件通过会东至河门口公路。I 标段正在水稳层施工，大件行进至 ××家屋外时，由于涵洞处未回填至设计高程，为确保大件安全通过，协调了施工单位用挖掘机对道路进行修整（见图 4-4，图 4-5）。××妻再次出来阻扰道路修整，要求从公路下方的房屋门口新建一条宽 3m 的机耕道顺接公路。现场报案后，在镇派出所的处理下，路基回填总算完成，全线主路基至此才基本完成。

图 4-4  大件运输通行受阻　　　　　图 4-5  大件艰难通过 ××家房屋段

（4）小结

对于小打小闹的阻工行为，一定要采取合理合法手段去处理，容忍等于纵容。本案中个别协作单位为图一时方便，答应了 ××家的种种无理诉求，最终给协调工作带来了很多困难，不利于协调工作的开展。

#### 4. 柳树塘古滑坡的房屋裂隙

（1）事件经过

2016 年 5 月，III 标段正在抓紧汛前的黄金时间全力进行沥青混凝土路面的施工，工程形象每天都在变化，这让小 D 有种扬眉吐气的自豪感。会东至河门口公路磕磕绊绊地建设了 4 年，这对小 D 是种磨炼，更是难得的人生阅历。正所谓"行百里者半九十"，小 D 仍然不敢松懈，每天紧盯收尾进度。5 月 18 日上班，小 D 将近日现场阻工情况以书面报告的形式上交给建设部，这是必备的工作程序。

"D总，柳树塘有人阻工（见图4-6），路面无法清扫，请求给予协调。"施工单位B总工打来求援电话。知悉情况后，小D紧急给建设部分管领导W主任作了汇报。

图4-6  2016年5月18日柳树塘阻工

W主任于2014年7月分管对外交通工程，当时I标段尚未步入正轨。W主任对公路收尾工作倾注了较多的精力，提出了两项主要工作。一是用专门的协调班组将村民阻工影响降至最低；二是集中施工力量逐段完成公路上的剩余工程，完成一段甩开一段。W主任听完汇报后，当即出发去现场。

车上，小D先拨打110报警，因为有民警在场能控制事态发展，避免发生群体事件，紧接着小D联系了镇政府，同时致电分管公安的L副县长，希望对方能亲临现场协调阻工问题。沥青路面阶段的协调之所以不能拖延，一方面是工程收尾在即，另一方面是沥青混合料必须在限定时间内进行铺筑，否则材料将全部废弃。为应对可能发生的意外，小D已通知沥青拌和站暂停生产。

标尾至柳树塘的路面已全部完工，从乌东德内场赶到现场只花了40分钟。20多名农户手里拿着土块分散站在路边，本已清扫干净的路面现在散落着土块。村长和支书看到车子到来，主动上前。

"镇里干部一会就赶到。还是公路上方25户房屋开裂的事情，农户对处理结果不满意。"村长解释。

"柳树塘地灾鉴定结果报给会东县没有？"W主任问。

"月初，四川煤炭地质设计院就提供了报告书，评价结果还算客观，意见也比较中肯。我根据您的要求，已经将报告书分别送给县政府、自然资源局和乡镇。"

"关于报告书里提到的房屋修复和加固费用，最初镇里说每户1万元左右。两个月后又提出每户补偿平均增加至2万多。这事协调起来有点难度，我们和镇里、自然资源局仔细核算了一下，算上房前屋后排水系统施工的费用，总共60.4万。镇政府专门就此事致函县政府，县政府将文件转给了建设部，建设部也同意了。"小D补充道。

关于这起阻工的缘由，还得追溯到 2013 年 8 月。当时这段路基刚启动施工，受施工单位清退协作队伍影响，该段停工时间长达 8 个月，导致公路上边坡的支挡搁置，边坡局部出现垮塌。2014 年汛期，路基恢复施工时，村民阻工反映公路上方 20 户（后增加至 25 户）房屋开裂。自此开始了长达 2 年的施工协调工作。

地质勘查报告显示，公路 K18+600～K19+746 段穿过柳树塘古滑坡体，滑坡体分布范围大，线路避让困难，但滑坡体整体处于稳定或基本稳定状态。设计线路选择从滑坡体上相对平缓地段通过，浅挖低填，上边坡采用片石混凝土挡土墙进行支挡，冲沟处修建涵洞、排截水沟等设施，尽量避免工程对滑坡体产生不利影响。建设部安排公路的设计单位从滑坡体局部变形工程整治的角度，进行补充计算和方案设计。计算表明，公路荷载（填方和挡土墙等）只占滑坡体的 1%。考虑填方荷载时，设计工况下和校核工况下的抗滑安全系数降低 0.003，降低甚微，因此这段公路填方荷载不是引起滑坡局部变形的主要原因。局部施工抗滑桩成本超过 100 万元，但滑坡体安全系数提高较小。

2014 年汛期开始的持续阻工和上访引起县政府的关注，县自然资源局委托第三方机构（四川省煤田地质工程勘察研究院）对房屋开裂情况进行鉴定，鉴定结果不否认古滑坡存在的事实，但认为公路切坡开挖和填筑加载对滑坡造成了一定影响，并指出目前的情况达不到搬迁条件，建议先对房屋进行修缮，避免汛期房屋垮塌造成人员伤亡。

为避免不当结论造成不可逆转的后果，建设部与第三方机构建立了良好的沟通渠道。W 主任向他们详细介绍了施工和补充地质勘查情况，并出具了已有的勘察设计成果，第三方机构对于建设部给予的尊重和支持表示感谢。相对于补充勘察设计报告，第三方机构的评估报告对于稳定 25 户的情绪起到了很好的作用。最终报告中的结论中肯，避免了事态进一步扩大。此次阻工，主要是因为部分村民不满意报告书鉴定意见，自然资源局和镇政府的解释和宣讲工作也不到位。

民警到场后，按惯例了解阻工情况，对案情进行登记，并对村民进行了疏导。

"路面完工后，谁会搭理我们？这次肯定要给个说法"，显然村民并不太信任这次的调解。

"大家不要闹，回去各忙各的吧。现场阻挠国家重点工程建设施工是违法行为。"派出所 M 所长提高嗓门说道。阻工农户依然蹲着抽烟，没有离开的意思。

突然，电话铃声响起，M 接听电话并称呼对方为"L 县长"，小 D 猜是 L 副县长的电话。几分钟后，L 副县长带着镇政府相关工作人员到了现场。

"W 主任，镇里马上在现场召开协调会，这个问题让他们到镇里去谈，你们这边稍后就恢复施工"，Y 副县长和 W 主任说道。

听民警介绍，组织现场协调会的 N 副镇长新调来镇里不久，对于该事的前因后果并不清楚，但依然在耐心地听取农户提出的问题。

农户甲："房子因为公路开挖后才开裂，偏房里已经不敢住人了。"

农户乙："这个鉴定结果是谁提统统（当地俚语，即牵头负责的意思）弄的，我们不信这个结论。"

农户丙："现在不处理房屋开裂的事情，路修通后我们找谁去。"

半小时过去了，农户的说法不外乎上述三种。N 副镇长到一旁给镇党委书记打电话进行了汇报，几分钟后回到现场。

"大家好，刚才我在电话里跟领导进行了沟通，了解了这件事的起因和过程处理情况。对于大家的担忧，镇里作了一个认真的答复。一是关于鉴定结果。这个是县自然资源局委托有资质的设计单位做的，肯定有公信力。镇里有一份报告书，感兴趣的人可以去查阅。报告书指出公路施工对房屋开裂有一定影响，但是目前达不到搬迁条件。镇里对大家反映的事情不会不管的，我们一直在通过县政府和建设部谈，这就是我要说的第二个问题。二是房屋开裂了怎么办？镇里给大家争取了最好的补偿方案，会给每家补偿房屋加固费用，另外屋前屋后的沟堰，趁这次全部打成三面光的沟沟。这笔钱最近镇里先垫付给大家，尽快把事情解决了，大家住起来也安心"，镇长耐心地安抚农户。

这次阻工，以"派出所出警＋县公安局出面＋镇政府现场协调会"的方式暂时告一段落，农户的不满情绪暂时得到安抚，路面施工得以恢复。之后的路面附属工程施工时，仍然有10多个农户出来阻工，要求处理好机耕道与公路的接道和灌溉水横穿公路的问题。认真听取农户的诉求后，小D将农户的合理诉求汇报给建设部同意后，施工单位负责实施了全部工程。为降低协调难度，柳树塘段的零星工程全部承包给村委会实施，这也是现场协调解决矛盾的最佳办法。

（2）小结

对于工程施工中遇到的滑坡和塌方、隧道施工中造成的断水等技术问题，应采用科学手段提前进行预防、鉴定和处理。本案中对于村民关注的地质灾害问题，建设部委托设计单位进行了补充地质勘探，同时为便于协调，同意地方政府请第三方机构进行评估，在评估阶段，建设部与评估单位进行了深入的沟通，力求评估意见相对客观，利于后续协调工作开展。

5. 标头段线路调整

会东至河门口公路标头2.2km的设计方案经过多次调整和修改，整个施工过程曲折。

（1）提出加宽诉求

2012年8月1日上午，建设部工作人员拜访县委和县政府，就乌东德工程筹建相关事项争取地方支持，县委书记主持会议。

会谈中，双方就彼此关心的议题进行了阐述，谈完乌东德水电站枢纽区避让搬迁安置、施工营地建设、会东至河门口公路施工协调等事项，县政府提出县城接线路、援建老街新桥和避让搬迁费用等事项。

本次座谈会上，县政府提出将标头2.2km按照"路基18m＋路面14m"的市政道路标准进行建设，建设部综合考虑各方面因素，同意该要求，并提出加宽段设计方案。2013年春节前，加宽段的路基填筑顺利完成。

（2）修改设计

2013年春节前，会东县城建局提出新城区道路总体规划，希望建设管理单位能结合新规划的城市道路，在靠河侧重新修建标头1.3km，且表现出的意愿较为强烈。

2013年3月14日，会东县政府在调研乌东德工程建设时，正式提出了修改线路设计的要求，希望将原加宽段中的1.3km线路调整至靠鲹鱼河侧，标准由"路基18m＋路面14m"调整为"路基12m＋路面9m"。由于加宽段的路基填筑已经完成，此时提出线路修改，相当于在原先公路外侧新增一条1.3km的市政道路。建设部从大局考虑，最终同意了线路调整的诉求。

（3）小结

"建好一座电站，带动一方经济，改善一片环境，造福一批移民"是三峡集团这些年一直秉承和坚持的水电开发新理念。在民生和公共设施方面的投入从未间断。2012 年在凉山州南环线建设项目中出资 8 亿元；2012～2018 年，援建了会东县小河嘴 2 号桥、洛佐至新马道路改造项目，累计超过 10 亿元。

乌东德水电站年均投资额为 18 亿元～30 亿元，因乌东德水电站建设，两县每年各新增税收 2500 万元～5000 万元，同时带动了钢材和水泥的需求量，增加了就业岗位，拉动了两县农副产品和日用品的消费等。

### 6. 临时用地问题

临时用地在招标文件中约定为施工临时占用的场地，理论上不属于红线内征地范围。招标文件约定临时用地由承包人向当地政府土地管理部门申请，并办理租用手续。承包人按有关规定支付其费用，发包人对此予以协调。临时占地退还前，承包人应自费恢复到临时占地使用前的状况。

实际上，从 2010 年向家坝、溪洛渡库区还建项目"六路三桥"施工起，上述关于临时用地的通用条款已无法适应西南山区的施工环境和政策变化，因此临时用地问题已成为近些年工程建设管理面临的新问题。"新"主要体现在以下几个方面：①山区地形陡峭，公路明线段途经陡峭的顺向坡，开挖石渣不可避免地滚落至征地红线外，造成大面积的压覆盖；②西南山区经济不发达，人均土地资源少，租地费用偏低，农户迫切希望临时用地得到合理补偿；③地方政策调整，公路在进入中后期施工时，临时用地补偿问题开始凸显，成为影响施工的主要因素，迫切需要与县政府商定补偿方案。

（1）补偿标准谈判

2013 年 10 月 20 日上午，A 主任到县城与 E 副县长会谈。

"A 主任，请你过来是有要事探讨。现在施工单位在清退队伍，现场停工了，但是临时用地补偿问题不能回避啊。"E 副县长言简意赅，直达主题。

"E 副县长，我刚接手这个项目。你这边比较了解基本情况，沿线农户反映较多的是临时用地的补偿款问题。原因有两个：一是开工前双方未能预估到临时用地面积会这么大，二是补偿标准可能偏低，施工单位也没有支付租金。现在矛盾比较尖锐，确实有必要沟通一下。"A 主任说。

A 主任接手对外交通项目部不到 3 个月，就面临清退协作队伍、进度滞后以及大面积阻工等问题，对于如何突破目前的困局，他心中已有较为清晰的规划，当务之急是重建各方关系，厘清重点，逐步解决复工前面临的内外难题。

"县里提前充分听取了各乡镇工作人员的意见，自然资源局结合这些意见草拟了一个临时用地补偿标准。说实话，我们也不敢贸然提高标准，毕竟县里的建设从来没有停止，但是农民的合理诉求还得满足。压覆盖已经成为共性问题，我们很早就注意到了"，E 副县长递过来一份临时用地补偿标准草案。

A 主任花了大概 5 分钟浏览完，"草案划分了轻微、中度、较重、严重等 4 种不同程度的压覆类型，对应不同费用区间。为操作性更强，我建议每个层级的费用标准范围缩小一些。另外我看弃渣场（见图 4-7 和图 4-8）和施工便道（见图 4-9）占地补偿全部参照永久征地标准执行，其中弃渣场占用耕地的套用永久标准尚可理解，但施工便道能恢复，这个标准定得过高。从施工单位报的数字来看，新修施工便道约 30km，平均宽度 4.5m，占地面积就超过 200 亩"，A 主任表示担心。后来事态的发展表明这种忧虑不无道理。

图 4-7　公路 K9 ～ K10 段开挖造成的边坡挂渣

图 4-8　大坪子弃渣场

图 4-9　弯腰树大桥左岸施工便道

　　2014 年 6 月，建设部将临时用地问题产生的原因、占地情况、费用补偿标准和临时用地协议等报告至公司总部。合同立项获批后，建设部与会东县及两家施工单位签订了各自标段的临时用地（三方）协议。协议约定先期由建设部代支付临时用地补偿费用，合同收尾时根据责任划分进行费用分摊。2014 年 10 月，向会东县方面支付了预付款，用于临时用地工作启动。

　　（2）小河村群体性阻工

　　事件临时用地问题持续影响工程建设。

　　2015 年 1 月 6 日上午，约 60 名小河村农户在赖家坡隧道进口将移民办老马、坝管部老李和小 D 团团围住，这是一次非常见的阻工协调。农户情绪激动，手里抄着锄头和木棍，气氛紧张。

　　"大坪子、赖家坡等两个弃渣场占用超过 2 年了，因各种原因，现在农户都没有拿到补偿款。春节临近，外出务工的人员基本都回来了，现在恐怕没法继续施工了，"长新乡 Q 副乡长摇摇头说。Q 副乡长自 2012 年以来，全程参与了公路红线内征地拆迁、临时用地调查、数据整理和阻工协调等工作。

　　这会，老马已成为农户声讨的对象，就因为说了句"临时用地一般不能按照永久征地标准补偿，临时用地是可以进行还原和复耕的"。究其原因是临时用地的标准偏高，而且农户认为弃渣场和施工便道临时用地等同于永久征地。据了解，大坪子弃渣场占地农户只拿到了套用永久征地标准计算的 50% 补偿款。

　　经 Q 副乡长调解，老马总算顺利脱身，农户也离开现场。农户威胁若 3 天后剩余补偿款不到位，仍会再次阻工。考虑年关将近，协调难度较大，现场只能暂停施工，提前春节放假。

（3）火石乡临时用地现场实调

2015 年夏日炎炎的 8 月某天，为解决标尾段阻工问题，下午 1 点刚过，施工单位生产经理老 T 赶到标尾。15 名农户已经聚集在标尾老杨家门口。

镇政府相关人员到场后，按照惯例，先召开一个碰头会梳理问题，再去现场实调。近半个月一直有人阻断道路，影响公路正常施工。到场农户反映的是近半年新造成的压覆盖未统计和红线内征地遗留问题。

"R 镇长，我家的坡地压覆了这么多年，一分钱都没有拿到，这事我去镇里找过几次，每次都搪塞我们说快了。现在工程快干完了，我们再不找，后面谁来管我们？我们农民也要吃饭。现在的情况是，以往的压覆盖赔偿款没有拿到，今年以来底下的苞谷地也被压覆了，几乎没有收成，不然我也不会连续几天找人理论"，村民甲情绪颇为激动。

"领导，我是替我妈来这的。我家的土地在红线内，2012 年量地时候，我爸妈都不在场，面积量得不对，至少比实际的少一半。我爸妈是老实巴交的农民，也不知道咋办。我在县城上班，也没有时间关心这个事情，希望今天能解决这个事情"，发言的是个小伙子。

最后发言的是位 70 多岁的老人，脸上清晰地刻画着岁月的痕迹，背着篓子，看样子是从对岸徒步赶过来的。老人表达的意思大致是桑树压覆严重，影响养蚕产丝。老人独住，靠养蚕为生，每年有七八千块钱收入。

先后有 6 个农户发言，反映的情况大致是压覆盖超过一年，土地无法耕种，也没有测量，希望政府和建设单位考虑他们的难处，尽早测量压覆土地，尽快把补偿款支付到位。

R 镇长在镇里工作多年，2012 年工程开工后一直负责联系施工协调事宜，因此对于农户反映的情况基本知晓，对于农民的事情，也只能按照农民最乐于接受的方式开展，R 镇长提议从标尾开始挨家挨户进行调查，现场签字确认。R 镇长提醒"工地马上恢复施工，你们不要去闹，耽搁施工，每天损失好几万。压覆盖补偿的事情镇里马上向县政府要钱，先给大家兑付一部分"，农户都表示认同。

实调从农户连某家开始。查询了先前的实调数据，确实无记录，可以确认连家的坡地为统计遗漏。在 R 镇长的示意下，村支书扯着嗓子说道："堡坎（即下挡墙）外 5m 左右渣土压覆较严重，5m 外零星散落着块石，按照县政府文件，可界定为重度压覆盖和轻度压覆盖。按照实调的通用做法，先由农户提出恢复耕种需要的工时，再由村里和镇里评估和审核，沟通达成一致意见后签字确认按手印留存原始记录，最后由镇里根据挨家挨户的数据汇总成电子表进行公示。现场没有复印机，大家可以用手机拍个照片留存记录，公示期间，有疑问大家可以到镇里档案室查询原始记录。"

之后便开始进行实调 3 步曲。

第 1 步是"丈量面积"。连某指出他家坡地的边界是隔壁土地的户主认同的，两农户负责拉皮尺丈量面积，施工单位相关人员跟着皮尺读数据，现场丈量出连某家重度和轻度压覆盖的面积分别为 1.1 亩和 1.7 亩。通常压覆盖面积不规则，为提高外业效率，镇里基本默认丈量土地采取简易算法，即将面积切割成多个长方形叠加计算。实调都是人工丈量斜坡面积，人工拉尺误差偏大，这是工作"度"的控制，一般多读 1m 属正常。

第 2 步是"核定复耕费"。连某跟 R 镇长表示要和老婆商量之后再谈复耕费，夫妻俩到旁边合计去了。

"我家这地，上面这块很难恢复了，应该征了。下面这块地，可以按照轻度压覆盖来算。

总赔偿款是 26538 元"，连某对着赔偿标准用手机算着。

"你家这个恐怕不能套最高标准，红线外一般不定性为征地"，村支书反驳道。

R 镇长抽了口烟，"标准的事情，不能漫天要价。说实话，堡坎以外的土地所有权还是你们各家的，公路不会再占用。标准的事情要公平，参照已经做完实调的、临近的类似的情况，不能一味套高标准执行，我的意见是靠近堡坎的挂渣较多的这 1.1 亩可以套用重度压覆盖标准。外面的零星挂渣，计人工清理费用，10 个工应该够了吧？"

R 镇长说完，连某举手，"为啥老张家的按照永久标准征了，我家的就只能按照重度压覆盖算"，连某一副"不患寡而患不均"的态度。

"老张家耕地在涵洞下头，涵洞位置变化了，对着涵洞的征了个条带，这个是作为红线补征地统计的，你们的情况不一样，这个还有什么可攀比的呢"，R 镇长向连某和围观的农户耐心地解释。

在这条公路上主抓生产 3 年多，老 T 在对外协调中与各乡镇分管公路建设协调的干部较熟悉，在他看来，这些乡镇干部深谙农村和农民工作的核心要务，工作务实，也很有耐心。当然，他们偶尔也抱怨工资低，工作强度大。所以很多时候他们也是一群需要被关心的人。

第 3 步是"记录和签字"。连某核对完量地数据后，在实调表格上签字并按手印。

到下午 4 点，只剩下金发小伙还在现场。一般这个点，镇里上班的人正在吃晚饭（当地农村习俗是每天吃两顿饭，早饭 9 点，晚饭 3～4 点），实调还没结束，R 镇长说处理完再回去。

"红线征地要求每家必须有人到场，但也有例外，有些在外务工的人回不来，委托兄弟帮着量地签字，小万（指了指金发小伙）说的应该是这个情况，但是事情过去太久了，原来经办的副镇长调到凉山州金阳县做精准扶贫工作去了，我也是去年才当支书，具体情况不太清楚，现场公路开挖结束，边坡也已支护，边界没法区分，无法重新丈量。村里的意见是不支持这个诉求"，村支书态度鲜明。

"这块正在支护的边坡到那棵树之间的地是我家的，之前种桑树，虽被挖掉，边界还是可以看得出的，你们也可以请隔壁两家一起到场来看。如果没弄错，我们也不会丢下工作来这里理论"，小伙语速太快，充满着火气。

再争执下去已无意义，最后 R 镇长说，"几年前的事情，靠回忆肯定无法服人，红线征地数据 2012 年就公示了，土地肯定都量了，无非是边界问题，你家量少了，那肯定是计到隔壁家土地上，这个道理不用多说，小万你肯定能明白。"

看到金发小伙和他母亲沮丧的神情，老 T 也犯难，如果今天解决不好，这对母子明天还会来阻工。老 T 把 R 镇长喊到一旁商量。对于农户，必须保持相对公正的态度，如果草率处理，极易造成前面工作翻盘和后续工作的被动，因此他们对这些事的处理就是拖，拖到最后不得已只能变相以其他方式予以处理，到最后农户的期望值会降至可接受水平，问题也迎刃而解。对于小万家的情况，事实应该存在，但是责任也不应该由镇政府来承担。

R 镇长把这对母子喊到跟前，交代明天上午 10 点到镇里协商处理意见，希望他们不要再到现场闹。三个月后的某个中午，老 T 与老杨闲谈时问到这事的处理结果，老杨笑着说："镇里将隔壁两家征地尾款的 10% 全部给中间那家呗，不足部分由镇里将部分协调费拿出来补给这家了。"

对于老 T，能顺利组织生产是最大的喜悦。毕竟公路的建设协调是日常工作之外增加的任务，要达成这样和谐的局面，前提是妥善处理好受施工影响的农户方方面面的诉求，有些诉求是可以按照政策予以合理解决的，比如压覆盖补偿；有些是需要商量着办的事，比如个案，没有固定办法，在合理范围内解决好就可以；有些是无理诉求，还得由政府出面予以驳回，这样才更有效。

（4）小结

红线外的压覆盖是西南山区新建公路难以回避的问题，后续类似项目应在招标阶段明确提出文明施工的要求，约定施工单位应该承担的责任，投标报价清单中应单列临时用地预估费用。在此基础上，作为建设管理单位，应在开工前与地方政府提前商定临时用地补偿标准，签订临时用地框架协议；引入征地监理，规范用地流程与行为，对临时用地进行建档与跟踪；土石方开挖完成后，与地方政府签订补充协议，明确临时用地总费用。

7. 张家大沟泥石流

（1）突发事故

2015 年 9 月 6 日清晨 6 点，交通项目部 A 主任被手机铃声惊醒，这个时间点，乌东德工程新村营地的多数人还在睡梦中，但在工程一线工作 20 多年的 A 主任有个习惯，手机 24 小时不关机，便于自己随时能被联系到。

"A 主任，张家大沟出大事了"，电话那边应该是某乡镇喇叭村的村主任（以下简称 Z 村主任）。A 主任对这位作风硬朗的 Z 村主任印象深刻，去年在现场协调民事纠纷的时候和她打过交道。

"具体什么情况，您慢点说，我在听"，A 主任打开卧室大灯，起身下床了。"昨晚大雨，沟里淤满了渣场下来的弃渣，道路也断了，其他情况还不清楚，A 主任能否到现场看下，毕竟与公路有关"，Z 村主任语气还算委婉。

"好的，我知道情况了。您看这样行不？村里先组织排查一下，看有没有人员伤亡。我马上联系施工单位派人查勘损失情况，并且给领导汇报后就赶来"，A 主任挂完电话就给施工单位项目经理打电话，语音提示已关机。A 主任拿起手机，编辑了几条较长的短信后下楼。

提起张家大沟，A 主任就气不打一处来，事故完全可以避免。8 月底度汛安全检查的时候，他到张家大沟弃渣场查勘，布置了度汛措施，遗憾的是施工单位未按要求组织实施。这也让他充分认识到，在关键项目的决策和执行中必须"一竿子插到底"，唯有这样才不会偏离目标。

（2）查勘现场

8 点降雨不算大，A 主任带着设计、监理和施工单位工作人员，穿过乌东德工区，降雨造成的水毁规模不小。进入公路，沿途多处边坡出现滚石，车子走得并不快。

"A 主任，我 7 点多接到项目经理电话，他出差还没回工地，安排我来处理事故，另外我们已安排调集挖掘机，预计 10 点到现场抢险"，施工单位的总工说。

"怎么说你们呢？收尾拖拖拉拉，管理松懈，你看这会出事了吧"，A 主任忍不住吐槽几句。

降雨未停，施工便道较泥泞，支洞外陡崖的小瀑布一改平日的温和，宽度由平日的三五米骤增至十来米，水质浑浊，飞泻而下。A 主任顾不得打伞了，徒步去查勘。

　　张家大沟弃渣场是顺沟堆渣形成的，渣场后缘有明显拉裂，渣场顶部外侧约 15m 范围的弃渣被雨水带走至沟底，内侧瀑布泄水量骤增，掏蚀渣场坡脚，造成渣场失稳发生垮塌，但这不是最关键的诱因。让人觉得蹊跷的是渣场后缘这股水。该标段开工 3 年多，外侧施工营地盖起来也已经 2 年，一直未发现内侧陡崖峭壁在汛期内有流水痕迹，这是一个新出现的情况。

　　山路的平均宽度不足 4m，外侧邻边也没有任何防护，轮胎被泥浆包裹，这样的路况，稍有经验的驾驶员都不敢重踩刹车，防止车辆被甩出。越野车在泥泞的山路上艰难地向下前行，到张家大沟耗时超过 20 分钟。车上 A 主任接到沟口的可河电站负责人的电话，反映凌晨山洪暴发造成的泥石流对电站造成了严重影响，希望 A 主任能现场查勘并组织抢险，看来这事造成的影响比 Z 村长讲得更严重。

　　车子还未到张家大沟便出现堵车，很显然，冲沟内的道路中断了，A 主任招呼驾驶员就地掉头，预留出会车位置，自己下车徒步往前走。恰好遇到 Z 村长在前面和几个村民了解情况。

　　"A 主任，早上打完电话我就组织进行排查。最新的情况是，没有人员伤亡，但跨沟的道路彻底中断了，冲沟里淤满了冲下来的石渣，两侧的菜地都被淤在底下了，另外石渣堵住了可河电站尾水出口（也是小可河电站的进水口），具体的他们跟您对接"，Z 村长指着对面一个戴着安全帽的小伙子说。小伙子姓谢，是可河电站的技术员，早上接到负责人的安排过来等候 A 主任。

　　9 点半的时候，雨水暂停，天气开始放晴，泥石流事故已过去将近 5 小时，进入冲沟的安全风险不大。为掌握现场实情，A 主任招呼随行人员一起进入冲沟腹地。

　　现场呈现的是典型泥石流特性，冲沟内淤满石渣，平均宽度 15～20m，块石凌乱地散落在表面，沟心被水流冲出一条过水通道。据 Z 村长介绍，跨冲沟的涵洞已经被石渣覆盖，完全看不出道路的痕迹（见图 4-10，图 4-11，图 4-12）。

图 4-10　2015 年 9 月 7 日无人机航拍的 2 号支洞外

图 4-11　跨沟道路（9 月 7 日清理后暂时恢复通行）

图 4-12　进入冲沟内查勘灾情（9 月 7 日二探灾情现场）

泥石流的外号是"大自然的绞肉机"，身兼洪水和山崩的双重特点：像山崩一样，发生前悄无声息，鲜有征兆，发生时破坏力惊人，势不可挡；又如洪水一般，飞流直下，千里奔袭，漫山遍野，影响广泛。全球每年都会发生数以万计次泥石流。我国泥石流主要发生在西藏东南部、四川西部和南部、云南东部和西部、甘肃和陕西南部的秦岭地区等四个区域。

图 4-13　无人机航拍的张家大沟全景

泥石流的形成需要丰富的松散固体物质、陡峻的地形和短时间内的大量流水来源，因此高强度的降雨常常是触发泥石流的主要因素。综合来看，张家大沟（见图 4-13）满足泥石流发生的全部条件。其一，6 日凌晨 1 点至 7 点的短时强降雨超过 60mm；其二，2 号支洞外的张家大沟弃渣场有松散的渣体；其三，张家大沟平均纵坡超过 10%。

在可河电站查勘时，Y 主任来电，大意是县政府已将事故简报传真至建设部，县安监局、水务局和交通局今天也将到现场查勘险情。尽快组织抢险救灾，避免造成次生灾害等。

在可河电站，A 主任在谢某的带领下，详细了解了电站的基本情况。可河电站位于冲沟口上游，泥石流冲出的渣体在沟口呈扇形散开，堆积厚度超过 5m。可河电站（装机 72MW）是常见的引水电站，尾水出口刚好位于沟口，而尾水又作为下游小可河电站（装机 4.8MW）的进水口。泥石流事故发生后，两个电站的电力生产全部暂停（见图 4-14）。

图 4-14　事故中受影响较大的可河电站和下游的小可河电站

"A 主任，现在安全风险还没有解除，我们电站厂房在冲沟右下方，临鲹鱼河而建，总体位置较低。冲沟悬于外侧，电站围墙外有天然土包包，刚好位于冲沟拐弯处，土包包起到了较好的阻隔和防护作用"，谢某用手指着所说的土包包。

"是不是那棵树的位置，沟貌似有个较高的跌坎"，A主任问。

"嗯，原来张家大沟虽然也常年流水但不携带渣体，对土包包的冲击和侵蚀较少。现在渣体淤满冲沟（见图4-15，图4-16），水位抬升。再来一场大雨的话，水流会携带渣体直接冲到电站围墙内，威胁厂房安全。这个是我们最关心的问题"，谢某回身转向A主任，A主任正在用手机拍照片。

图 4-15　冲沟被淤满后悬于电站上方　　　　图 4-16　工程治理后的张家大沟（2017 年度汛）

（3）企地联合抢险救灾

看完现场，A主任立即召开应急抢险碰头会。刚才镇党委书记电话联系A主任，表示分管自然资源和安监的X副县长带领的安监局、水务局和交通局等工作人员已到现场，他们希望和建设单位负责人碰个面。

A主任返回张家大沟中部，在等X副县长时，询问了农田和旱地受灾情况，安排了设计单位用无人机对张家大沟一带进行航拍，更直观、全面地展示泥石流造成的破坏情况，也便于在专题会上进行讨论，期间，施工单位调集的2台挖掘机也赶至现场。

A主任带着X副县长一行查勘现场。

11点，碰头会在可河电站会议室召开。村委会、镇政府、安监局、水务局、自然资源局、交通局、可河电站、小可河电站的工作人员和村民代表先后就本次泥石流事件造成的灾情、影响、损失和抢险救灾等表达了自己的意见。

在发言过程中，A主任在随身携带的袖珍笔记本上写下了发言的要点。

"事故发生了，我们不回避在管理方面出现的问题，先给大家道个歉。关于抢险救灾，我有几个方面的看法，不妥之处，请大家指正。第一，关于抢险，先期恢复道路交通和清理可河电站尾水池，我们安排了2台挖掘机参与抢险，会尽快恢复交通和电力生产，也请两家电站开展生产自救，建设部全力配合。第二，关于事故损失，刚才大家讲得比较多，请政府方面和两家电站形成正式文件报我们建设部，调查过程施工单位会派人参加。第三，关于后期工程治理，还需要专题研究，稍迟点会启动，现阶段主要精力放在降低次生灾害上，比如渣体前移还会阻断道路和淤满尾水池"，A主任详细地说道。

"我完全同意A主任的意见，抢险应该现在行动起来。为提高企地联动效率，我建议成立一个工作组，工作组包含政府、建设单位、可河电站、小可河电站以及施工单位等，我担任组长，A 主任担任副组长。政府方面由我联系相关职能部门配合，镇里派人蹲点参与灾情调查和施工相关的民事协调工作。A 主任协调施工单位抢险。这几天大家都辛苦一下，避免灾情扩大。最后还要强调一点，为控制事态影响，关于本次山洪泥石流地质灾害，请大家不要在微信朋友圈里乱发，也不要造谣和传谣"，X 副县长总结道。

会议结束后，X 副县长一行赶回会东。A 主任再次召集现场会，重点强调了泥石流事件对公路收尾的不良影响，敦促施工单位高度重视此事，项目经理尽快赶回工地处理相关善后事宜，同时要求施工单位每半天报告一次现场尾水池清理和道路恢复情况。

在各方的共同努力下，抢险工作组织得当，事故后 24 小时内取得重要进展，道路基本恢复畅通。11 日上午，可河电站和小可河电站电力生产恢复。

（4）事故善后

实际上，泥石流事故善后工作已在 9 月 6 日当天开始部署。安排了施工单位经营部主任 B 配合事故损毁的实物调查工作。

面对淤满的冲沟，怎么做实调，各方都很为难，毕竟无事发前冲沟的原始状态影像记录，7 日至 10 日，经与村委会和镇里多次沟通和请示汇报后，B 最终完成了实调工作。

面对突发事故，可河电站反应较为迅速，6 日下午将损失事项的函件传真给建设部，小可河电站未致函，只要求尽快清理进水口，尽早恢复生产。协调过程中，了解到小可河电站位于乌东德水电站库区淹没线以下，该电站在 2011 年已完成了实物指标调查工作，总体赔偿金额基本敲定。

事故发生后，该部位被纳入乌东德工程水文气象观测范围。得益于水文气象预报，抢险工作安排有序，次生灾害影响被控制在极小范围内，但临时道路和可河电站尾水出口两次被淤，施工单位及时进行了清理，但这只是临时治理措施，后续工程治理迫在眉睫。

（5）工程治理

1）一次治理

关于治理方案，设计单位坚持将全部渣体转运至公路标尾的鲸鱼河弃渣场，尽可能恢复冲沟原始状态，彻底消除安全隐患。建设部也有很现实的考量，转渣量大，就近难以寻找合适的堆渣点，狭窄的通村路限制了出渣条件。最终的方案包含了转运部分弃渣、清理冲沟、还建跨沟道路和修建排导槽（见图 4-17，图 4-18）等内容。2016 年 4 月张家大沟度汛工程启动实施，至 9 月底基本完成。

图 4-17　排导槽（2016 年 10 月）

图 4-18　通村路跨过段（2016 年 10 月）

排导槽完工后运行的第一年，上段（靠山侧）遭遇轻度水毁（见图4-19）。第二年雨季，上段在雨季几乎完全损毁（见图4-20），下段损毁约30%，可河电站所受影响较小。

图 4-19    2017 年汛期排导槽多处遭遇水毁

2）二次治理

由于张家大沟跨沟有通村路，沟口有可河电站这类敏感建筑物，本着高度负责的态度，建设单位查勘现场后要求做方案时务必保证长期有效，避免反复折腾。

图 4-20    2018 年汛期排导槽遭遇严重水毁

作为度汛抢险项目，建设部专门组织了一家施工单位进场施工。基于先前经验，就近寻找合适的堆渣点成为最现实的方案。经与镇里联系，协调到适宜的堆渣点（后期可复耕作为坡耕地），并完成了堆渣点的附着物实物指标调查，优化了运渣线路。2个月时间基本完成了大部分渣体的清运，并对部分岸坡进行了挡护，基本上还原了张家大沟的天然状态，消除了泥石流物源。

（6）小结

张家大沟位于公路主线之外，工程治理投资超过700万元，事故是渣场在极端天气和自然灾害下诱发所致，难以预测，但是危害较大。以后在进行公路这类线性工程规划设计和建设管理中应在以下方面做更细致和深入的工作：①规划设计阶段，弃渣场方案设计（选址地质勘查、工程防护设计）提高到与主体工程同等设计深度；②弃渣场位置发生调整时，设计单位提早介入，重新做方案设计；③环水保相关费用在招标阶段应予以单列；④严格过程管理，规范堆渣行为，及时进行工程防护，与主体工程同步实施，同步验收，过程中主动接受地方行政主管部门的监督管理，提升环水保工作管理效率；⑤在应对公路的沿线地质灾害问题时，建设单位应提前编制应急预案，并与地方行政主管部门、参建各方建立联动机制，做到响应及时，沟通顺畅。

### 8. 某公司经济诉讼

8 点刚过，交通项目部小 D 与三峡集团法律事务部的两名同事早已在凉山州中级人民法院（以下简称凉山中院）大门口等待安检。这是小 D 第 3 次参加与公路相关的经济诉讼庭审。

本案属于二次上诉，昨天下午的证据交换环节，各方并未提交新证据，庭审准备工作基本就绪。小 D 预估今天上午可以完成案件审理。开庭时间已到，第二被告 H 某仍未出现，主审法官当庭拨通 H 某电话并按免提，约 10 秒后电话接通，H 某声音慵懒地表示记错时间了，还未起床，马上起床赶过来。作为职业律师和本案被告，H 某居然记错开庭时间，这确实有点匪夷所思。由于时间较紧，两名法官商量后宣布正常开庭。

（1）案件背景

2011 年 11 月，某施工单位中标乌东德水电站左岸对外交通会东至河门口公路某标段项目。2012 年 7 月，该施工单位与甲公司签订分包合同，合同包含了全部路基工程和 2 条短隧道，H 某为甲公司的授权委托人，签订了合同。乙公司为 H 某引入的作业队，承包了路基三工区全部的施工任务，乙公司与 H 某签订了施工协议。2013 年 9 月，施工单位因工程进度滞后和其他方面原因将甲乙公司都清退出场。清退过程曲折，关于退场的经济问题清算没有得到解决。

2018 年 10 月 8 日，建设部收到凉山中院邮寄送达的应诉通知书、民事起诉状等法律文件。乙公司于 2018 年 9 月 7 日在凉山中院起诉该施工单位、H 某和建设部，要求施工单位和 H 某支付其工程款、材料调差款等损失共计 3624.42 万元并承担利息损失，要求建设部在欠付施工单位工程款的范围内向其承担支付责任。本案定于 2018 年 11 月 6 日在凉山中院开庭审理。

（2）法院庭审

按照程序，首先是法庭调查环节。

原告乙公司先口头陈述其诉讼请求及其依据的事实和理由。这是乙公司 2017 年 4 月 6 日撤诉后就同一经济诉求再次上诉。显然，撤诉后乙公司与施工单位、H 某未能就退场经济补偿达成一致意见。

乙公司代理律师在陈述时条理稍微有些混乱且有多处表述错误，原告席上夏某（乙公司的法人）也发现了这个问题，多次插话进行更正和补充，法庭不允许这样的无序发言，夏某第三次补充时被法官敲法槌叫停。代理律师陈述完，法官示意原告有 3 分钟的补充陈述时间。

"第 2 本证据包含了施工部位原始地形测量数据、现场施工照片、民工工资和设备租赁费用支付清单……这些足以证明我们是实际施工人，我们委托第三方对我们施工完成的项目和费用进行了评估"，夏某起身给法官展示证据，法官示意他语速放慢，方便书记员记录。

"施工单位总是说他们只与甲公司签订了施工合同，这是不尊重事实，另外关于会河公路使用的甲公司印章已经被司法鉴定为私刻公章，鉴定书在第二本证据里。H某私刻印章与施工单位签订施工合同，他们的合同是无效的，H某也没有参与我们施工范围内的生产组织和管理，因此我们要求直接与施工单位办理结算。"

"第3本至5本证据里列数了我们的经济诉求，包含监理签证工程量和委托第三方鉴定的完工量，由于施工单位长期不与我们核对工程量，我们迫于无奈才委托第三方鉴定。"夏某举手示意陈述结束。

按照程序，接下来由被告陈述事实及所持的不同意见。

施工单位为本案的第一被告，代理人为公司的法务W主任，他陈述的事实和理由与2016年乙公司首次出庭时基本雷同，"我们提请法庭注意一个细节，在会河公路施工中，我们只与甲公司签订施工合同，我们提供的证据充分说明我们与甲公司的经济问题处理早已告一段落，甲公司已经结超了2000余万，我们正在通过司法渠道追回超额支付的部分。至于乙公司与甲公司的经济问题应该由甲公司负责解决。"

第二被告H某暂时缺席，法官示意建设部先发言。建设部是H某追加的（第三）被告。法律事务部Y博士对着提纲逐条论述，"建设单位的相关陈述如下：①建设单位不是本案的适格被告。施工单位通过建设单位公开招标中标，2012年5月开工建设。施工单位提供的分包合同显示其将路基大部分工程分包给甲公司实施，至于乙公司与施工单位、甲公司之间是合作关系还是转包关系，建设单位并不知情。②关于乙公司诉求中的连带责任。我们提交的证据可以说明，在本项目中，建设单位未拖欠施工单位任何工程款，目前账面显示本项目已经超结算185万元。"

开庭1小时后，第二被告H某匆匆赶到，未参加陈述环节。

按照程序，接下来是法庭辩论环节。

乙公司复述了"我就是实际施工人"的若干证据和司法解释；施工单位只承认与甲公司签订施工合同，实际施工人并非乙公司；H某答辩思路清晰，主旨不外乎是"我才是实际施工人，甲公司只是我借用的资质，退场前与施工单位的结算都是我本人签字的，这个是不容否认的事实"；Y博士陈述，实际施工人在司法上有特定的解释，从刚才的争论来看，有点被滥用，作为合同的相对方，我们只与施工单位有经济关系。

庭审的最后一个环节是评议。

书记员完成笔录并打印出来，原告和被告等对笔录内容进行确认和签字。由于本案涉及的金额较大，法官宣布择期宣判。

本案一审判决驳回了乙公司的诉讼请求。

（3）小结

究竟是什么原因使得施工单位、甲公司、H某及乙公司等都陷入难以挣脱的经济诉讼，时至今日，谁也不敢妄说自己是赢家，作为建设管理方，我们该汲取哪些教训？

1）合同关系混乱。具体表现为分包关系复杂，管理层级较多，各协作队伍单兵作战，缺乏总体施工规划、统一调度和指挥，施工效率偏低。究其根源是施工单位丧失项目的主导权，将路基工程全部交由毫无同类工程施工和管理经验的H某操盘，加上地方阻工影响，工程始终无法进入正轨。施工单位自以为能掌控复杂的局面，但事与愿违，最终各方因为结算问题分道扬镳，施工单位耗巨资清退队伍，重新组织队伍进场，工期拖长，项目运行严重亏损。这起案件应该让人警醒，当前的建筑市场环境已经发生新的变化，在后续的项目管理中应将建筑市场管理纳入到日常管理中，开工前对分包单位进行详细准入调查；实施过程中对分包单位管理进行跟踪，监督总包单位资金使用和对下结算，关注农民工反映的问题，在春节、九月开学等关键节点前，重点解决经济问题，尽量做到防患于未然。

2）队伍清退难度大。除甲、乙公司外，施工单位将其他队伍也全部清退出场，导致工程停工将近 8 个月，耗资超过 3000 万元。重新组织新队伍进场施工后，施工单位多次更换项目经理和总工，管理工作不连续，缺乏有经验的现场管理人员，最终退场时仍剩余标头 5km 工程无力组织施工。事实证明，在工作中低估了清退队伍的难度，高估了自己重新组织施工的能力。

9. 半角至新村公路对外协调

半角至新村公路晚于会东至河门口公路 2 年启动施工，建设过程中，对外协调工作同样艰难。综合来看，半新公路的施工现场协调力度、效果等好于会河公路，原因主要有以下几个方面。

（1）工程差异

会东至河门口公路长达 32km 明线段，且沿途经过 6 个乡；半角至新村公路明线段长度约 12km。前者施工更容易受外界干扰，施工协调难度远大于后者。

（2）协调机制

半角至新村公路在建设期间，禄劝县成立了专门的协调指挥部（独立办公）负责施工现场民事问题，常务副县长亲自挂帅，支持力度较大。

（3）经验借鉴

半角至新村公路充分汲取了会东至河门口公路在对外协调方面的经验与教训，从地方政府到建设部、施工单位对协调工作更重视，协调效果达到预期。

第 5 章

# 环境保护

## 5.1 环境影响评价与总体要求

乌东德水电站对外交通工程地处我国地势第一阶梯的川、滇山地地貌区，区内地形地貌受岩性及构造的控制，高差较大、沟谷发育、谷坡陡峻，受金沙江干热河谷气候影响，植被破坏后，恢复较为困难，具有一定的生态脆弱性。为最大程度地减缓工程建设对周边生态环境的影响，建设管理单位在工程可行性研究阶段即委托长江水资源保护科学研究所（国环评证甲字第 2602 号）承担了本项目的环境影响评价工作。评价单位通过对公路沿线开展详细调研和实地查勘，在了解掌握区域自然环境、生态环境和社会环境特征和相关资料的基础上，编制完成了《金沙江乌东德水电站左岸进场公路会东至河门口公路环境影响报告书》《金沙江乌东德水电站右岸对外交通半角至新村公路环境影响报告书》，四川省环境保护厅与云南省环境保护厅分别对《关于金沙江乌东德水电站左岸进场公路会东至河门口公路环境影响报告书的批复》（川环审批〔2012〕73 号）和《关于金沙江乌东德水电站右岸对外交通半角至新村公路环境影响报告书的批复》（云环审〔2012〕297 号）进行了批复。

为严格落实环境保护"三同时"制度，根据环境影响评价报告书及批复意见，项目各阶段建设环境保护工作主要包括以下方面。

### 5.1.1 勘察设计阶段环境保护总体要求

依照"预防为主，保护优先"的原则，结合拟建公路沿线社会环境和自然环境特征，从路线线位布设到桥梁方案的选择，充分考虑环保、景观的要求，将沿线景观视线及范围作为一个完整的景观体系，注重生态的保护、恢复和利用，特别注意对沿线耕地的保护、恢复措施及减缓征地拆迁对项目影响区的社会影响，促进社会经济的可持续发展。

1. 路线设计

根据公路沿线的地形、地貌、地质、水文、河流等自然条件，充分考虑路线与沿线自然环境的协调性，对于滑坡、崩塌体、泥石流等不良地质，在条件许可的情况下尽量绕线避开，当必须穿越时，尽量缩小穿越范围，并采取必要的工程措施。公路经过处，尽量做到"近村而不进村，便民而不扰民"，尽量避免噪声、拆迁、污染等对自然环境的破坏，同时尽量少占耕地，减少工程建设及运营对环境的不利影响。

在路线选择中应将少占耕地资源作为设计的一个重要原则，尽可能利用荒山，少占旱地和水田。做好路段土石方平衡设计工作，最大限度地利用公路路基和隧道开挖的土石方，以减少取土场和弃土场的数量及占地面积。

取土场应尽量利用沿线荒山、丘陵，减少对耕地的占用；弃土场应尽量选择距离路线较近、植被较少的凹地进行弃土，不靠近水体，同时做好弃土场的防护设计，以免造成新的水土流失。在施工图阶段应加强对公路土石方的纵向调配工作，争取做到土石方平衡，减少取方、弃方量，从而减少取弃土场的数量及占地数量。

**2. 景观设计**

乌东德水电站对外交通公路是乌东德水电站的重要窗口。在绿化设计中力求反映地方特色、工程风貌，满足公路绿化功能的需要，达到稳定边坡、遮光防眩、诱导视线、改善环境的目的，为驾乘人员提供安全、舒适、优美的外部环境。提高公路"绿色廊道"的景观效益、生态效益及社会效益。

**3. 水土保持设计**

（1）工程措施布设原则

①根据工程建设布局和水土流失特点，因地制宜地制定土保持工程措施，发挥其速效保障功能。

②从保证主体工程安全出发，合理界定工程措施防护标准。

③永久工程措施与临时工程措施相结合原则。

④工程措施与植物措施有机结合原则。

（2）植物措施布设原则

①因地制宜，突出重点的原则。对造林种草地类进行立地条件分析，布置适合的林草种类，并重点布设原为林草地的扰动范围。

②适地适树原则。主要选择优良的乡土树草种或已经推广的生长状况较好的水土保持树草种等。

③绿化美化与水土流失治理相结合的原则。

（3）临时措施布设原则

①临时堆土拦挡苫盖或植草原则，只要有临时堆土，就需要有临时防护措施。

②扰动区临时排水系统完善原则，在施工场地、施工道路等区域要有完善的排水系统，控制土壤侵蚀。

## 5.1.2　施工期污染防治措施设计

**1. 社会环境影响减缓措施**

（1）按国家、川滇两省市（州）县相关土地政策对失去土地的农民给予合理的土地补偿。

（2）施工时先挖好边沟，保证施工泥浆水不进入农田，不影响农田耕种。

（3）对施工车辆车速进行严格管理（尤其在村庄密集和学校附近路段），避免事故发生。

（4）在沿线集中的居民区域等路段的施工应避开学生上课、老人及居民休息时段，可选择在学生假期施工，严禁夜间施工作业，特别是高噪声施工机械。另外在施工场地外围设围栏，采用临时声屏障措施，并设警示牌。

2. 环境空气污染防治措施

（1）在靠近公路沿线居民相对集中的居民点等环境保护目标区域施工时，施工现场要设置高度不低于 2m 的硬质围挡，并保持施工场地清洁；施工现场应设专人负责保洁工作，及时洒水清扫，减少扬尘。每个施工段安排 1 名员工定期对施工场地洒水以减少尘土的飞扬。洒水次数根据天气情况而定。一般原则每天早（7：30—8：30）、中（12：00—13：00）、晚（17：30—19：00）上下班高峰期各洒水一次，在风速大于 3 级或夏季晴好的天气应每隔 2 个小时洒水一次。

（2）施工散料运输车辆采用加盖篷布和湿法相结合的方式，减少扬尘对大气的污染，物料堆放时加盖篷布。

（3）利用现有道路作为施工道路进行材料运输，在沿线有居民点处采取适当洒水降尘的措施，降低二次扬尘污染。

（4）加强施工管理，工程开挖土方及时回填，以缩小扬尘影响范围和影响时间。

3. 水环境污染防治

（1）施工人员生活污水处理措施

施工优先选择租用民房，利用居民现有化粪池等设施处理后做农肥；对距离现有居民点较远的施工营地，采取设置化粪池或干厕进行收集处理的方式，经处理后做农肥使用，严禁直接排放。

（2）施工生产废水处理措施

将施工产生的 SS 污水引至临时沉淀池，经栅格过滤沉淀。混凝土搅拌废水在沉淀池中加酸进行中和沉淀后排放。修理停放场所设置简易的油污水收集系统和隔油池，对油污水进行处理。

（3）管理措施

开展施工场所和营地的水环境保护教育，让施工人员理解水环境保护的重要性。跨河桥梁下部结构施工时，尽量安排在枯水季进行，以减少对水质的污染；桥梁工地人员的生活垃圾、施工物料垃圾等尽量分类收集，废弃物应在施工中尽量回收利用，其他垃圾应分类集中堆放，并及时清运。桥梁施工中挖出的淤泥、渣土等应运送至指定地点填埋或送至附近弃土场处理。

4. 地下水环境保护

隧道围岩为泥岩、砂岩及千枚岩等软弱岩体，岩层平缓，成洞条件差，砂岩及千枚岩等软弱岩体透水性较好，对于以渗水、滴水为主的隧洞，严格贯彻"以堵为主、控制排放"的措施，同时应加强工程防渗措施。对于发生涌水、涌泥的隧洞，应加强施工监测预报，在排除隧洞涌水及涌泥的同时，对涌水处采取封堵措施。

5. 声环境污染防治

（1）尽量采用低噪声机械，将工程施工所用的施工机械设备事先进行常规工作状态下的噪声测量，超过国家标准的机械应禁止入场施工。施工过程中经常对设备进行维修保养，避免由于设备性能差而出现噪声增强的现象。

（2）合理安排好施工时间与施工场所，高噪声作业区远离声环境敏感点，对个别影响较严重的施工场地，采取临时的隔音围护结构。施工过程中要求承包商通过文明施工、加强有效管理来缓解敲击等作业施工活动的声源。尽量将施工作业安排在白天进行。

（3）合理安排施工物料的运输时间，在途经村镇、学校时，减速慢行、禁止鸣笛。加强对学校和集中村庄等路段的施工管理，合理制订施工计划。

6. 固体废物处置

由于施工期固体废物是沿着公路呈线性分布的，若堆放不当或处置不及时，将直接破坏公路沿线生态环境，因此应通过加强施工管理，及时清运、处置，减少并防止固体废物影响。

施工期固体废物主要包括土石方开挖、房屋拆迁、施工残土产生的建筑垃圾和施工人员生活垃圾。工程建筑垃圾应集中堆放于设计确定的弃渣场，并采取防护措施。施工期生活垃圾应集中收集运往垃圾填埋场处理。

7. 生态保护措施

（1）陆生植物保护措施

对于永久占地、临时占地中占用耕地部分的表层土予以收集保存，施工结束后及时清理、松土、覆盖耕作土，复耕或选择当地适宜植物及时恢复绿化。绿化草种、树种的选择遵循"适地适树、适地适草"的原则，树种、草种的选择以当地优良乡土树种为主，适当引进新的优良树种草种，保证绿化栽植的成活率。

（2）陆生动物保护措施

提高施工人员的保护意识，严禁捕猎野生动物。施工人员必须遵守《中华人民共和国野生动物保护法》，严禁在施工区及周围捕猎野生动物，特别是国家保护动物，在施工时严禁对其进行捕猎，严禁施工人员和当地居民捕杀两栖和爬行动物。

8. 水土保持措施

根据公路工程水土流失的特点，项目建设区水土流失防治将工程措施与植物措施相结合，做到"点、线、面"结合，形成完整的防护体系。以防止水土流失、恢复植被、改善项目沿线的生态环境、保护主体工程正常安全运行为目的；以对周边环境和安全不造成负面影响为出发点；以主体工程防治区、弃渣场防治区为重点，同时配合主体工程设计中已有的水土保持设施，进行综合规划布设水土流失防治措施体系。对外公路水土流失防治体系见图5-1。

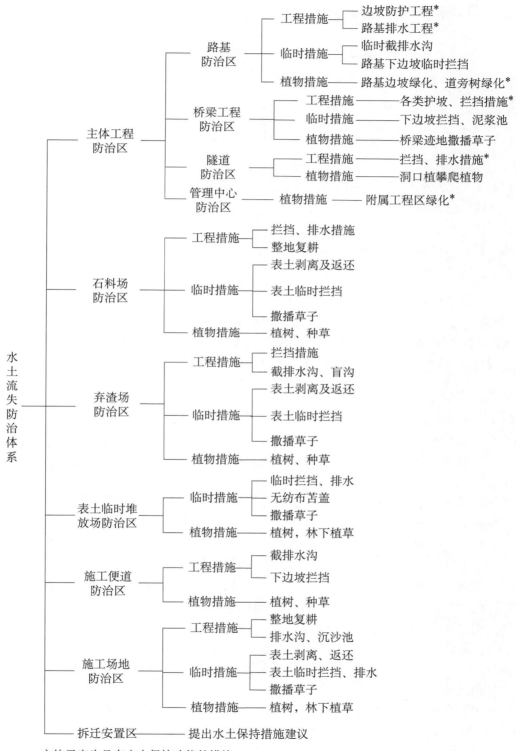

* 主体界定为具有水土保持功能的措施

图 5-1　对外公路水土流失防治体系图

## 5.1.3　运行期污染防治措施设计

### 1. 空气污染防治措施

运行期大气污染源主要是路面上行驶的机动车。机动车属流动源，对机动车尾气污染物的控制，可采取以下措施：

（1）禁止尾气污染物超标排放的机动车通行

为了减轻机动车尾气污染物的排放，禁止超标机动车通行，限制尾气排放超标的车辆上路。

（2）保持路面清洁，及时洒水，降低路面尘粒

加强对运输车辆的管理，禁止运输中可能产生扬尘的车辆无遮盖上路。保持路面清洁，及时洒水降低路面扬尘。

（3）加大环境管理力度

加强道路运行和维护，破损路面应及时修补，设置道路行驶告示牌和限速标志，使车辆能够平稳、安全行驶，减少尾气排放。

### 2. 噪声防治措施

运行初期，针对不同敏感点超标情况，设置隔声屏进行防护。在公路靠近噪声敏感点采取设置隔声屏的措施防治噪声。对运营远期环境噪声预测结果超标的敏感点路段以跟踪监测为主，根据交通量增大引起的噪声环境污染程度，及时采取相应的减缓措施。

### 3. 危险品运输管理措施

（1）对从事危险品运输的车辆及人员，应严格执行《公路危险货物运输规范》《化学危险品安全管理条例》等规定。从上路检查、途中运输、停车，直到事故处理等各个环节，坚决禁止和杜绝"三证"不全的危险品运输车辆上路行驶，以预防危险品运输事故发生和突发事故事态扩大。

（2）把好危险品运输上路检查关。检查直接从事道路危险品货物的运输人员是否持有主管部门批准的《道路危险品货物运输操作证》；车辆和装备应符合悬挂规定的标志和标志灯的规定；车辆、容器、装卸机械及工具必须符合规定的条件，查对核实托运人填写的托运单和提供的有关资料。

（3）增强对危险品运输的安全意识，保证所有运输危险品的车辆符合国家规定。在车辆上路前要进行全面且严格的检查，保证车辆在运输过程中有良好的技术状况。驾驶员严格遵守交通规则，不进行疲劳驾驶、酒后驾车等，并能正确认识道路运输危险品车辆标识。

（4）为降低路上危险品运输交通事故的发生率，还要密切关注天气情况。根据本区域的气候条件，每年的5～10月为雨季，这段时期降雨量较大，尽量避免在此时段运输遇潮容易自发反应的危险品，除非具有良好的包装、装卸条件和防潮遮雨措施；尽量不在6～9月的暴晒天气出车，必要时采取隔热降温措施，或在夜间运输；在大雾频繁季节，要关注气象台发布的信息，配合交通部门的决定，行驶时注意车速，保持安全车距。

（5）运输途中发生燃烧、爆炸、污染、中毒等事故时，驾驶员必须根据承运危险货物的性质，按规定要求，采取相应的救急措施，防止事态扩大，并及时向路管、公安、环保等部门报告，与有关部门共同采取措施，清除危害。

（6）要定期检查路面情况，及时进行养护，清除路面杂物，并修复破损路面。在弯道、长下坡及未及时修复的路段上设立标牌，提醒驾驶员绕行或减速，以此降低交通事故的发生率，也减少危险品运输的风险。

## 5.2　环境保护管理体系建设与运行

### 5.2.1　体系简介

为适应金沙江水电开发对环境保护的需要，中国长江三峡集团有限公司建立了"三峡集团（环境保护部）—中国三峡建设管理有限公司（金沙江下游水电开发环境保护管理中心）—工程建设部（现场管理机构）—设计、监理和施工单位"四位一体的环境保护管理体系。乌东德工程环境管理体系由外部监管层、决策层、监督管理层和执行层组成，乌东德工程环境管理体系见图 5-2。

### 5.2.2　参建各方职责

外部监管层包括生态环境部和水利部及地方各级生态环境与水行政主管部门，其主要职责是对乌东德工程环境保护和水土保持工作进行监督检查。

决策层包括中国三峡集团环境保护部，金沙江下游水电开发环境保护管理中心及乌东德工程建设部，其主要职责包括组织与协调、计划与考核评价，环境保护（含水土保持，下同）管理体系的建立、工程环境监理与水土保持监理机构的引进、工程环境保护制度的建立与执行、工程环境保护目标的确立、环境保护专项投资的保障等内容。乌东德工程建设部下设技术管理部和乌东德工程环保中心，归口管理乌东德环境保护工作，全面负责环境保护和水土保持日常管理工作。

监督管理层包括工程环境监理与工程建设监理。工程环境监理的主要职责包括环境保护综合管理、部分专项环境保护设施的建设监理、专项设施的运行管理与监理、环境监测的管理、对工程建设监理和实施执行层的监督检查等；工程建设监理的主要职责包括专项环境保护设施建设的进度、投资、质量控制，环境保护信息管理、合同管理和工作协调与配合等。

执行层包括工程施工承包单位、工程设计单位、科研单位、环境监测和水土保持监测单位、运行管理单位等，是落实各项环境保护措施的责任主体，其主要工作职责包括：环境保护专项设计和施工图设计；环境保护工作计划和施工组织设计；落实"三同时"制度和工程环境保护管理制度；开展环境监测和研究；环境保护设施运行管理；执行工程环境保护工作指令；形成满足设计文件和合同要求的工作成果等。

工程监理机构均设置了安全环保部，配备有专职的环境监理、水土保持监理人员；各施

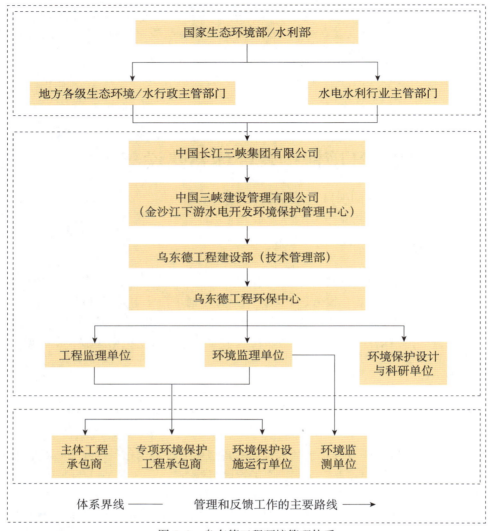

图 5-2　乌东德工程环境管理体系

工单位也相应设置了安全环保部，由项目部副经理分管环境保护工作。

## 5.2.3　环境保护管理体系运行情况

### 1. 制度建设

为完善乌东德工程环境保护管理体系，乌东德工程建设部制定和修订了《乌东德水电站工程环境保护与水土保持管理办法》《乌东德水电站工程环境保护与水土保持考核管理办法》等 5 项环境保护管理办法，并在现场环境保护工作中实施现场巡视及例会制度、环境保护考核制度等 4 项环境保护工作制度，并按照环境保护报告及批复要求，落实各项环境保护措施。

（1）环境保护现场巡视及例会制度

环境管理人员定期到现场巡视检查，检查环保措施是否按"三同时"原则同步落实，对现场发现的问题及时整改并做到闭合管理。

不定期召开环境保护例会，通报工程建设中存在的环保、水保问题及整改要求。

（2）信息管理与报送制度

监理、施工单位每月编写环境保护月报，建设部定期编写环境保护管理季报、年报，送达两县、市环境保护行政主管部门；三峡建设管理公司负责送达两省及流域环境保护行政主管部门。

（3）环境保护考核制度

定期对各参建单位进行环境保护考核，检查各单位机构设置和人员配置情况及各项环保工作落实情况，充分调动各单位人员环境保护建设的积极性和主动性。

（4）环境保护验收制度

根据《乌东德水电站合同项目完工环境保护验收暂行规定》要求，在合同项目完工验收时，组织承包商单独编制环境保护验收专项报告，待环境保护专项验收通过后再进行合同项目完工验收。建设部技术管理部、乌东德工程环保中心参加完工项目的环境保护、水土保持验收工作，审核环境保护、水土保持设施试运行所需条件，环境保护、水土保持验收前在现场核查各项环境保护、水土保持措施（设施）落实、运行情况，督促提交相关的环境保护、水土保持报告、资料、现场照片，提出环境保护、水土保持验收意见。

2. 管理体系运行效果

通过建立健全环境保护管理体系，在建设单位统一领导协调下，参建各方共同努力，乌东德水电站对外交通工程环境影响评价、水土保持方案等审查、审批手续完备，项目配套各项环保、水保措施基本按照"三同时"要求得到了有效落实，对当地环境影响较小，基本实现了环境影响评价的预期效果，环境保护管理体系整体运行有效。特别是在应对张家大沟泥石流等地质灾害、沿线挂渣清理与迹地恢复、弃渣场生态恢复等方面，参建各方群策群力，协调配合，目标统一，共同应对，有效地消除了环境隐患。

根据《建设项目竣工环境保护验收暂行办法》（国环规环评〔2017〕4 号）和《水利部关于加强事中事后监管规范生产建设项目水土保持设施自主验收的通知》（水保〔2017〕365 号）的要求，建设单位经公开招标委托四川省环科源科技有限公司和中国电建集团成都勘测设计研究院有限公司依据现行法律法规、规程规范及技术标准要求，对会东至河门口公路、半角至新村公路及河门口大桥等三个项目工程的环境保护与水土保持措施落实、法定义务履行情况、措施落实效果等方面进行调查评价，其中左岸会东至河门口公路已分别于 2019 年 6 月、2020 年 1 月通过工程竣工环境保护验收与水土保持设施验收，右岸半角至新村公路和洪门渡大桥计划 2020 年年内完成环境保护验收与水土保持验收。

## 5.3　环境保护措施落实情况

根据《建设项目环境保护管理条例》和环境影响评价批复文件要求，建设单位委托四川省环科源科技有限公司进行了对外交通工程竣工环境保护验收调查工作，对工程设计阶段、施工期及试运行阶段的生态环保措施执行情况、生态恢复状况、水土保持情况、水环境保护与污染治理设施运行情况等方面进行了全面调查，并委托专业环境监测机构开展了试运行期环境监测，调查结果显示工程自建设和投入试运行以来，建设单位和施工单位具有较强的环保意识和责任感，建设过程中主动通过优化设计方案、落实各项环保措施等，有效减小了工程建设对环境的影响，工程环保投资落实到位，各项环境质量指标满足相关要求，基本满足环境影响评价报告及其批复文件提出的要求。

## 5.3.1　设计阶段

### 1. 线路优化调整

左岸会东至河门口公路实际建设过程中，结合会东县城规划，项目起点移至新建会东大桥右桥头，起点至老店子段沿鲹鱼河右岸布线，该段地形平坦且与会东县城市规划及道路规划相协调，同时对小岔河村和小岔河小学等环境影响评价阶段的环境敏感点进行了避让。为避让可河电站输水压力钢管，在保持整体线型不发生较大偏移的前提下，将老嘎木隧道、下腰崖隧道优化设计为隧道群，减少了明线开挖。

右岸半角至新村公路沿线存在多处不良地质路段，如锅圈岩隧道与龙头山隧洞之间、老鹰窝隧道与红梁子隧道之间，汛期常发生意外垮塌，存在安全隐患。在实际建设过程中，及时进行了调整和避让，增加隧洞长度，减少明线段开挖带来的扰动。合理利用弃渣，将邝家2号优化为填筑路基，下坪子弃渣场优化为停车服务区，在不降低防护标准的同时减少了弃渣量。

### 2. 桥面径流收集系统及事故池设计

随着社会经济的发展，公路运输量不断增加，由于危险化学品运输车辆事故导致的环境污染事件屡有发生，引起了全社会的广泛关注，环保部门也出台了相应的规范，要求在桥梁道路设计时考虑事故发生时的应急排水，特别是跨越敏感水域时，排水系统应当实现化学危险品泄露事故径流有效收集，从而避免化学危险品进入敏感水域的环境风险，同时兼顾初期雨水径流的收集处理，在达到相应的排放标准后排放，减轻雨水径流对水环境的污染和破坏。

径流处理系统由进水调节系统、隔油沉淀池、事故池和出水系统组成，桥面径流处理系统工艺见图5-3，运行操作要求如下。

在正常情况下，阀门①、②和④处于常开状态，阀门③和⑤处于常闭状态。下雨时，经截流的初期雨水经管渠收集后汇入隔油沉淀池，经一定时间的沉淀，上清液经溢流堰排入水体，污染物沉于池底，可减少污染物对水体的污染。当下雨停止后，开启阀门⑤，放空沉淀池内水待用。

当突发化学危险品泄漏事故后，关闭阀门②、④和⑤，打开阀门①和③，事故泄露液进入事故池存储，事故后派专门车辆抽空事故池，运输到相关专业处理地，清空事故池，备下次使用。

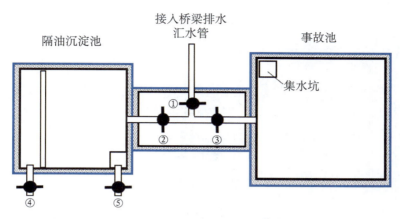

图 5-3　桥面径流处理系统工艺图

隔油沉淀池主要用于处理初期雨水，其容积计算可参照《室外排水设计规范》（GB 50014—2016）（2016 年版）第 4.14.4A 条雨水调蓄池容积的计算公式：

$$V=10D \cdot F \cdot \Psi \cdot \beta$$

式中 $V$——调蓄池有效容积（$m^3$），即本次设计隔油沉淀池所需的有效容积；

　　$D$——调蓄量（mm），按初期降雨量计，根据气象资料，本次设计取 6mm；

　　$F$——汇水面积（$hm^2$），本次设计取桥面面积；

　　$\Psi$——径流系数，本次设计取 0.9；

　　$\beta$——安全系数，本次设计取 1.1。

乌东德水电站对外交通工程典型涉水桥梁初期雨水径流量计算见表 5-1。考虑预留一定的设计冗余，弯腰树大桥与洪门渡大桥隔油沉淀池设计容积取 20$m^3$；半角中桥桥长很短，初期雨水量仅 2.3$m^3$，对环境影响很小。

表 5-1　初期雨水径流量计算表

| 名称 | 桥长（m） | 桥宽（m） | 设置形式 | 汇流面积（$m^2$） | 初雨量（mm） | 径流系数 | 安全系数 | 径流量（$m^3$） |
|---|---|---|---|---|---|---|---|---|
| 弯腰树大桥 | 338 | 8.5 | 单侧 | 2873 | 6 | 0.9 | 1.1 | 17.1 |
| 河门口大桥 | 522 | 12 | 双侧 | 3132 | 6 | 0.9 | 1.1 | 18.6 |
| 半角中桥 | 38 | 10 | 单侧 | 380 | 6 | 0.9 | 1.1 | 2.3 |

事故池的有效容积一般根据危险化学品运输车的容积确定，据统计一般为 2～50$m^3$，较常见的一般小于 30$m^3$。一般危险化学品运输车辆载重为 10～20$m^3$，考虑事故消防水的处理和所处水域环境敏感程度的不同，本次设计分别采用 30$m^3$ 和 50$m^3$。

会东至河门口公路弯腰树大桥桥面径流收集系统事故池设计平面图见图 5-4、剖面图见图 5-5。

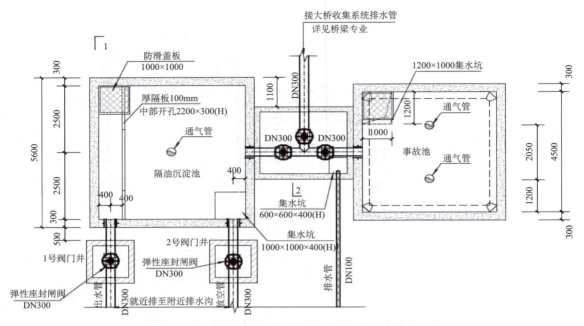

图 5-4　弯腰树大桥桥面径流收集系统事故池设计平面图

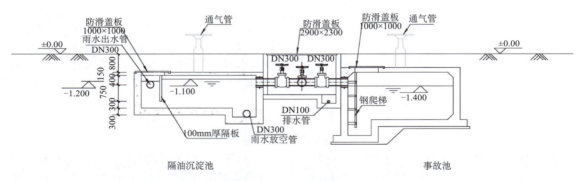

图 5-5　弯腰树大桥桥面径流收集系统事故池设计剖面图

## 5.3.2　施工阶段

### 1.施工污染防治措施

在开工前根据场地地形、交通条件，科学布设施工设施和场地，与附近环境敏感点保持适当的环境安全距离。砂石、混凝土加工系统废水经沉淀后用于场地洒水降尘；施工营地主要采取租用当地民宿的方式，生活污水经旱厕处理后用于农田灌溉；生活垃圾委托当地乡镇统一进行收集处理。合理安排施工时间，物料、渣土运输时采取封闭运输和洒水降尘等措施减少扬尘对环境的影响，沥青、油料、水泥等均远离水体堆放，并加盖雨篷遮挡和设防护挡墙。

### 2.涉水桥梁施工

跨越水体的桥梁施工尽量安排在枯水期，避开雨季进行，河道范围内的桥墩采取围堰施工，施工完成后及时拆除围堰进行恢复。桥梁施工中挖出的淤泥、渣土待晾干后转运至弃渣场。

桥位附近堆放施工用料时，在材料堆放场临河侧设临时拦挡和排水设施等，防止暴雨径流冲进水体，影响水质，各类材料均备有防雨、遮雨设施。

3. 水土保持与生态恢复

开工前对施工范围临时设施进行了严格的审查，尽量少占耕地和林地，保护林地植被，严禁随意砍伐；尽量利用原有乡村道路作为施工便道，减少便道临时占地面积及植被破坏。

沿线弃渣场和施工场地优先交还给当地村民进行复垦耕作，不利于耕作部位采用合欢等本地易生植被开展植被恢复（见图 5-6）。

图 5-6　赖家坡弃渣场截排水与植被恢复

### 5.3.3　运营阶段

1. 环境风险防范措施

根据环境影响评价和批复意见要求，在弯腰树大桥（跨鲹鱼河）、洪门渡大桥（跨金沙江）设置了桥面雨水径流收集系统，桥面径流经管网收集后进入桥下的沉淀池、隔油池等收集设施（见图 5-7），再经沉淀后排入附近沟渠；在公路沿线路堤、桥梁两侧均设置混凝土防护栏和波形梁，提高道路安全水平；公路沿线设置限速、禁鸣等标识标牌，严禁超载、超速；制定道路运输事故环境事件应急处置方案。

项目运行至今，未发生环境风险事故及环境污染事件。

2. 交通噪声防治与声环境质量监测

公路投运后，建设单位委托专业单位负责道路养护与维护，保持路面平整、清洁，运行通畅；在公路沿线敏感部位设置限速、禁鸣等标识标牌；加强对乌东德水电站工程建设物资运输车辆的管理，控制夜间车流量。

试运营期间，验收调查单位委托四川省地质矿产勘查开发局成都综合岩矿测试中心进行了声环境质量现状监测，监测结果显示，项目沿线各敏感点昼夜噪声监测值均满足《声环境质量标准》（GB 3096—2008）中的相关标准要求，区内声环境质量良好。运营后期，也将对声环境敏感建筑物集中区段及远期可能超标的敏感目标实行跟踪监测，并根据监测结果，及时增补和完善行道树、隔声屏等噪声污染防治措施。

图 5-7    弯腰树大桥径流收集系统与事故池

## 📑 5.4    经验总结

对外交通工程线路长、关系复杂，受前期勘测设计深度和局部地质、地形条件的限制，以及施工单位部分人员环保责任意识欠缺，在工程建设过程中，各项环保、水保工作存在诸多不尽如人意的地方。十八大以来，生态文明建设思想深入人心，政府和公众对工程建设环保、水保工作要求愈发严格，事中事后监管力度不断加强，尽管在验收形式上从政府行政验收变为了企业自主验收，但其责任主体仍在企业自身，压力更大；验收后也需进行网上公示、申报或备案，接受主管部门和公众的全面监督。在此对乌东德水电站对外交通工程环境保护与水土保持重点、难点工作和关键问题的梳理总结，以期在其他项目建设时可以充分汲取经验教训，做到提早布局、合理应对。

（1）高度重视渣场设计选址的一致性与可行性

近年来，水利部和四川省水利厅分别印发了《生产建设项目水土保持方案变更管理规定（试行）的通知》（办水保〔2016〕65号）、《四川省生产建设项目水土保持措施变更管理办法（试行）的通知》（川水函〔2015〕1561号）等，对渣场位置和渣量、弃渣量变化等变更情况进行了明确界定，另外文件要求将水土保持变更为事前变更。乌东德水电站对外公路水土保持方案报告书中的渣场选址主要依据可行性研究报告阶段设计成果，在后期施工图设计中，由于设计优化、线路调整和施工方案改变，以及征地困难等因素，导致现场部分渣场位置与水土保持方案报告书阶段不一致，为保证公路顺利通过验收和避免违法风险，建设部专门委托设计单位编制水土保持设计变更报告，并报水行政主管部门审查、审批。对于西南地区高山峡谷地貌区域公路工程，为尽量避免实施阶段发生水土保持重大变更，特做以下建议。

1）水土保持方案报告书编制阶段应重点关注渣场的规划设计，建设单位、设计单位、水土保持方案编制单位等应在详细线路踏勘的基础上，保证推荐渣场在征地、使用等方面具有可操作性，对无法到达部位，可采用无人机航拍解译、分析确认。

2）水土保持方案编制人员应与后续主体工程设计人员做好充分沟通和必要提醒，避免衔接断档，在招标设计或施工图设计阶段因专业分工不同导致各阶段渣场选址和防护方式不一致。

3）充分做好弃渣场事前变更。首先需要强调弃渣场的变更应当慎之又慎，水土保持方案批复具有法律效力，不得随意变动；如确因征地、阻工、地形及前期设计深度限制等原因导致新增渣场，应做好弃渣场事前变更，特别是等级高、风险隐患大的弃渣场，更应在充分论证弃渣场安全稳定性后，在弃渣前开展事前变更。

4）针对西南山区地形特殊、地质条件差、山高坡陡、台地少等特点，在施工组织设计阶段应充分考虑利用弃渣回填场坪用于临时施工场地的布设，减少弃渣量。

（2）加强环保、水保工程专项设计深度

对外交通工程受地形、交通条件的制约，设计单位在开展前期渣场拦挡、截排水等水土保持措施的施工图设计时，一般作为主体工程的附属设施采用概念性的标准化设计，现场实施时往往出入很大，甚至完全无法实施，施工单位为保障现场进度，往往只能结合现场条件对措施进行调整，但是其受限于对环保、水保相关要求了解深度的不足，可能会造成措施类型、标准等不能满足环保、水保验收要求的情况，导致二次施工，给后期项目管理加大了工作量，变更处理难度很大。为尽量减少项目实施阶段措施的变动，特做以下建议。

1）设计单位对此类环保、水保项目应做专项设计，以弃渣场设计为例，除包含拦挡、截排水及绿化恢复措施外，还应充分考虑施工的特殊性和方便性，设计必要的进场便道等。

2）设计施工图时应列出详细工程量清单，不单是主体措施，还应包括弃渣前表土剥离堆存、施工便道等辅助措施。

（3）加强工程开工前环保、水保技术交底

工程建设中，各参建单位往往重视主体工程技术交底，忽略表土收集、弃渣场、截排水沟等水土保持工程交底，造成现场施工与水土保持方案报告书不一致，另外，多数施工人员的水土保持专业知识不够，鉴于以往经验主义，有些甚至没有"先挡后弃"的概念，因此在开工前，建设单位应组织设计单位、水土保持方案编制单位、监理单位、施工单位进行会议技术交底和施工现场交底，例如明确弃渣场具体位置、弃渣技术要求和相关水土保持措施，严格按要求落实。

（4）重视表土收集和管理

西南地区高山峡谷地貌区域水力侵蚀严重，表土资源稀缺，表土收集应作为水土保持工作的重中之重，最大限度地收集，以便施工区绿化和后期复垦利用，特做以下建议。

1）在招标文件中将表土收集作为专项工程，单独出项报价，明确规定表土收集技术要求，保证现场表土剥离质量，并尽可能收集。

2）表土临时堆存场应配套设计拦挡、截排水和绿化等临时措施进行防护。

3）为减少阻工干扰，表土剥离实施的时间尽可能安排在农作物收集后，减少对农业生产的干扰，同时事先做好临时征地补偿。

（5）弃渣场等水土保持工程实行专项招标

在以往的招标文件中，环境保护工程和水土保持工程一般按总价报价，只提出了环境保护和水土保持的定性要求，没有具体的工程量，施工单位为实现中标目的，往往压低这部分工程报价，在实际施工过程中，从经济效益考虑，通常不能较好地落实各项环境保护和水土保持措施；建设单位在项目管理过程中也不能实施有效的监管，管理被弱化。因此，建议招标文件中列出环境保护和水土保持工程具体项目和工程量清单，实行专项报价，同时在综合评标时给予一定的权重。承包商在施工过程中，需依照监理签证的工程量进行结算，确保各项环境保护和水土保持措施有效落实。

（6）重视施工期绿化与完工迹地恢复

建设期环保、水保措施需按照"三同时"要求实施到位，由于对外交通工程属于线性工程，不同段之间进度存在差异，部分易施工地段路基、边坡率先成型。为尽可能减少水土流失，同时考虑绿化恢复效果显现往往需要一年甚至更长时间的养护，应尽早实施绿化，为后续验收创造有利条件。特做以下建议。

1）招标阶段应明确各部位相应的绿化要求，并列入投标报价清单；施工单位在进场查勘编制施工组织计划时，也应提出绿化恢复进度安排，并严格遵照实施。

2）绿化时优先选取本地易生植被，也可以结合表土剥离工程，实现随剥随用。

3）重视完工退场时的场地清理与迹地恢复，将其作为合同项目环保水保验收的重点事项，未完成的不予完工结算。如确因办公、住宿等难以短期完成的，应提交书面承诺，明确相关责任和实施期限。